Ulrich Wiesner

Nepal

Königreich im Himalaya

Geschichte, Kunst und Kultur im Kathmandu-Tal

Fotos: Martha und Jochen Rein

DuMont Buchverlag Köln

Umschlagvorderseite: KATHMANDU Pratapamalla-Säule und Taleju-Tempel
Umschlagrückseite: Szene an der Rudramati
Frontispiz S. 2: Svayambhunath, Vajra Pratapamallas vor dem Stupa (nach Oldfield) (vgl. Abb. 11, 81, 82)

Die Fotos wurden mit einer Kleinbild-Spiegelreflex auf Ilford (Schwarzweiß) und Kodachrome (Farbe) aufgenommen

Für die Umschrift wurde eines der einfacheren Systeme gewählt, das den Lautreichtum zwar nur teilweise wiedergibt, aber zur Verdeutlichung und Unterscheidung ausreicht. Vokale werden hierbei wie im Deutschen gesprochen; folgende Konsonanten wie im Englischen: c (tsch), j (dsch), s (ss), v (w), y (j); h zwischen Vokalen wird etwa wie im Deutschen gesprochen, jedoch bedeutet h nach einem Konsonant eine Aspirierung des Konsonanten; sh wird wie sch ausgesprochen.
Die Schreibweise der Ortsbezeichnungen folgt dem offiziellen nepalesischen Gebrauch.
Eigennamen, z. B. von Königen, wurden in der Regel zusammengeschrieben. Sie setzen sich aus einer Art von Vor- und Nachnamen zusammen (Pratapamalla = Pratapa Malla).

5. Auflage 1986

Satz, Druck und buchbinderische Verarbeitung: Boss-Druck, Kleve

Printed in Germany ISBN 3-7701-0837-x

Inhalt

Vorbemerkungen . . . 9

Geschichte . . . 10

Geschichte Nepals bis 1482 . . . 11
- Die vorhistorische Epoche . . . 11
- Die Licchavis . . . 12
- Die Thakuri-Dynastien . . . 13
- Die frühe Malla-Zeit . . . 13

Die Zeit der Stadtkönigtümer Kathmandu, Patan und Bhaktapur, 1482–1768 . . . 14

Geschichte Nepals seit 1768 . . . 20

Religion . . . 22

Die oberste Gottheit . . . 22
- Hinduistische Richtungen . . . 22
- Buddhismus . . . 23

Die Auffächerung der obersten Gottheit . . . 24
- Vishnuismus . . . 24
- Shivaismus . . . 25
- Shaktismus . . . 25
- Buddhismus . . . 26
- Die Realität dieser Systeme . . . 28

Das Kultobjekt . . . 28
- Ikonische Formen . . . 29
- Anikonische Formen . . . 30

Das Verhältnis der Religionen zueinander . . . 31

Die Palastbereiche von Kathmandu, Patan und Bhaktapur . 47

Die Entwicklung der Städte Kathmandu, Patan und Bhaktapur 47

Kathmandu 50

Stadtstruktur und Entwicklung 50

Die Entwicklung des Palastbereiches 52

Beschreibung des Palastbereiches 56

1. Taleju-, Mahendreshvara- und Jagannath-Tempel 56
2. Degutale-Tempel, Pratapamalla-Säule und Kala Bhairava-Bildnis 57
3. Palastfront und Hanuman Dhoka-Portal 58
4. Nasal Chowk, Mul Chowk, Basantapur Chowk und Basantapur Durbar 59
5. König Pratapamalla (1641–1674) 62
6. Bereich vor Gaddi Baithak 77
7. Maru Tole mit Kasthamandapa 79

Patan 83

Stadtstruktur und Entwicklung 83

Die Entwicklung des Palastbereiches 85

Beschreibung des Palastbereiches 88

1. Degutale-Tempel mit Yoganarendramalla-Säule 88
2. Manikeshar Chowk, Narayana- und Krishna-Tempel 89
3. König Siddhinarasimhamalla (1620–1661) und sein Guru Vishvanatha Upadhyaya 91
4. Mul Chowk, Sundhara Chowk und Bhandarkhal 92
5. Cyasilim Deval, Harishankar- und Vishveshvara-Tempel 126
6. Gründungslegende des nördlichen Platzbereiches 127
7. Manidhara, Manimandapa und Bhimsen-Tempel 128

Bhaktapur 130

Stadtstruktur und Entwicklung 130

Die Entwicklung des Palastbereiches 132

Beschreibung des Palastbereiches 135

1. Sundhoka, Bhupatindramalla-Säule und Taleju-Glocke 135
2. Palastfront westlich von Sundhoka 138
3. Palastfront östlich von Sundhoka 140
4. Sadashiva (Bhairava) Chowk, Mul Chowk und Eta Chowk 140
5. Vatsala- und Siddhilakshmi-Tempel 142
6. Yaksheshvara (Pashupati)- und Dvarikanath (Narayana)-Tempel 143
7. Taumadhi Tole mit Nyatapola- und Bhairava-Tempel 144

Tempelbezirke außerhalb der drei Hauptstädte 147

Svayambhunath 153

Legenden und Geschichte 153

Beschreibung 156

1. Pratapamallas Neufassung des Stupas 156
2. Der Stupa 175
3. Der Bereich westlich des Stupas 176
4. Shantipur 178

Changu Narayana 179

Legenden und Geschichte 179

Beschreibung 182

1. Garuda Narayana-Tempel 182
2. Die Skulpturen im Tempelhof 183

Chabahil 186

Legenden und Geschichte 186

Beschreibung 205

Pashupatinath 206

Legenden und Geschichte 206

Beschreibung 211

1. Pashupatinath-Tempel, Arya Ghat, Kailasha-Berg 211
2. Bereich von Vatsala Devi 213
3. Bereich von Rajarajeshvari 214
4. Bereich östlich der Bagmati 215

Bodhnath 217

Legenden und Geschichte 217

Beschreibung 219

Praktische Reisehinweise 221

Weitere Monumente in den drei Hauptstädten und außerhalb 221

Karte von Monumenten außerhalb des Kathmandu-Tales 244

Feste im Kathmandu-Tal 246
Lage, Bevölkerung, Sprache 250
Klima und Reisezeit 251
Hotels 252
Essen und Trinken 252
Verkehr, Trekking 253
Geschäftszeit, Währung, Visum 255

Glossar 256

Literaturverzeichnis 261
Register 266

»After the second quarter of the 8th century, . . ., epigraphy, numismatics and foreign sources abruptly stop, and we are nearly completely in the dark about the subsequent history, down to about 1000 A.D.

. . . . . .

This gap of 250 years is filled solely by the scanty and hopelessly contradictory material of the chronicles; it represents, as it were, a comeback of mythology in the very middle of sober history.«

Luciano Petech, Medieval History of Nepal (c. 750–1480), Rom 1958

Vorbemerkungen

Abweichend von den bisherigen historischen Untersuchungen wurden für diese Arbeit ausgiebig Legenden herangezogen, die aus im 19. Jahrhundert kompilierten nepalesischen Chroniken stammen. Diese Legenden stellen – oft in verschiedenen Versionen um ein und denselben Vorgang – Versuche der Bewohner Nepals dar, die Ereignisse ihrer eigenen Vergangenheit zu erklären, und verdienen es durchaus, ernst genommen zu werden, was nicht heißt: wortwörtlich. Überaus wichtig in diesem Zusammenhang ist, daß diese Legenden Material über solche Perioden enthalten, bei denen alle anderen historischen Quellen versagen. Luciano Petech hat festgestellt, daß man sich im Zeitraum zwischen 750 und 1000 plötzlich in den Zustand mittelalterlicher Mythologie zurückversetzt sieht. Daß ausgerechnet dies eine Zeit ist, die bestimmend für die weitere Entwicklung Nepals bis zum heutigen Tage geworden ist, will die Darstellung deutlich machen.

Folgende Werke wurden hierzu herangezogen:

B. J. Hasrat, *History of Nepal as told by its own and contemporary chroniclers,* Hoshiarpur 1970

D. Wright, *History of Nepal,* translated from the Prabatiya, Cambridge 1877, Nachdruck Kathmandu 1972

Ferner finden sich solche Legenden gelegentlich bei H. A. Oldfield, *Sketches from Nipal. Historical and descriptive with an essay on Nepalese Buddhism & Illustrations on religious monuments & architecture,* London 1880, Nachdruck Delhi 1974, und bei D. R. Regmi, *Medieval History of Nepal,* 2 Bde., Calcutta 1965–66.

Ferner: H. Uebach, *Das Nepalmahatmyam des Skandapuranam. Legenden um die hinduistischen Heiligtümer Nepals,* München 1970. Aus dieser Übersetzung wurde z. T. wörtlich zitiert.

In der Bestimmung der behandelten Skulpturen folgt die Darstellung weitgehend den Ergebnissen der beiden Arbeiten von P. Pal, *The Arts of Nepal,* Vol. I: Sculpture, Leiden und Köln 1974, und *Vaisnava Iconology in Nepal. A study in art and religion,* Calcutta o. J.

Sämtliche Bemerkungen zur Architekturgeschichte beruhen auf eigenen Untersuchungen. Für das Lesen großer Teile des Manuskriptes und eine Reihe von Vorschlägen danke ich herzlich Herrn Prof. Dr. Bernhard Kölver.

Geschichte

Eine Geschichte Nepals ist eigentlich immer nur die Darstellung historischer Vorgänge im Kathmandu-Tal selbst als dem Zentrum eines ausgedehnten Staatsgebildes, das sich in seiner heutigen Form erst seit dem Ende des 18. Jahrhunderts konsolidiert hat. Daß es daneben in verschiedenen abgelegenen Landesteilen gesonderte und vom heutigen Zentrum gänzlich unabhängig verlaufende historische Entwicklungen gegeben hat, ist zwar unbestritten, jedoch erst in Ansätzen untersucht worden. Auch läßt das heutige Nationalverständnis in Nepal eine Einordnung dieser Sonderentwicklungen in den allgemeinen geschichtlichen Ablauf nicht zu. Dieser Sehweise folgt auch die gegenwärtige Darstellung. Es sei jedoch darauf hingewiesen, daß dies letztlich eine Fiktion, bzw. die Rückprojizierung der gegenwärtigen staatlichen Situation auf die Vergangenheit ist.

Der heutige Staat Nepal entwickelte sich erst seit dem Ende des 18. Jahrhunderts. Die Gorkhas unter Führung der Shah-Könige eroberten von Westen her das Kathmandu-Tal und dehnten in der Folge ihr Herrschaftsgebiet als einen west-östlich verlaufenden Riegel zwischen Tibet und der Ebene Nordindiens aus. Spätestens mit der Eroberung des Kathmandu-Tales übernahmen sie die Kultur der dort ansässigen Newars, die sie dann als ihre eigene Kultur auf das gesamte von ihnen eroberte Land als die maßgebliche Staatskultur übertrugen. Diese Entwicklung ist heute noch nicht ganz abgeschlossen, wird aber durch die zur Zeit stattfindende systematische Erschließung des Landes forciert vorangetrieben. Interessant ist, daß die Gorkhas dabei nicht auch die Sprache der Newars, die zur tibeto-burmesischen Sprachfamilie gehört, mit übernahmen, sondern ihre eigene, die der indo-arischen Sprachfamilie angehört und dem Hindi sehr nahesteht, auf das ganze Land als Verkehrssprache übertrugen.

Die Eroberung des Kathmandu-Tales durch die Gorkhas im Jahre 1768 ist keine einmalige Erscheinung in der Geschichte des Tales, sondern entspricht einer durchgehenden Tendenz. Die Bevölkerung des geschützt liegenden, fruchtbaren und reichen Kathmandu-Tales sah sich zu allen Zeiten mit den Bewohnern der umgebenden kargen gebirgigen Gegen konfrontiert und von ihnen bedroht.

Aber das Tal war nicht nur magischer Anziehungspunkt für die Stämme des Gebirges, sondern gleichfalls für viele Gruppen der Ebene Nordindiens, die fürchteten, von dortigen politischen Entwicklungen überrollt zu werden und entweder in das abgelegene Tal flohen, um dort Schutz zu finden, oder aber ihrerseits das Tal bedrohten und dort einfielen, um die Herrschaft an sich zu reißen. Dieser sich ständig wiederholende Vorgang führte zu einer Überlagerung der Bevölkerungsschichten, wobei die einzelnen Gruppen sehr wohl noch identifizierbar sind. Eine Kastengesetzgebung, die im 14. Jahrhundert dem Land aufoktroyiert wurde, versuchte, all diese Gruppen, insofern sie inzwischen als Newars galten, in eine einheitliche Gesellschaft hierarchisch einzugliedern.

Dabei läßt sich die folgende Tendenz feststellen: je niedriger die Kaste einer Gruppe innerhalb dieses Systems ist, um so länger ist es her, daß sie einmal im Tal die Herrschaft ausübte. Man kann sagen, daß ehemalige Herrschergruppen im Laufe der Geschichte innerhalb der newarischen Gesellschaft weiter in eine untere Schicht absanken.
Die Geschichte Nepals gliedert sich nach ihren Dynastien in sechs Perioden:

I. die vorhistorische Periode, bis ca. 200 n. Chr.
II. die Licchavis, von ca. 200 bis ca. 750
III. die Thakuri-Dynastien, von ca. 750 bis ca. 1200
IV. die frühe Malla-Dynastie ca. 1200–1482
V. die späteren Mallas 1482–1768
VI. die Shah-Dynastie seit 1768

Geschichte Nepals bis 1482

Die vorhistorische Periode

Die frühe Geschichte des Tales vor dem 5. Jahrhundert n. Chr. ist nicht inschriftlich überliefert. Jedoch ist in der Bevölkerung die Erinnerung an verschiedene einander ablösende Dynastien sozusagen vorhistorischen Charakters wach geblieben. Die erste dieser Dynastien sollen die *Gopalas* (Kuhhirten) gewesen sein. Sie hatten ihre Residenz in *Matatirtha,* einem heute noch sehr bedeutenden Heiligtum im Westen von Kirtipur. Danach seien aus den Ebenen Nordindiens die *Ahirs* gekommen; sie wurden bereits nach wenigen Generationen von weiteren Eroberern, den *Kiratis,* die aus dem Osten eindrangen, unterworfen. Die Kiratis hatten ihren Regierungssitz in *Gokarna* in einer unzugänglichen Festung auf einem heute bewaldeten Höhenrücken über der Bagmati im Herzen des Kathmandu-Tales. Dort befindet sich heute eine Sommerresidenz des Königs. Das jenseits der Bagmati gelegene Shiva-Heiligtum von *Gokarneshvara* gilt noch immer als überaus heilig und geht sicherlich auf die Kiratis zurück. Seit ihrer Zeit soll es Buddhisten im Lande geben.

Unter dem Angriff der *Somavamshi Rajput,* die aus dem Westen kamen, mußten die Kiratis ihre Festung in Gokarna aufgeben; sie gründeten eine neue Residenz jenseits der Bagmati bei Shankamulatirtha im Bereich des heutigen Patan, möglicherweise bei *Kumbheshvara.*

Bald darauf übernahmen die Somavamshi Rajputs gänzlich die Herrschaft im Kathmandu-Tal und gründeten eine Residenz nahe bei *Godavari,* unterhalb des Berges von *Pulchowk* am Rande des Tales. Auf einen Herrscher dieser Dynastie, Pashupreksha, geht die Gründung des Heiligtums von *Pashupatinath* zurück. Ursprünglich soll diese Dynastie aus *Pashupura,* einem gelegentlich mit Pataliputra (dem heutigen Patna) identifizierten Ort in Indien gekommen sein; so erinnert der Name des Heiligtums von Pashupatinath einmal an den Gründer, Pashupreksha, dann aber auch an die ursprüngliche Hauptstadt, Pashupura.

Der überwundene letzte Kirati-Herrscher zog sich nach *Manjkirant,* dem ursprünglichen Sitz des Stammes im Osten von Nepal, zurück. Im Bereich von Pashupatinath erinnert noch das Heiligtum von Kirateshvara an die Kiratis. Große Teile dieses Stammes scheinen aber im Lande geblieben zu sein und bilden jetzt eine der untersten Kastengruppen.

Die Licchavis

Unter der auf die Somavamshi folgenden Dynastie, den Suryavamshis, wurde die Residenz von Godavari in die Nähe von Vageshvari, d. h. nach *Baneshvar,* verlegt. Damit wird erstmals eine Residenz im Bereich des östlichen Kathmandu erwähnt. Diese Suryavamshis dürften identisch sein mit den inschriftlich belegten *Licchavis,* von denen angenommen wird, sie hätten ihre Hauptstadt Vaishali (nördlich von Patna, Bihar) unter dem Druck der Kushanas verlassen und sich in Nepal angesiedelt. Zum erstenmal in einer Inschrift in Nepal erscheinen sie auf der berühmten Säule des Königs Manadeva aus der Mitte des 5. Jahrhunderts in Changu Narayana. Dort wird u. a. von den Eroberungszügen dieses Königs berichtet, die eine bedeutende Ausweitung seines Herrschaftsbereiches entlang den Flüssen weit über die Grenzen des Tales zur Folge hatten. Interessanterweise stammen aus dieser Zeit auch die ersten datierten Skulpturen. Die Religion dieser Herrscher war der Vishnuismus, eine Form des Hinduismus. Nicht nur diese Tatsache verband die Licchavis aufs engste mit der gleichzeitig in Indien regierenden Dynastie der Guptas, es muß vielmehr ein außerordentlich enger kultureller und womöglich auch politischer Kontakt mit Indien bestanden haben. Die offizielle Sprache war Sanskrit; die Schrift, in der königliche Dokumente in Stein eingraviert wurden, war dieselbe, die auch die Guptas verwendeten; die Verwaltung war nach der gleichzeitigen in Indien organisiert; auch gab es umlaufendes Geld. Dabei ist jedoch bemerkenswert, daß nicht so sehr die Münzen der Guptas imitiert wurden, sondern die der in Indien vorangegangenen Dynastie der Kushanas, deren Münzen damals noch in Nepal benützt wurden. – Man kann in der Licchavi-Zeit eine klassische Periode sehen, in der die Künste in Nepal zu einer hohen Blüte gelangten.

Die wichtigste Komponente der damaligen Wirtschaft war der Handel. Eine Straße nach Tibet wurde eröffnet, und bereits im 7. Jahrhundert wurden diplomatische Beziehungen zu China aufgenommen. Die ersten Landesbeschreibungen Nepals stammen von zwei Chinesen dieser Zeit. Die neu eröffnete Straße machte das Kathmandu-Tal zu einem überaus wichtigen Umschlagplatz zwischen Indien und Tibet und bewirkte einen großen Reichtum, der zu einer ausgesprochen städtischen Kultur führte. Daneben war die Landwirtschaft zweitrangig. Doch schon damals begannen die ersten Versuche, mit Hilfe von Kanälen ein Bewässerungssystem innerhalb des Tales auszubauen. Weite Gebiete konnten damit, unabhängig vom Regen, mit Wasser versorgt werden.

Die Thakuri-Dynastien

Nach 750 endet der reiche inschriftliche Bestand abrupt, um erst nach 1000 wieder einzusetzen. Damit fehlt eigentlich weitgehend jegliche historische Information. Es muß dies eine Zeit gewesen sein, die von starken inneren Erschütterungen geprägt war. Die hoch entwickelte städtische Kultur unter den Licchavis dürfte weitgehend zerstört worden sein, wahrscheinlich in der zweiten Hälfte des 8. Jahrhunderts. Im 9. Jahrhundert erfolgte eine Reihe von städtischen Neugründungen. Im Jahre 879 wurde eine neue Zeitrechnung eingeführt, die bis heute Gültigkeit behalten hat. Über die Vorgänge in dieser Zeit sind sich die Historiker vollständig uneins, zumal über die Frage, ob Nepal in dieser Zeit unabhängig war oder etwa der Oberherrschaft Tibets oder Bengalens unterstand. Lokale Traditionen berichten von einer Vielzahl von Einfällen, von neuen Bevölkerungsgruppen, die ins Land kamen, und von einer Fülle an neuen Gottheiten und Kulten. Tatsächlich hat diese Zeit das heutige Bild Nepals entscheidend geprägt und hat gleichzeitig einen tiefgehenden Bruch mit der Vergangenheit des Landes mit sich gebracht.

Während langer Perioden gab es keine einheitliche Regierung, sondern das Land war in eine Vielzahl von kleinen Herrschaftsbereichen zersplittert, wobei allein Kathmandu aus zwölf verschiedenen Gebieten bestand und Patan gar aus vierundzwanzig.

Die frühe Malla-Zeit

Die Malla-Zeit wird gewöhnlich in zwei Perioden unterteilt, einmal in die Zeit von ca. 1200 bis 1482, dann in die Zeit der drei Königreiche, 1482–1768, bis zur Eroberung des Tales unter Prithvinarayana Shah. Bedeutsam für die nepalesische Geschichte wurde das 14. Jahrhundert. Seine erste Hälfte ist gekennzeichnet durch fortgesetzte Raubzüge von Königen aus dem Westen in das Tal, die aber im allgemeinen die Heiligtümer unberührt ließen, da sie selber der gleichen Religion anhingen. Anders der Raubzug des islamischen Herrschers Shams ud-din Ilyas von Bengalen, der im Jahre 1349/50 in das Tal einfiel und sowohl Städte wie auch die Heiligtümer in Schutt und Asche legte. Auf dieses Ereignis wird es allgemein zurückgeführt, daß im Kathmandu-Tal kein einziges Gebäude existiert, das älter als aus dem 15. Jahrhundert ist.

Der große Reorganisator des Landes wurde *Jayasthitimalla* (1382–1395), der zwar nur etwa ein Jahrzehnt regierte, aber die gesamte Struktur des Landes auf eine bis ins 18. Jahrhundert hinein gültige neue Basis stellte und die chaotischen Zustände, die vor seiner Regierung bestanden hatten, beenden konnte. Er führte eine rigorose Hinduisierung des Landes herbei, vornehmlich durch Schaffung einer Kastengesetzgebung, wie sie vorher, jedenfalls kodifiziert, im Lande nicht bestanden hatte. Aus einer gleichsam offenen Gesellschaft, die jederzeit in der Lage war, neu angekommene Gruppen zu assimilieren, machte er eine in sich abgeschlossene, streng gegliederte. Man darf diesen Mann als den Schöpfer einer besonderen nepalesischen Kultur und auch Nation bezeichnen, die sich deutlich absetzt und abschließt von den damaligen Tendenzen in Nordindien und damit nach außen überhaupt. Die als nepalesisch geltende Architektur, die überaus archaische Züge trägt, dürfte ein Ausdruck der Bestrebungen von Jayasthiti sein, der in einem historischen Rückgriff versuchte, Probleme der Zeit zu lösen. Das Zentrum politischer Macht verlagerte sich unter diesem Herrscher ausschließlich nach Bhaktapur. Sei bedeutendster Nachfolger war *Yakshamalla* (1428–1482). Er ist bekannt geworden als ein aggressiver Eroberer, den seine Züge bis nach Nordindien führten. Sie brachten eine Absicherung seines Reiches nach außen. Unter seinen Söhnen zerfiel das gerade geeinte Reich in drei verschiedene Königtümer: Kathmandu, Patan und Bhaktapur.

Die Zeit der drei Stadtkönigtümer Kathmandu, Patan und Bhaktapur, 1482 – 1768

Aus dem unter *Yakshamalla* geeinten und nach außen gefestigten Reich entwickelten sich unter seinen Nachfolgern durch Teilung drei selbständige Königreiche, *Kathmandu*, *Patan* und *Bhaktapur*. Die Geschichte der Zeit von 1482 bis 1768 ist, bei vollständiger außenpolitischer Windstille, gekennzeichnet durch einen ständigen zermürbenden Machtkampf der drei Königreiche untereinander, die sich, in immer wechselnden Konstellationen miteinander verbündeten und gegen das dritte zu Felde zogen. Dabei ist es aber wichtig festzustellen, daß die drei selbständigen Königreiche sich trotz ihrer kriegerischen Auseinandersetzungen sehr wohl als Einheit verstanden, so daß etwa zu bedeutenden Feiern immer alle Könige anwesend waren. Auch wurde ein neuer König in einer Stadt immer durch einen seiner Bruderkönige eingesetzt. Womöglich war es diese Rivalität der drei Königreiche und gleichzeitig ihr Gefühl, eine Einheit darzustellen, die diese Periode zu einer Blütezeit der Kunst und Kultur machte, indem die jeweilige Hauptstadt mit einer ungeheuren Energie und, wie gezeigt werden kann, in vollständiger Parallelität zueinander, ausgebaut wurde.

Fig. 1 Patan, Hauptportal des Palastes um 1880 (nach le Bon) (s. S. 89 u. Abb. 51)

	Kathmandu	Patan	Bhaktapur
1480	Ratnamalla 1482–1520	Patan unter nomineller Herrschaft von Kathmandu	Rayamalla 1482–1505
1500			
			Bhuvanamalla 1505–1519
1520	Suryamalla 1520–1530		Pranamalla 1519–1547
	Amaramalla 1530–1538		
1540	Narendramalla 1538–1560		
			Vishnumalla 1547–1560
1560			

	Kathmandu	Patan	Bhaktapur
1560	Mahendramalla 1560–1574	Patan unter nomineller Herrschaft von Kathmandu	Trailokyamalla 1560–1613
	Sadashivamalla 1574–78		
1580	Shivasimhamalla 1578–1620		
1600			
			Jagajyotirmalla 1613–1637
1620	Lakshminarasimhamalla 1620–1641	Siddhinarasimhamalla 1620–1661	
1640			Nareshamalla 1637–1644

	Kathmandu	Patan	Bhaktapur
1640			
	Pratapamalla 1641–1674		Jagatprakashamalla 1644–1673
1660		Shrinivasamalla 1661–1684	
	Nripendramalla 1674–80		Jitamitramalla 1673–1696
1680	Parthivendramalla 1680–1687	Yoganarendramalla 1684–1705	
	Bhupalendramalla 1687–1700		Bhupatindramalla 1696–1722
1700	Bhaskaramalla 1700–1714	Lokaprakashamalla 1705–1706 Indramalla 1706–1709 Virnarasimha 1709 Mahendramalla 1709–1714 Hriddhinarasimha 1714–1717	
1720		zu Kathmandu bis 1722	

	Kathmandu	Patan	Bhaktapur
1720	Jagatjayamalla 1722–1736	Yogaprakashamalla 1722–1729	Ranajitamalla 1722–1768
		Vishnumalla 1729–1745	
	Jayaprakashamalla 1736–1768		
1740			
		Rajyaprakashamalla 1745–1758	
1760		Vishvajitamalla 1758–1760 1760–1768: Jayaprakashamalla v. Kath. Ranajitamalla v. Bhaktapur Dalamardana, Bruder v. Prithvinarayana Tejanarasimha	

Geschichte Nepals seit 1768

	Könige der Shah-Dynastie seit 1768	Premierminister der Rana-Familie, 1846–1951
1760		
	Prithvinarayana 1768–1775	
	Pratapasimha 1775–1777	
1780	Ranabahadur 1777–1805	
1800		
	Girvan 1805–1816	
	Rajendra 1816–1847	
1820		
1840		Jung Bahadur 1846–1877
	Surendra 1847–1881	
1860		
1880		Ranadipsingha 1877–1885
	Prithvi 1881–1911	Bir Shamsher 1885–1901
		Deva Shamsher 1901
1900		Chandra Shamsher 1901–1929
	Tribhuvan 1911–1955	
1920		
		Bir Shamsher 1929–1932
1940		Juddha Shamsher 1932–1945
		Padma Shamsher 1945–48
	Mahendra 1955–1972,	Mohan Shamsher 1948–51
1960		
	Birendra seit 1972	

Geschichte Nepals seit 1768

Wichtige politische Ereignisse

1768 Eroberung des Kathmandu-Tales durch Prithvinarayana Shah; bis 1794 Grenzen bis nach Sikkim im Osten und Kashmir im Westen vorgeschoben

1788 und 1791 Einfall in Tibet; im Gegenzug eine chinesische Armee 1792 bis 30 km vor Kathmandu; im Friedensvertrag formelle Souveränität über Nepal und Tributzahlungen festgelegt; letzte Tributleistung 1908

Bei Ausdehnungsversuchen nach Süden Zusammenstoß (1814–1816) mit der Britisch-Ostindischen-Gesellschaft; im Frieden von Segauli etwa die heutigen Grenzen Nepals festgelegt; Verpflichtung, einen britischen Residenten in Kathmandu zu stationieren; Beendigung der nep. Expansion
Brian H. Hodgson 1829–1843 brit. Resident in Kathmandu; Bhimsen Thapa 1806–1837 Premierminister; Anwerbung von Gurkhas für die brit. Armee in Indien

1846 Kot-Massaker; Ermordung sämtlicher Mitglieder der Familien Thapa und Pande; am folgenden Tag Ernennung Jung Bahadurs zum Premierminister; 1850 Besuch von Jung Bahadur in England; konsequente Unterstützung der britischen Herrschaft in Indien; 1857 Niederschlagung des Sepoy-Aufstandes in Brit. Indien mit Hilfe von 8000 Gurkhas; 1854–56 Krieg gegen Tibet und vollständige Niederwerfung; Tibet Handelskolonie von Nepal; seit 1856 Jung Bahadur erbl. Maharaja von Kaski u. Lamjung in Mittelnepal und damit dem König gleichrangig; Diktator Nepals seit 1856

1903–04 Unterstützung des brit. Vormarsches nach Tibet; Öffnung der Sikkim-Chumbi-Route und damit die Verlagerung des Indien-Tibet-Handels aus dem Kathmandu-Tal; 1908 Chandra Shamsher in London; 1911 Georg V. zur Tigerjagd im Terai; im I. Weltkrieg 55 000 Gurkhas auf brit. Seite eingesetzt; 1923 brit. Resident in Kathmandu im Rang eines Gesandten; vorsichtige soziale Reformen; Aufgabe der Sklaverei 1924; geringfügige Industrialisierung; Drahtseilbahn und Errichtung eines Elektrizitätswerkes in Kathmandu

Im 2. Weltkrieg 200 000 Gurkhas auf brit. Seite an allen Fronten eingesetzt

1947 Indien unabhängig; 1950 chin. Truppen in Tibet; 1950 Flucht König Tribhuvans aus der Gefangenschaft der Ranas in die ind. Botschaft und dann nach New Delhi; 1951 Sturz des Rana-Regimes auf außenpolitischen Druck Indiens hin; Nepal wird konstitutionelle Monarchie nach brit. Vorbild; 1959 allgem. Wahlen; 1960 königlicher Staatsstreich; Verbot aller Parteien

1961 neue Verfassung mit einem parteienlosen, pyramidenförmig geordneten Rätesystem (Panchayat)

Religion

Die oberste Gottheit

Hinduistische Richtungen

Der Hinduismus führt seine Gründung als einzige große Religion der Welt nicht auf einen Stifter zurück, sondern ist das Ergebnis eines langwierigen Entwicklungsprozesses. Ursprünglich war es die Religion der nach Indien einwandernden Arier, die aber bald die verschiedensten Elemente der Religionen der Ureinwohner Indiens absorbierte und dadurch eine weitgehende Umformung erfuhr. Als Volksreligion umfaßt es Bereiche höchster philosophischer Spekulation bis hin zu den urtümlichsten Formen des Aberglaubens. Hinduismus ist nicht nur eine Religion, sondern auch oder eigentlich eine philosophische Weltauffassung und eine bestimmte Art zu leben.

Eine der Hauptquellen des Hinduismus sind die *Veden,* eine um die Wende vom 2. zum 1. Jahrtausend entstandene Hymnensammlung. Die vedische Religion kannte keine Kultbilder. Im Zentrum stand das *kultische Opfer,* das ein außerordentlich kompliziertes Ritual hatte, das von Brahmanen ausgeführt wurde, die auch die Veden mündlich tradierten. Im 6. Jahrhundert v. Chr. (der Zeit, in der auch Buddha lehrte) hatte die vedische Religion durch das allzu selbstbewußte Wirken der Opferpriester viel von ihrer Anziehungskraft auf die Bevölkerung verloren. Die Erneuerung der alten Religion durch den Hinduismus erfolgte auf dem Umweg über eine Fülle von sektarischen Bewegungen, die letztlich in Vishnuismus und Shivaismus mündeten. Das kultische Opfer als zentralem relegiösem Ereignis wurde ersetzt durch *Puja,* die Verehrung der Bildnisse von Göttern.

Indem die orthodoxen Brahmanen die neu entstandenen Sekten um die Götter Vishnu und Shiva absorbierten, wurden sie in die Lage versetzt, ein neues Pantheon aufzurichten. Es wurde eine Trias der drei höchsten Götter aufgestellt, *Brahma, Vishnu* und *Shiva.* Dabei erhielt Brahma die Funktion des absoluten Schöpfers des Universums, Vishnu die des Erhalters und Shiva die des Zerstörers zugewiesen.

Brahma ist eher das Ergebnis einer theologischen Spekulation der Brahmanen. Er stand von Anfang an im Schatten der beiden anderen Götter Vishnu und Shiva und spielt heute eigentlich kaum mehr eine Rolle.

Vishnu, der innerhalb der hinduistischen Trinität (Trias) als Erhalter gilt, ist das Ergebnis einer synkretistischen Bemühung, drei verschiedene frühere Gottesvorstellungen zu vereinigen, die des Mensch-Gottes Vasudeva-Krishna, des vedischen Sonnengottes Vishnu und des kosmischen Gottes der Brahmanas, Narayana. Von seinen Anhängern wird Vishnu als oberster Gott angesehen.

Shiva ist ebenfalls eine synkretistische Schöpfung, der in sich Elemente der Vedischen Religion und von Fruchtbarkeitsriten der Indus-Tal-Kultur vereint (Linga, Nandi). Innerhalb der hinduistischen Trinität ist ihm die Rolle des Zerstörers zugewiesen, jedoch verbinden ihn seine Anhänger, die ihn für den höchsten Gott halten, auch mit den Eigenschaften des Schöpfers und des Erhalters.

Nicht-arischen Ursprungs ist die Verehrung eines weiblichen Prinzips, des *Shaktismus*. Er entwickelte sich aus einem Kult um die Große Mutter und wurde in den Hinduismus mit übernommen, indem jedem Gott eine weibliche Entsprechung assoziiert wurde unter der Annahme, daß der Gott nur dann wirklich seine Kraft aktivieren könne, wenn er vereint sei mit einer weiblichen Gottheit.

Der heutige Hinduismus, mit seinen beiden Hauptgruppen, den Vishnuiten und den Shivaiten, ist das Ergebnis einer religiösen Neuformierung, die etwa im 4. Jahrhundert n. Chr. abgeschlossen war.

Buddhismus

Der Buddhismus war ursprünglich eine philosophische Reformbewegung, eine von vielen, die aus der Krise der vedisch-brahmanischen Religion im 6. Jahrhundert v. Chr. resultierten. Der historische *Buddha* wurde um 563 v. Chr. in *Lumbini*, im Süden des heutigen Nepal, als Prinz Siddhartha geboren, nach seinem Familiennamen Shakya wurde er später auch *Buddha Shakyamuni* genannt. Obwohl er in Lumbini, innerhalb der heutigen Grenzen Nepals geboren wurde, gibt es jedoch keinerlei Anzeichen dafür, daß er jemals das Kathmandu-Tal betreten hat. Im Alter von neunundzwanzig Jahren verließ er eines Nachts heimlich seine Familie und zog sieben Jahre als Wanderasket umher. Unter dem Bodhi-Baum in *Bodh Gaya* erlangte er die Erleuchtung, die Einsicht in das Wesen des Daseins und seiner Überwindung. Danach verkündete er vier Wahrheiten, die sich mit dem Leiden befaßten, mit der Tatsache, der Entstehung, der Aufhebung und dem achtpfadigen Weg, der zur Aufhebung führt. Buddha verkündete keine neue Religion, im Gegenteil, seine Lehre vertrat eine atheistische Weltauffassung.

Im Laufe der Entwicklung des Buddhismus trat die historische Persönlichkeit von Buddha Shakyamuni immer weiter in den Hintergrund. Es entwickelte sich die Lehre, daß schon vor ihm viele Buddhas gelebt hätten und daß nach ihm noch *Maitreya*, der Buddha der Zukunft, kommen werde. Die entscheidenden Wandlungen des Buddhismus hin zu einer Religion entwickelten sich innerhalb des *Mahayana* (gr. Fahrzeug)-Buddhismus, der im Gegensatz zum *Hinayana* (kl. Fahrzeug)-Buddhismus die Gestalt des *Bodhisattva* einführte, eines Wesens, das die Erleuchtung und damit die Erlösung bereits erlangt hat, aber freiwillig darauf verzichtet, ins Nirvana, die Leerheit, einzugehen, um noch anderen Menschen, die dazu aus eigener Anstrengung nicht imstande sind, tätig zu helfen, dieses Ziel zu erreichen. Im Zusammenhang mit Puja bzw. Bhakti, die auch die Formierung von Vishnuismus und Shivaismus bestimmt hatten, entwickelt sich der Buddhismus zu einer Religion mit einem umfangreichen Götterpantheon.

Die Auffächerung der obersten Gottheit

Vishnuismus

Innerhalb des *Vishnuismus* wurde schon sehr früh ein System entwickelt, die oberste Gottheit Vishnu auf dreifach verschiedene Weise für den Gläubigen begreiflich zu machen:

1. in seiner höchsten Form, *Para*
2. in seinen Emanationen, *Vyuha*
3. in seinen Inkarnationen, *Vibhava*

Vyuha und Vibhava bedeuten damit auch zwei verschiedene Möglichkeiten, in das vishnuitische System aufgenommene Gottheiten in Bezug auf den höchsten Gott, auf sein Para, zu bringen.

Vyuha. Eine frühe Stufe des Vishnuismus war der Kult um den Helden *Vasudeva-Krishna.* Dieser Kshatriya-Häuptling mit einigen seiner Verwandten, seinem älteren Bruder *Samkarshana, Pradyumna,* seinem ältesten Sohn mit seiner Frau Rukmini, und *Aniruddha,* Pradyumnas Sohn, wurde späterhin vergöttlicht und in den Vishnuismus aufgenommen. Sie wurden, unabhängig von ihren verwandtschaftlichen Beziehungen, in linearer Weise als Emanationen, Vyuhas, der höchsten Gottheit, angesehen. Aus der höchsten Gottheit ging hervor Vasudeva-Krishna, aus ihm Samkarshana, aus Samkarshana ging hervor Pradyumna und aus diesem Aniruddha. In einer späteren Entwicklung wurde die Liste dieser vier Vyuhas auf vierundzwanzig erweitert.

Vibhava. Dem Prinzip der Vibhavas, Inkarnationen bzw. *Avataras,* ›Herabkünfte‹, liegt die Annahme zugrunde, daß der höchste Gott immer dann in dieser Welt erschiene und das Gesetz, Dharma, wiederherstellen würde, wenn die Sünde überhand nähme. Die Anzahl dieser Inkarnationen oder ›Herabkünfte‹ ist eigentlich offen, denn der Gott reagiert in jedem Zeitalter neu, wie es eben der Zustand im Universum erforderlich macht. Dennoch hat es sich durchgesetzt, *zehn Avataras* von Vishnu anzunehmen. Er erschien als Gans (Hamsha), Schildkröte (Kurma), Fisch (Matsya) und als Eber (Varaha), dann als Mensch-Löwe (Narasimha) und als Zwerg (Vamana) und ferner als Rama (Bhargava), Rama (Dasharathi), Vasudeva-Krishna und wird zukünftig als Kalkin erscheinen.

In die Gruppe der zehn Avataras von Vishnu sind mehrere frühere Konzepte eingegangen, und man kann die Erscheinungsformen in drei Gruppen teilen: 1. solche, die sich aus Legenden um Prajapati, einem ehemals wichtigen Schöpfergott, entwickelten, 2. solche Inkarnationen, die im Rig Veda erwähnt werden, und 3. solche, die sich um Heldengestalten ranken. Dabei fällt auf, daß Vasudeva-Krishna sowohl Vyuha wie auch Avatar von Vishnu ist, jedoch wird er mit je verschiedenen Attributen dargestellt. In späteren Listen wurde auch Buddha als ein Avatar von Vishnu aufgeführt.

Hinter der Vyuha- und der Vibhava-Doktrin im Vishnuismus steckt letztlich eine monotheistische Vorstellung. Ein intelligenter Anhänger des Vishnuismus würde hinter allen Emanationen und Inkarnationen seinen obersten Gott der Götter wiedererkennen.

Shivaismus

Innerhalb des *Shivaismus* hat sich ein anderes System der Zuordnung von Göttern auf den Gott der Götter herausgebildet. Die einzelnen Manifestationen Shivas sind nicht so sehr auf bestimmte Taten bezogen, wie die Avatars Vishnus, sondern sie verdeulichen seine verschiedenen Wesenheiten bzw. Aspekte.

Shiva ist im wesentlichen eine Kompositgottheit der beiden vedischen Götter *Rudra* und *Agni*. Und entsprechend diesen beiden Göttern besitzt er zwei Hauptaspekte, den des Zerstörers und den des Schöpfers, oder einen schrecklichen Aspekt, *ghora*, und einen friedlichen Aspekt, *saumya*. Innerhalb der Brahmanas werden nun acht verschiedene Manifestationen von Shiva genannt, von denen sich je vier einem der beiden Aspekte von ghora und saumya zuordnen lassen. Der schreckliche Aspekt wird verdeutlicht durch *Rudra* (Bhairava), *Sharva*, *Ugra* und *Ashani* und der friedliche durch *Bhava, Pashupati, Mahadeva und Ishana*.

Auch hier ist es so, daß das System der Manifestationen ein theologischer Überbau ist, in das schon existierende Götter eingeordnet wurden und fernerhin ist dieses System der Manifestationen offen, d. h. jederzeit können weitere Gottheiten neu einbezogen werden. Eine weitere Möglichkeit besteht darin, daß eine Gottheit, die z. B. den Aspekt Ghora manifestiert, plötzlich eher den friedlichen Aspekt Shivas verdeutlicht und umgekehrt.

Shaktismus

Der *Shaktismus* ist eine Religion, die im wesentlichen vom Shivaismus adaptiert worden ist, obwohl es auch nicht an entsprechenden Versuchen des Vishnuismus gefehlt hatte. Verschiedene Mutterkulte dürften seit jeher in Indien in einem Substrat beheimatet gewesen sein. Die brahmanischen Theologen gelangten schließlich zur Auffassung einer einzigen großen Muttergottheit, die hinter all den verschiedenen Formen stünde. Diese Muttergottheit wurde als *Uma* zur Frau Shivas (bzw. Rudras) gemacht, der als *Umapati*, als Herr Umas, bezeichnet wurde.

Hinter dem Shaktismus steht die Shamkya-Philosophie, für die der große Gott als Purusha immer passiv bleibt, während die große Göttin als Vertreter des Prakriti-Elements dynamische Aktivität besitzt.

Entsprechend den beiden hauptsächlichen Aspekten von Shiva, dem schrecklichen (ghora) und dem friedlichen (saumya), nehmen nun auch die verschiedenen Shaktis entweder den schrecklichen oder den friedlichen Aspekt an. Es ist aber auffällig, daß im Volksglauben die große Muttergottheit vornehmlich als schrecklich erschien. Wurden Menschenopfer dargebracht, so niemals den Göttern, sondern immer der Großen Mutter.

Buddhismus

Nachdem es im *Buddhismus* bereits das System der Buddhas gab, die in verschiedenen Zeitaltern gelebt und ihre Lehren verkündet hatten, die mit der Lehre von *Buddha Shakyamuni* identisch waren, ferner in unserer Zeit der *historische Buddha* gelebt hatte und in einem zukünftigen Zeitalter *Maitreya* kommen würde und damit die Gestalt von Buddha Shakyamuni schon wesentlich relativiert worden war, bildete sich inner-

Fig. 2 Die fünf Dhyani Buddhas mit ihren zugehörigen Buddhashaktis und Bodhisattvas (nach Wright)

halb des *Mahayana (gr. Fahrzeug)-Buddhismus* ein weiteres System heraus. Dieses trug der Tatsache, daß der Buddhismus sich inzwischen zu einer Religion entwickelt hatte, vollkommen Rechnung und lehnte sich in bestimmten Zügen auffällig an Schemata des Hinduismus an.

Es ist dies die Lehre eines höchsten Gottes bzw. eines Ur-Prinzips, des *Adi Buddha.* Aus diesem entspringen in fünffacher Auffächerung die Dhyani (Mystischen) Buddhas. Die fünf *Dhyani Buddhas,* die als Verkörperung der fünf ursprünglichen Elemente,

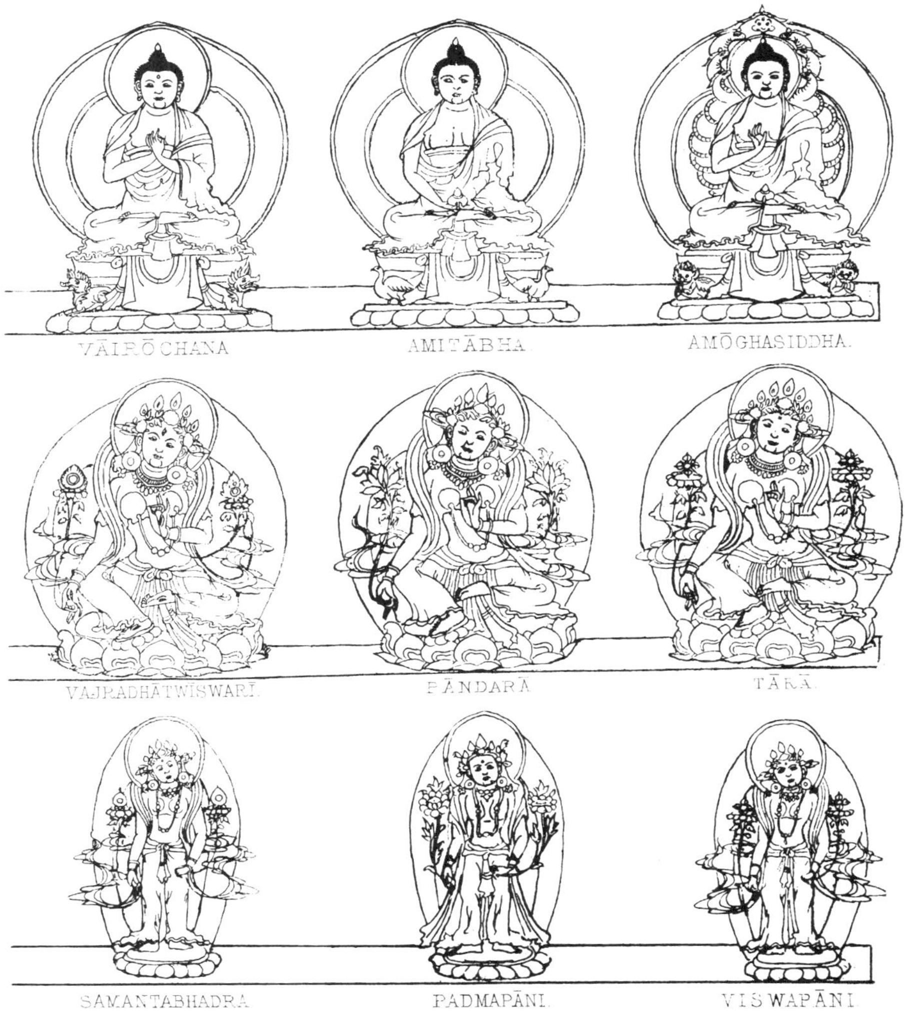

aus denen der Kosmos besteht, angesehen wurden, sind wiederum der Ursprung von fünf Familien von Gottheiten, von *Kulas,* deren jede als ihren Herrn, *Kulesha,* einen der Dhyani Buddhas hat. In der Regel werden die einzelnen Gottheiten mit der Miniaturfigur ihres jeweiligen Dhyani Buddha, aus dem sie emanierten, im Kopfschmuck gezeigt.

Dhyani Buddha	*seine Buddhashakti*	*Bodhisattva*
Amitabha	*Pandara*	*Padmapani-Avalokiteshvara*
Akshobhya	*Mamaki*	*Vajrapani*
Vairocana	*Locana*	*Samanthabhadra*
Amoghasiddhi	*Tara*	*Vishvapani*
Ratnasambhava	*Vajradhatvishvari*	*Ratnapani*

Dabei werden die Bodhisattvas als Söhne der jeweiligen Dhyani Buddhas mit ihren Buddhashaktis angesehen. Während nun die Dhyani Buddhas selbst in absoluter Meditation verharren, ist es den Bodhisattvas, ihren Emanationen, überlassen zu handeln.

Die Realität dieser Systeme

Es muß jedoch betont werden, daß solche hierarchischen Systeme der Zuordnung von Göttern mit Hilfe von Emanationen, Inkarnationen und Manifestationen das Ergebnis von Spekulation orthodoxer Brahmanen im Sinne einer Vereinheitlichung ist, mit der tatsächlichen Realität eines Gottes im Glauben des Volkes oder der Könige aber oft herzlich wenig zu tun hat. Hier können Götter eine eminent wichtige Rolle spielen, die innerhalb solcher Systeme nur einen sehr untergeordneten Rang einnehmen. Nun kann man sagen, daß in dieser Gottheit, als einem Aspekt der Höchsten Gottheit, auch dieses Höchste begriffen wird, jedoch ist es wohl so, daß der Aspekt dann das Höchste wird und das System sich womöglich umkehrt.

Zum Verständnis der Bedeutung einer Gottheit und eines Kultbildes trägt gelegentlich ein System nur bedingt bei, weil als entscheidender Faktor der konkrete Glaube einer Bevölkerung und deren Könige hinzutritt, der je besondere Akzente der Zuordnung setzt, die oftmals von Ort zu Ort, von Zeit zu Zeit und von Gruppe zu Gruppe sich verschieben. Dies ist aber die Bedingung, aus der heraus ein Kultbild entsteht und aus der heraus es über die Zeiten, mit oft verändertem Inhalt, von der Bevölkerung verehrt wird.

Das Kultobjekt

Die ursprüngliche vedische Religion, die ausschließlich auf den Opferritus bezogen war, kannte keine Kultbilder, sondern nur den Altar. Die Gottheit wurde im Opferritus vergegenwärtigt. Eine gegenständliche oder bildliche Repräsentation der Gottheit gab es nicht. Entscheidend für die Ausbildung von Kultobjekten wurde der sich in sektarischen Religionen entwickelnde *Bhakti-Kult,* in seiner entwickelten Form *Puja.* Es wurden mit den Sinnen erfaßbare Kultobjekte notwendig, um die personal gedachte Gottheit zu repräsentieren. Das Konzept dieser Kultobjekte basiert nun darauf, daß der Gläubige sie zu genau der Position sublimiert, die die Gottheit, das eigentliche Objekt der tief liebenden Verehrung, innehat. Jedoch bildete es sich heraus anzunehmen, daß die Gottheit selbst im konsekrierten Kultobjekt anwesend sei, insofern, als es nach den vorgeschriebenen Regeln hergestellt wurde und noch intakt ist.

Puja hatte sowohl auf den sich neu formierenden *Hinduismus* wie auch auf den *Buddhismus* eine tiefgreifende Wirkung, die die Kultformen entscheidend beeinflußte.

Kultobjekte können verschiedener Art sein. Rein formal, nicht entwicklungsgeschichtlich, lassen sie sich einmal in *anikonische* und in *ikonische* gliedern, beide Möglichkeiten existieren in Indien nebeneinander.

Ikonische Formen

Es scheint, als habe etwa seit dem 6. Jahrhundert v. Chr. eine Anthropomorphisierung bzw. Theriomorphisierung von an sich abstrakt zu begreifenden Göttergestalten stattgefunden. Die Formen des Kultbildes wurden als Reflexion, *vimba,* der Gottheit angesehen bzw. als ihr Abbild, *pratikriti.* Beide Wörter bezeichnen im Laufe der Zeit ein Objekt regelmäßiger Verehrung (arcca). Dabei scheinen es ursprünglich Attribute der Gottheit gewesen zu sein, die bildlich dargestellt wurden. So wurde Rudra bzw. Agni häufig als Stier, Nandi, bezeichnet und in dieser Form theriomorphisch dargestellt. In einer späteren Entwicklung wandelte sich die theriomorphische Form des Gottes zu seinem Träger, der jetzt anthropomorphisch begriffen wurde. Ähnliches gilt auch für Garuda, ursprünglich einem Symbol für die Sonne, eines der Aspekte von Vishnu. Jedoch kommt es zu einer konkreten Repräsentierung der Gottheiten erst im Rahmen der sektarischen Religionen.

Innerhalb des Vishnuismus wurde die Praktik der *ikonischen Darstellung* der Gottheiten eigentlich mit größter Konsequenz durchgeführt in Form von anthropomorphischen, theriomorphischen und therio-anthromorphischen Kultbildern. Nur ganz selten fand ein abstraktes Emblem als Kultbild Verwendung. Dies ist ein auffälliger Gegensatz zum Shivaismus, wo der höchste Gott eigentlich immer in seinem Emblem, dem Shivalinga, als anikonisches Kultbild verehrt wurde. Zwar gibt es genügend anthropomorphe Darstellungen von Shiva; sie wurden nur sehr selten als Kultbilder verwendet, sondern dienten meist als dekorative Reliefs. Anders ist es, wenn Shiva in einem seiner Aspekte, z. B. in seinem schrecklichen, dargestellt wird, dann bediente man sich eines anthromorphen Kultbildes. Das gleiche gilt für Shaktismus und Buddhismus, wo ebenfalls ikonische und anikonische Kultobjekte nebeneinander verwendet werden.

Zwar werden hinduistische und buddhistische Götter in menschlicher Gestalt dargestellt, jedoch tragen sie keine individuellen Züge, sie haben entweder einen zornigen oder einen friedlichen Gesichtsausdruck, und bei der Unzahl solcher Gestalten wären sie schwer zu unterscheiden, wenn sie nicht in typischen Merkmalen dargestellt würden. Es sind u. a.:

1. ihre Stand- oder Sitzposen (sthanas und asanas), in denen sie erscheinen,
2. ihre Handhaltungen (mudras),
3. ihre Attribute, die sie in den Händen tragen,
4. ihre Farbe,
5. ihr Träger (bei Shiva z. B. Nandi, der Stier).

Diese einzelnen Merkmale sind in Indien überaus detailliert in Handbüchern festgelegt worden. Sie zusammen ermöglichen es, ein Kultbild zu identifizieren und es als die Darstellung eines bestimmten Gottes zu erkennen. Eine Merkwürdigkeit von anthromorphen Darstellungen hinduistischer und buddhistischer Gottheiten ist gelegentlich die Vervielfachung ihrer Arme, Beine und Köpfe, die trotz menschlicher Darstellung ihre übermenschliche Kraft und Aktivität verdeutlichen.

Anikonische Formen

Neben diesen ikonischen Formen eines Kultbildes gibt es eine weitere, nicht minder bedeutende Gruppe, die *anikonischen Kultobjekte*. Man kann diese wiederum formal in zwei Gruppen teilen, die gestalteten anikonischen und die ungestalteten, in ihrem Naturzustand belassenen.

Es wurde bereits gesagt, daß Shiva eigentlich immer in Form eines *Lingas* verehrt wird. Das Linga, die Darstellung eines Phallus als Kultbild, stammt aus nicht-arisch-vedischen Schichten von Fruchtbarkeitskulten, auf die ja auch Shivas Träger, der Stier Nandi, verweist. Das Linga dürfte erst nach langen Auseinandersetzungen Gnade vor den orthodoxen Brahmanen gefunden haben, was gelegentlich darauf zurückgeführt wird, daß es etwas von seiner ursprünglichen krassen Realistik verloren habe. In diesen *Shivalingas* findet sich noch ein zweiter Aspekt. Der Basisstein, in dem es steht, wird als *Yoni* bezeichnet, als Geschlechtsteil der Muttergöttin bzw. Shakti.

Einen besonderen Typus dieses Kultbildes stellen Lingas dar, an deren Schaft eines oder mehrere menschliche Gesichter erscheinen. Lingas wurden nicht nur als Kultbilder gestiftet, sondern oftmals auch als Votivlingas zur Erinnerung an Verstorbene.

Das wichtigste Kultobjekt im Buddhismus ist der *Stupa,* der sich, ursprünglich ein Tumulus, aus dem Grabkult heraus entwickelte und im Buddhismus das eigentliche zentrale Kultobjekt darstellt, indem er zum Symbol für Buddhas Eingehen ins Nirvana wurde. Später wurde er begriffen als die Verkörperung des Universums mit seinem Aufbau. Er ist Sitz des *Buddha Vairocana.*

Seine Ausmaße können vom Monumentalbau bis zum kleinen Votivstupa reichen, der ähnlich wie das Votivlinga zum Gedächtnis an Verstorbene gestiftet wurde. Auch findet in Nepal eine merkwürdige Vermischung beider statt, indem Votivstupas immer mehr die Form des Shivalingas annahmen.

Neben den gestalteten anikonischen Kultobjekten stehen in Indien und Nepal die ungestalteten, Berg, Baum, Stein, die in ihrem natürlichen Zustand belassen wurden. Hinter ihrer Verwendung als Kultobjekte steht die animistische Auffassung, daß diese auf irgendeine Weise bewohnt oder beseelt von außermenschlichen Wesen seien. Der Baum z. B. wurde in Indien als Sitz von Baumgottheiten angesehen. Ferner stand er in Bezug auf den Totenkult. Im Buddhismus wurde er als Bodhi-Baum zum Zeichen für Buddhas Erleuchtung und damit hier ebenfalls zum Kultobjekt. Es handelt sich hierbei um eine Adaptierung, die sicherlich der hohen Bedeutung von Bäumen innerhalb der indischen Volksreligion Rechnung trug. Auch Berge wurden als Kultobjekte angesehen, zumeist wohl im Zusammenhang mit dem Shakti-Kult. Jedoch können sie innerhalb des Shivaismus auch als natürliche Lingas, *Svayambhulingas,* verehrt werden.

Eine ebenfalls wichtige Rolle spielen Steine. Sie können als Lingas innerhalb des Shivaismus angesehen und verehrt werden. Ihre wichtigste Funktion aber liegt im Zusammenhang des Shakti-Kultes. Solche Steine, die überall verstreut herumliegen, werden als *Pithas,* als Teil der Muttergöttin selbst, angesehen. Folgende Geschichte wird über ihre Entstehung erzählt: Voller Trauer irrte Shiva, den Leichnam seiner Frau Sati auf seiner Schulter, in der Welt umher. Vishnu, der Shiva so sah, wollte ihn von seiner Besessenheit heilen und teilte mit seinem Diskus den Leichnam Satis in viele Stücke. Die verschiedenen Stellen, wo ihre Leichenteile zu Boden fielen, wurden zu *Pithas,* und Shiva, der aus Liebe zu seiner verstorbenen Frau die Gestalt vieler *Bhairavas* (seines schrecklichen Aspektes) angenommen hatte, ließ sich in dieser Form überall dort nieder, um über den Pithas zu wachen.

Daneben wird oftmals aber auch *Ganesha Vinayaka* in Form eines Steines verehrt. Es scheint so, als böten die durch ihre Gestalt relativ undefinierten natürlichen Objekte die Möglichkeit, sie mit einer Fülle verschiedener und scheinbar widersprechender Bedeutungen zu belegen.

Verhältnis der Religionen zueinander

Eine Geschichte der Religionen Nepals und ihres gegenseitigen Aufeinanderwirkens gibt es nicht. Doch wäre dies in höchstem Maße interessant, denn gerade hier in dem relativ kleinen Kathmandu-Tal haben wahrscheinlich über zwei Jahrtausende alle großen Religionen Indiens (mit Ausnahme des Islam) existiert. Daß die Anhänger der verschiedenen Religionen nur interesselos nebeneinander her gelebt hätten, ist dabei grundsätzlich nicht zu erwarten.

Staatsreligion ist heute der *Hinduismus* mit *Pashupati,* einer Form von *Shiva,* als höchstem Gott. Es wird angenommen, daß die staatstragende Schicht in Nepal, bestehend aus dem Klan des Herrschers und einer Gruppe von Brahmanen, immer hinduistisch gewesen sei. Dabei war dies eine Schicht, die eigentlich nie aus dem Lande selbst erwuchs, sondern immer als Einwanderer und Eroberer auftrat. Die Tatsache, daß die staatstragende Schicht hinduistisch war, deutet auf ein interessantes Verhältnis, denn die Masse der Bevölkerung dürfte wohl seit früher Zeit, und ist es auch heute noch teilweise, Anhänger des Buddhismus gewesen sein.

Ein früher Beleg für das Verhältnis der Religionen in Nepal ist die Inschrift auf der Säule in Harigaon (im Osten Kathmandus) aus dem 5. Jahrhundert. Dort werden die Buddhisten ausdrücklich als solche bezeichnet, die falsch argumentieren, die eine teuflische Schlauheit haben und die die Menschen immer in die Irre führen.

Trotz eines solchen Dokumentes ist eine der Grundannahmen der bisherigen Religionsforschung und des Geschichtsverständnisses Nepals, daß das Zusammenleben der verschiedenen Religionen immer friedlich verlaufen sei, ja, diese Annahme ist heute Teil des Selbstverständnisses der Nepalesen selbst geworden. Sollte dies stimmen, so wäre Nepal eine gänzlich singuläre Erscheinung in dieser Welt. Meist ist es so, daß sich in der Zugehörigkeit zu einer Religion nicht nur die religiöse Haltung selbst widerspiegelt, sondern auch daß Gruppen- oder Machtinteressen sich darin artikulieren, zumal dann, wenn auch nur eine minimale Organisationsform für eine Religionsgruppe existiert. Die Annahme, daß es keine religiösen Auseinandersetzungen in Nepal gegeben habe, würde auch beinhalten, daß es keine Auseinandersetzungen von Gruppen gegeben habe.

Befragt man heute einen Nepalesen, ob er einen religiösen Konflikt in der Vergangenheit für möglich halte, so wird er es sicher verneinen, belegt mit der sehr richtigen Behauptung, daß es im Grunde keine verschiedenen Religionen seien, sondern nur eine einzige: Buddha ist eine Erscheinungsform von Pashupati und Pashupati kann man umgekehrt als eine Erscheinungsform von Buddha ansehen. Jedoch beschreibt dies nur den heutigen Zustand der Religion in Nepal und es ist nicht möglich, diesen auf die Vergangenheit zurückzuprojizieren.

Ein Problem in den bisherigen Untersuchungen über den Buddhismus im Kathmandu-Tal stellen seine bedeutenden Abweichungen von der ehemals in Indien geprägten Form dar. Die nepalesische Variante des Buddhismus erscheint als vollständig entstellte und verkehrte Form, u. a. auch durch die Tatsache der Tieropfer, die buddhistischen Vorstellungen gänzlich widerspricht. Dies wurde zurückgeführt auf einen Prozeß allgemeiner Angleichung der verschiedenen Religionssysteme im räumlich begrenzten Kathmandu-Tal, der im Laufe mehrerer Jahrhunderte stattgefunden habe. Auch die weitere Merkwürdigkeit, die sonst keine Parallelen hat, daß in Nepal ein eigentliches buddhistisches Mönchtum nicht mehr existiert, sondern die Mönche eine eigene Kaste bilden, die sich selbst fortpflanzt, wurde so erklärt.

In zwar erst um die Mitte des 19. Jahrhunderts kompilierten, aber sicher ich alte Traditionen verarbeitenden Chroniken, finden sich eine Reihe von Erklärungsversuchen für diese Erscheinungen, die durchaus Berücksichtigung verdienen. Dort haben sich eine Fülle von Geschichten tradiert, die zeigen, daß es härteste Auseinandersetzun-

1 KATHMANDU Eingang zum Hanuman Dhoka-Palast ▷

3 PASHUPATINATH Blick auf das Heiligtum

◁ 2 KATHMANDU Platz vor dem Hanuman Dhoka-Palast

4 KATHMANDU Hanuman Dhoka-Palast, Vishnu auf Schlangen im kosmischen Ozean ruhend, um 600 n. Chr.

6 BHAKTAPUR Treppe zum Nyatapola-Tempel, erbaut 1703

◁ 5 KATHMANDU Taleju-Tempel mit Hanuman Dhoka-Palast und Blick auf Svayambhunath
7 BODHNATH Die Stupa-Kuppel und turmartiger Aufsatz mit den ›Alles-sehenden Augen Buddhas‹ ▷

8 Terrassierte Landschaft mit typischen Bauernhäusern in der Gegend von Chapagaon

9 BHAKTAPUR Blick über Taumadhi Tole mit Bhairava-Tempel

10 Terrassierte Berghänge bei Dhulikhel

12 Landschaft im Süden von Patan ▷

11 Landschaft bei Dhulikhel mit Blick auf die Schneeberge des Himalaya

13 Hängebrücke in West-Nepal

14 Bauerngehöft in Ost-Nepal

gen zwischen den einzelnen Religionsgruppen gegeben hat, die das Land zeitweilig in ein totales Chaos gestürzt haben müssen.

Über einen gewissen König *Vrikshadeva,* der historisch noch nicht einzuordnen ist, aber wohl kurz vor 800 n. Chr. gelebt hat, wird berichtet, daß unter seiner Regierung die Buddhisten im Lande überaus mächtig wurden und ein Kloster namens Punya Vihar gründeten, von wo aus sie jeden Abend alle Speise- und Getränkereste auf das Kultbild von Pashupati, dem höchsten hinduistischen Gott, warfen. Morgens wurde das Kultbild dann gereinigt und verehrt. Auch gab es in dieser Zeit keine brahmanische Priesterschaft am Tempel von Pashupatinath, sondern ihre Funktionen wurden von Buddhisten ausgeführt.

Diese Geschichte wird so erzählt, als handle es sich hierbei um einen normalen Akt der Verehrung, und nicht um eine Entweihung. Daß die Anhänger Pashupatis dies aber anders auffaßten, zeigt die Geschichte, daß sie einen Versuch machten, die Buddhisten daran zu hindern, ihre Abfälle auf das Kultbild zu werfen. Jedoch unterlagen sie bei dieser Auseinandersetzung, wurden aus dem Lande vertrieben, und die Buddhisten konnten mit ihrer Praktik, den Tempel von Pashupatinath mit Abfällen zu füllen, fortfahren.

Ein Anstoß zur Veränderung dieser Zustände erfolgte von außen. Um diese Zeit wurde im Dekkan (Südindien) ein Kind geboren, in dem man die siebte Inkarnation von *Shankaracharya,* einem hinduistischen Reformer des 8. Jahrhunderts, entdeckte. Dieser *siebte Shankaracharya* begab sich nach Nepal, und trotz des Widerstandes der Buddhisten gelang es ihm, den Tempel von Pashupatinath zu betreten, wo die Gottheit in ihrem Kultbild unter den Abfällen verborgen war. In den folgenden Auseinandersetzungen konnten Shankaracharya und seine Gruppe die Oberhand gewinnen. Die Buddhisten wurden aus dem Pashupatinath-Tempel vertrieben, viele flohen aus dem Land, andere wurden auf der Stelle niedergemetzelt. Die heiligen Bücher der Buddhisten wurden zerstört und zu Asche verbrannt, es sollen 84 000 gewesen sein. Aus Angst bekannten sich nun viele Buddhisten zu Shankaracharya, ohne aber von seiner Lehre überzeugt zu sein. Diesen befahl Shankaracharya, Tieropfer darzubringen, was in direktem Gegensatz zur Lehre des Buddhismus steht. Dann zwang er Mönche und Nonnen zu heiraten. Danach begab sich Shankaracharya zum Berg Manichur mit dem Heiligtum Mani Yogini, um auch dort die Buddhisten zu vertreiben. Die Göttin wurde in Vajra Yogini umbenannt, und es wurde solchen Buddhisten, die sich zu Shankaracharyas Lehren bekannten, erlaubt, an diesem Tempel, an Guhyeshvari und einigen anderen priesterliche Funktionen auszuüben.

Daß in dieser Zeit die Buddhisten zwangsweise konvertiert wurden, zeigt eine Geschichte, die über einen gewissen *Balarchana,* den Bruder des Königs, erzählt wird. Shankaracharya ließ diesen, da er sich weigerte, seine Lehren anzunehmen, fangen und machte ihn zum Hohn zu einem Mönch, indem er seinen Kopf schor und ihm seine Brahmanenschnur wegnahm. Danach zwang er Balarchana, eine Nonne zu heiraten. Shankaracharya erreichte durch seine Maßnahmen die fast vollständige Vernichtung des Buddhismus in Nepal, der sich nur noch in einem gewissen, von der Bevölkerung selbst getragenen Substrat halten konnte, aber keine Möglichkeit mehr hatte, sich zu institutionalisieren, da das Mönchtum, die ehemalige Stütze der Religion, zerstört war. Shankaracharya vernichtete nicht eigentlich die Gruppe der Buddhisten, sondern paßte sie hinduistischen Vorstellungen an.

Daß es dann wieder Zeiten gegeben hat, in denen der Buddhismus durchaus gefördert wurde und in gewissem Sinne eine Wiederbelebung erfuhr, änderte an dem grundsätzlich desolaten Zustand dieser Religion in Nepal nichts mehr. – In positiver Weise hat sich sicherlich die Auflösung der Klöster in Nordindien ausgewirkt, als viele Mönche und Künstler vor den islamischen Truppen nach Nepal flohen. – In späteren Jahrhunderten hat eine starke Anlehnung an den tibetischen Buddhismus stattgefunden, da Indien keine Quelle religiöser Anregung mehr war. Es ist bezeichnend, daß die beiden einzigen großen, kultisch intakten buddhistischen Heiligtümer bis in jüngste Zeit unter tibetischer Verwaltung standen. Die Buddhisten in Nepal selbst waren nicht in der Lage, solche Heiligtümer zu tragen.

Unter König *Jayasthitimalla* (1382–1395) wurden die Buddhisten endgültig, unter Berufung auf die von Shankaracharya durchgeführten Maßnahmen, in ein rigoroses, neu geschaffenes Kastensystem eingegliedert. Man unterstellte, daß die unverheirateten Mönche ursprünglich aus der Brahmanen- oder Kshatriya-Kaste gekommen waren und auch, nachdem sie gezwungen worden waren zu heiraten und sich fortzupflanzen, diesen Kasten weiter angehört hatten.

Die Palastbereiche von Kathmandu, Patan und Bhaktapur

Die Entwicklung der Städte Kathmandu, Patan und Bhaktapur

Nepalesische (newarische) Kultur ist im wesentlichen eine ausgeprägt städtische Kultur. Sie hat Siedlungen hervorgebracht, die in vielem den Charakter mittelalterlicher europäischer Stadtanlagen tragen. Es sind enge Straßen, die beidseitig mit mehrgeschossigen Wohnhäusern besetzt sind, deren oft reich geschmückte Fassaden eine geschlossene Straßenfront bilden. Das untere Geschoß dient Handelszwecken oder als Werkstatt, die oberen Geschosse werden zum Wohnen benützt. Die Küche befindet sich im Dach, wobei der Rauch durch die Ritzen der Dachziegeln entweicht, ein Schornstein wurde nicht entwickelt. Meist haben die Häuser einen Hof als dem eigentlichen Zentrum, der in gleicher Höhe umbaut ist wie die Straßenfront.

Die Kreuzungspunkte der Straßen weiten sich oft zu kleinen Plätzen, um die sich Brunnenanlagen und Miniaturschreine mit Kultbildern befinden, die für das tägliche Leben der Bevölkerung vielfach mehr Bedeutung haben als großartige Tempelanlagen. Gerade die Brunnen stellen eine hohe technische Leistung dar, denn sie werden durch kilometerlange Wasserleitungen gespeist. Für Abwässer wurde eine Kanalisation gebaut, die, überdeckt, neben der Gasse herläuft. Sowohl Brunnen wie auch Kanalisation sind heute in der Regel vollständig vernachlässigt.

Der Reichtum der Städte beruhte in der Vergangenheit auf dem Handel mit Tibet. Entsprechend setzt sich die Bevölkerung der Städte wesentlich aus Händlern und Handwerkern zusammen. Aber auch die Feldbestellung wird von der Stadt aus unternommen, wobei dieser Teil der Bevölkerung keine eigenen bäuerlichen Bauformen entwickelt, sondern das städtische Wohnhaus für seine Zwecke adaptiert hat. Ausgesprochen dörfliche Siedlungen im Kathmandu-Tal werden nicht von Newars bewohnt.

Obwohl die drei wichtigsten Städte des Tales, *Kathmandu, Patan* und *Bhaktapur* auf eine lange und sicherlich noch weitgehend ungeklärte Geschichte zurückblicken können, so verlegt die Legende ihre Gründungen doch erst ins 9. Jahrhundert n. Chr. Hierbei handelt es sich jedoch nicht, wie die Legende erzählt, um Neugründungen, sondern um Neuorganisationen schon vorhandener Siedlungskerne. Das Bild dieser drei Städte wird heute geprägt durch ihre weiträumige Palastanlage und die zugehörigen z. T. riesigen Tempelbauten. Diese vielgliedrigen Architekturkomplexe entstanden erst seit dem 16. Jahrhundert. Sie bildeten das politische und religiöse Zentrum dreier voneinander unabhängiger Stadtkönigreiche.

Die Stadtentwicklung von Kathmandu, Patan und Bhaktapur, deren Zentren diese Palastbereiche sind, erfolgte je nach verschiedenen Modellen.

1. In *Kathmandu* wurden die zwei Siedlungskomplexe einer im Norden und einer im Süden des heutigen Gebietes gelegenen Stadt zusammengefaßt und mit einem neuen Zentrum im bis dahin unbesiedelten Bereich zwischen ihnen versehen.

2. *Bhaktapur* erhielt im Westen eine Neustadt, die sich um den in dieser Gegend gelegenen und als Festung errichteten Palast bildete.

3. *Patan* tradiert möglicherweise noch seine alte Anlage, jedoch mußten weite Gebiete neu besiedelt werden. Inwieweit auch der Palast an eine alte Tradition anschließt, ist noch nicht geklärt.

Für die Gestalt der drei Städte wurde der Verlauf alter Handelswege, die z. T. aus den Stadtplänen heute noch ersichtlich sind, bestimmend. In Kathmandu ist die die Stadt diagonal schneidende Basarstraße ein Teilstück der alten Indien-Tibet-Verbindung. Die heutige Nord-Südachse in Patan und die Ost-Westachse in Bhaktapur, die die beiden zusammengewachsenen Stadtteile miteinander verbindet und durchläuft, sind ehemals wichtige Handelswege. Diese Straßen bilden das Rückgrat der Stadtanlage der drei Städte.

Es ist eine merkwürdige Erscheinung, daß sich im Kathmandu-Tal kein einziges Gebäude erhalten hat, das vor dem 15. oder 16. Jahrhundert entstanden ist. Dies dürfte in dem Raubzug eines nordindischen muslimischen Herrschers seine Erklärung finden, der 1346 in das Tal einfiel. Das Heiligtum von Svayambunath wurde zerstört, das Linga im Pashupati-Tempel in drei Stücke zerschlagen, die Städte gingen in Flammen auf. Danach herrschte weitgehendes Chaos bis zur Herrschaft von *Jayasthitimalla* (1382–1395), dem Gründer der späten Malla-Dynastie. Das faktische Machtzentrum verlagerte sich nach Bhaktapur und blieb dort bis zum Tode von *Yakshamalla* (1428–1482). Dieser König teilte die Herrschaft über das Tal unter seine drei Söhne auf, die voneinander unabhängige Königreiche gründeten, aus denen schließlich die Stadtkönigtümer von Kathmandu, Patan und Bhaktapur entstanden.

Bestimmend für die Bautätigkeit der folgenden Jahrhunderte war einerseits die Konkurrenz der drei Stadtkönigtümer, die in nächster räumlicher Entfernung zueinander lagen (vom Palast in Patan kann man denjenigen in Kathmandu sehen) und andererseits die gleiche Vorstellung von der kultisch richtigen Ausstattung einer Hauptstadt. Im Grunde sind die Zentren von Kathmandu, Patan und Bhaktapur Abbilder der gleichen Vorstellung einer nicht existierenden gemeinsamen Hauptstadt. Dies ist nicht das Ergebnis eines einmaligen Vorgangs, sondern eines ständigen Prozesses gegenseitiger Beeinflussung, der bis zur Auslöschung der drei Malla-Dynastien durch die Eroberung des Tales unter der Shah-Dynastie im Jahre 1768 fortdauerte. Alle wesentlichen Elemente des Zentrums der einen Hauptstadt lassen sich auch in der jeweils anderen nachweisen. Dies soll an einigen Beispielen aufgezeigt werden.

Die höchste Gottheit Nepals ist *Shiva* in der Form von *Pashupatinath* mit seiner Residenz in Deopatan. Diese Gottheit erschien einmal König *Yakshamalla* (1428–1482) in einem Traum und teilte ihm mit, er brauche sich nicht der Mühe zu unterziehen, täglich zu ihm zu pilgern, sondern solle eine Kopie des originalen Tempels vor seinem

Palast in Bhaktapur errichten. Der König tat dies im Jahre 1460 und nannte das Linga nach seinem eigenen Namen Yaksheshvara. Dieser Vorgang wiederholte sich in Kathmandu unter *Mahendramalla* (1560–1574), der ebenfalls Pashupati vor seinem Palast ansiedelte, indem er einen Bau in den Formen des Pashupati-Tempels in Deopatan errichtet und das Linga nach seinem eigenen Namen Mahendreshvara nannte. Dieser Bau ist heute zerstört.

In gleicher Weise errichtete Mahendramalla vor seinem Palast einen Tempel für *Narayana*, einer Form von Vishnu. Der Bau wurde 1563 errichtet und ist heute unter dem Namen *Jagannath* bekannt. Bereits 1566 wurde von *Purandarasimha* vor seinem Palast in Patan der gleiche Tempel errichtet und etwa 100 Jahre später, wahrscheinlich unter *Jitamitramalla* (1673–1696), wurde auch in Bhaktapur vor dem Palast dieser Tempel aufgeführt. Er wurde später für einen neuen Kultus adaptiert und ist heute unter dem Namen *Dvarikanath* bekannt. Wie die Namensgebung der Tempel für Pashupati anzeigt, sind sie gleichzeitig Wohnsitz der entsprechenden Gottheit vor dem Palast und auch Gedächtnistempel für die Erbauer oder deren Väter.

Zum eigentlichen Palast in Kathmandu gehört der mächtige dreigeschossige *Degutale-Tempel* (Abb. 20) auf einem turmartigen Unterbau. Er wurde unter *Shivasimhamalla* (1578–1620) errichtet und variiert den Taleju-Tempel Mahendramallas. Als ein Sohn Shivasimhas in Patan die Herrschaft übernahm, baute er dort ebenfalls den *Degutale-Tempel* (Abb. 44), auch auf einem turmartigen Unterbau. In Patan gilt dieser Tempel gleichzeitig als Wohnsitz Talejus.

Pratapamalla (1641–1674) ließ vor diesem Tempel in Kathmandu einen hohen Monolith aufrichten, über dessen lotusförmigem Kapitell er und Mitglieder seiner Familie Degutale verehrend dargestellt sind (Abb. Umschlagvorderseite). Dies wurde von *Yoganarendramalla* (1684–1705) aufgegriffen, der in Patan, ebenfalls vor dem Degutale-Tempel, seine Statue auf einem solchen Monolithen aufstellen läßt (Abb. 44, 47). König *Ranajitamalla* (1722–1768) von Bhaktapur errichtete vor dem Zugang zum dortigen Mul Chowk eine solche Säule mit dem Bildnis seines Vaters *Bhupatindramalla* (Abb. 66, 68). Er erregte damit den Zorn des damaligen Königs von Kathmandu, der versuchte, die Aufrichtung der Säule zu sabotieren.

Leider ist die Baugeschichte der drei Stadtpaläste noch weitgehend ungeklärt, jedoch dürfte auch hier die Entwicklung in Entsprechungen verlaufen sein. Der wichtigste Hof, gleichsam das Herzstück jedes der drei Paläste, ist der *Mul Chowk*, der als Wohnsitz der Hausgöttin *Taleju* gilt (Abb. 46, 73). Er dient ausschließlich religiösen Zwekken und darf, mit Ausnahme desjenigen in Patan, auch heute nicht betreten werden. Der Typus einer solchen Anlage ist in Bhaktapur entwickelt worden und geht auf das 14. Jahrhundert zurück. Nachdem Taleju auch nach Kathmandu übertragen worden war, wurde ihr, wahrscheinlich von Mahendramalla, diese Hofanlage im dortigen Palast erbaut. Der Mul Chowk in Patan geht auf *Siddhinarasimhamalla* (1620–1661) zurück.

Die Begleiterinnen Talejus sind *Shri* und *Lakshmi* (die umgedeuteten ehemaligen indischen Flußgöttinnen Ganga und Yamuna (vgl. Abb. 67). Bei der Errichtung des

Mul Chowk in Patan unter Siddhinarasimha wurde insofern vom Vorbild in Bhaktapur abgewichen, als große flankierende Statuen dieser beiden Gottheiten neben dem Portal zum Schrein der Taleju aufgestellt wurden. In Bhaktapur wurden unter *Nareshamalla* (1637–1644) diese Statuen vor dem Taleju-Schrein des dortigen Mul Chowk aufgestellt, und Kathmandu folgte im Jahre 1708.

Im Jahre 1737 wurde gleichzeitig in Bhaktapur und in Patan eine riesige Glocke in einem offenen Glockenstuhl aufgehängt (Abb. 70, 55). Sie wurde täglich während des Kultus im Mul Chowk geläutet. Kathmandu folgte 60 Jahre später im Jahre 1797, bereits unter der Shah-Dynastie, mit einer Glocke, die hier Degutale geweiht war (Abb. 31).

In Patan ließ *Siddhinarasimhamalla* (1620–1661) die Statuen seiner Titulargottheit *Narasimha*, einer Form von Vishnu, und des elefantenköpfigen Gottes *Ganesh* vor dem Eingang zum *Sundhara Chowk* des Palastes aufstellen. Diesem Vorbild folgte *Pratapamalla* (1641–1674), der am Eingang seines Palastes in Kathmandu ebenfalls die Statue von *Narasimha* aufstellte und dazu diejenige von *Hanuman*, einer Gottheit in Gestalt eines Affen. Nach Hanuman wurde das Portal *Hanuman Dhoka* benannt und später dieser Name auf den gesamten Palast übertragen. In Patan wiederum wurden die beiden das Portal bereits flankierenden Standbilder durch das von Hanuman ergänzt, und 1697 wurde auch in Bhaktapur das Portal des Palastes durch ein Standbild von Narasimha und Hanuman vervollständigt.

Die wenigen angeführten Beispiele mögen genügen, um einen Eindruck von der Korrespondenz in der Ausgestaltung der Zentren der drei Stadtkönigreiche zwischen dem 16. und dem 18. Jahrhundert zu vermitteln.

Nach der Eroberung des Tales durch *Prithvinarayana Shah* im Jahre 1768 konzentriert sich die weitere Entwicklung vollständig auf Kathmandu. Während der Palastbereich der neuen Hauptstadt Nepals weiter ausgebaut wird, verfallen die Zentren von Patan und Bhaktapur.

Kathmandu

Stadtstruktur und Entwicklung

Der Legende nach soll Kathmandu im 9. Jahrhundert von einem König namens *Gunakamadeva* gegründet worden sein. Es ist dies die Zeit, in der, nepalesischer Tradition zufolge, auch die Städte Patan und Bhaktapur und einige weitere angelegt worden sein sollen. Als König Gunakamadeva eines Tages Mahalakshmi verehrte, erschien ihm diese Göttin in einem Traum und trug ihm auf, eine Stadt an der Mündung der Flüsse Vishnumati und Bagmati zu erbauen, denn hier wäre das Bildnis des Gottes von Kanteshvara. Hierhin kämen täglich Indra und andere Götter, um Lokeshvara zu besuchen. Die neue Stadt sollte in Form eines Kharg, des Schwertes der Devi, erbaut werden und Kantipur heißen, und der Handel sollte darin blühen. Entsprechend gründete Gunakamadeva die Stadt an einem glückverheißenden Tag und verlegte seine Residenz von Patan nach Kathmandu. Die Stadt enthielt 18 000 Häuser, und durch die Gnade der Göttin Mahalakshmi war Gunakamadeva imstande, einen goldenen Brunnen, Suvarnapranali, zu erbauen, der sich an der Straße nach Thankot (Indien) neben dem Bhimsen-Tempel befindet, und danach nannte er die Stadt *Suvarna-pranali-Kantipur*. Dann stattete der König seine Neugründung mit verschiedenen Gottheiten aus, die er von anderen Plätzen hierher brachte und in Kantipur (Kathmandu) ansiedelte. So *Chandeshvari* aus dem Osten und *Rakta-Kali* aus Dakshinkali, die in Kathmandu den Namen *Kankeshvari* erhielt. Auch erbaute er Tempel für die Neun Durgas, einmal innerhalb der Stadt und einmal um die Stadt herum.

Hierbei dürfte es sich nicht um eine vollständige Neugründung gehandelt haben, sondern um die Neuorganisation einer Stadt unter Einbeziehung schon vorhandener Siedlungskerne. Das Zentrum hat wahrscheinlich in oder bei Maru Tole gelegen, also an der alten Indien-Tibet-Straße. Auch wird in der Gründungslegende ausdrücklich betont, daß die Stadt ein Handelsplatz war, wozu sich gerade seine Lage auf dem Höhenrücken entlang der Vishnumati, wo die überaus wichtige Straße von Indien nach Tibet diesen Fluß überquert, eignete.

Einer bis jetzt noch lebendigen Tradition zufolge hat es im Bereich des Stadtgebietes von Kathmandu eine obere oder nördliche und eine untere oder südliche Stadt gegeben, und es sind dies auch die Bereiche, wo sich Skulpturen und Inschriften der Licchavi-Zeit in großer Zahl erhalten haben. Nur scheint es, als seien diese Städte noch nicht auf die Indien-Tibet-Straße orientiert gewesen. Diese Ausrichtung bewirkte Gunakamadeva mit seiner Neuorganisation der Stadt.

Das heutige Stadtbild wird bestimmt durch eine Folge von parallel in nordsüdlicher Richtung verlaufenden Straßen, die von solchen in ostwestlicher Richtung geschnitten werden. Dieses System ergibt ein verhältnismäßig klares Raster, das sich den landschaftlichen Gegebenheiten, nämlich dem Verlauf des Höhenrückens entlang der Vishnumati anpaßt. In diesem Straßensystem spielt die Basarstraße (die Straße von Indien nach Tibet) insofern eine merkwürdige Rolle, als sie dieses diagonal schneidet. Diese Tatsache deutet darauf hin, daß das Rastersystem jüngeren Datums ist als der Verlauf der Basarstraße und Resultat einer vereinheitlichenden Stadtplanung, die im Laufe vieler Jahrhunderte erfolgte.

Einen bedeutenden Schwerpunkt des Stadtbildes stellt der Palast mit seinen vielen Höfen und großen Gartenanlagen dar (Farbt. 1, 2, 4, 5, Abb. 15). Es ist kaum möglich, sich vorzustellen, daß dieser sich in einem dicht besiedelten Gebiet zu einer solchen Ausdehnung hatte entwickeln können. Tatsächlich ist das Gebiet, in dem der Palast heute steht, der Bereich, der unbebaut zwischen der nördlichen und südlichen Siedlung gelegen hat. Er erfüllt damit die wichtige Funktion, diese beiden Gebiete zu verklammern.

Für die Zeit bis 1482 ist belegt, daß Kathmandu in 12 Toles, Stadtviertel, gegliedert war, welches jedes von einem mehr oder minder selbständigen Raja, König, beherrscht wurde. In den späteren Jahrhunderten hat es 32 verschiedene Toles gegeben. Dies heißt, daß in der Zwischenzeit die Stadt bedeutend gewachsen sein muß. Unter König *Mahendramalla* (1560–1574) wurden viele Familien veranlaßt, sich in Kathmandu niederzulassen, und der König gab ihnen Häuser und Land. Es war dies auch der König, auf den der Ausbau des Palastes wesentlich zurückgeht. Die Stadt war von einer Mauer umgeben, deren verfallene Reste noch bis ins 19. Jahrhundert hinein zu sehen waren. Ferner gab es 32 torartige Durchlässe, die jeder einem der 32 Toles zur Kontrolle unterstand. Dabei muß es so gewesen sein, daß innerhalb der Stadtmauern nur die Angehörigen der vier oberen Kasten wohnten, die Unberührbaren aber vor den Stadttoren.

Der Ausbau Kathmandus zu einer nach europäischen Vorstellungen geformten modernen Hauptstadt erfolgte seit der Mitte des 19. Jahrhunderts. Man verließ den dicht besiedelten Bereich der Altstadt und errichtete im Osten, entlang des Kantipath eine Fassade, bestehend aus einer Folge von Palästen, Schulen, Krankenhäusern und Kasernenbauten. Diese Straße verläuft von Norden nach Süden und folgt weitgehend der Linie der ehemaligen Stadtmauer, entlang einer bis dahin unbebauten Hochfläche, die mehr und mehr den Charakter einer platzartig umbauten Paradefläche annahm. Die Reiterdenkmäler, die dort heute aufgestellt sind, standen ehemals auf dem Kantipath und stellen Mitglieder der Rana-Familie dar.

Ausgangspunkt für diese neue Stadt war *Rani Pokhari,* ein See mit einem Tempel in der Mitte, dessen ursprüngliche Anlage auf *Pratapamalla* (1641–1674) zurückgeht. Das Denkmal Pratapas – er reitet auf einem Elefanten – ist noch heute am südlichen Rand von Rani Pokhari zu sehen. Der See bezeichnet die Stelle, wo die alte Indien-Tibet-Straße (die Basarstraße) aus der Stadt austritt.

Nach 1900 entstanden in der Umgebung von Kathmandu und dem benachbarten Patan eine Fülle von z. T. riesigen Palästen, die für Mitglieder der Rana-Familie errichtet wurden und heute meist Regierungszwecken dienen (vgl. Abb. 43). Die Architekten dieser Bauten, die alle europäischen Stile der damaligen Zeit widerspiegeln, waren z. T. Nepali, die in Japan ihre Ausbildung in europäischer Architektur erhalten hatten. Die meisten der Palastanlagen fielen bereits beim Erdbeben von 1933 zusammen. Dieses Erdbeben gab auch Gelegenheit, die New Road in die Stadt hineinzubrechen und so eine Verbindung von altem Palastbezirk und Kantipath zu schaffen.

Die Entwicklung des Palastbereiches

Kathmandu wurde unter dem skrupellosen und ambitiösen *Ratnamalla* (1482–1520), einem Sohne Yakshamallas von Bhaktapur, Sitz eines selbständigen Stadtkönigreiches.

Die Legende berichtet darüber: In dieser Zeit war es Brauch, daß, wenn ein König starb, er seinem ältesten Sohn ein *Mantra* (eine Bannsilbe) vererbte, mit deren Kenntnis er Macht über die Göttin Taleju erlangte. Ratnamalla aber, der der jüngste Sohn war, erlangte dieses Mantra beim Tode seines Vaters durch Verrat. In einem Traume teilte ihm Taleju mit, daß, wenn er nach Kathmandu ginge, er mit Hilfe eines dortigen Ministers König werden würde. Also ging Ratna am nächsten Tage zum Hause des ältesten Ministers der 12 Thakuri-Rajas, die die Macht in Kathmandu ausübten, und erzählte ihm seinen Traum. Der Minister versprach ihm seine Hilfe und verbarg Ratna während des Tages. Dann lud er die 12 Thakuri-Rajas zu einem Essen ein und vergiftete sie alle. Danach machte er Ratnamalla zum König von Kathmandu. Ratnamalla jedoch, nachdem er seine Herrschaft gefestigt hatte, tötete den Minister in der Annahme, daß jemand, der um seinetwillen 12 Thakuri-Rajas getötet hatte, auch ihn selbst umbringen würde, falls sich ein Konflikt ergäbe.

1501 errichtete Ratna den ersten Tempel für Taleju in *Tana Deval* [2], einem kleinen Komplex nordöstlich des heutigen Taleju-Tempels. Damit dürfte er auch seine eigene Residenz bereits in dieser Gegend gehabt haben. – Der eigentliche Ausbau des Palastbereiches geht auf König *Mahendramalla* (1560–1574) zurück. Als unübersehbares Zeichen seiner Herrschaft erbaute er den riesigen dreigeschossigen *Taleju-Tempel* (Umschlagvorderseite, Farbt. 5, Abb. 13–15) auf einem hohen Stufenberg und siedelte davor, den Tempelberg flankierend, die im hinduistischen Pantheon höchsten Götter *Shiva* (*Mahendreshvara-Tempel* [4]) und *Vishnu* (heutiger *Jagannath-Tempel* [5]) in relativ kleinen zweigeschossigen Bauten an. Er schuf damit ein kultisches Zentrum, das ganz den Bedürfnissen seiner Herrschaft angepaßt war.

Während Mahendreshvara- und Jagannath- den Taleju-Tempel im Westen flankieren, ergibt sich im Süden eine andere Zuordnung auf diesen Bau (Abb. 15). Dort sind *Mul Chowk* [15] und *Basantapur Durbar* [17], zwei Höfe des Palastes, axial auf den Tempelberg ausgerichtet. Diese gehen, zumindestens in ihrer Konzeption, ebenfalls auf Mahendramalla zurück. Die Abmessungen des heutigen weiträumigen Palastbezirkes, der sich in dem unbebauten Gebiet zwischen den beiden Stadtbereichen entwickeln konnte, wurden damit bereits durch diesen König festgelegt.

Während die Paläste in Patan und Bhaktapur (Abb. 5, 45, 70) eine geradlinig ausgerichtete Front entwickeln, begrenzt der Palast in Kathmandu (Abb. 2, 18) auf zwei Seiten einen unregelmäßig ausgebildeten Platz, dessen dritte Seite durch den Verlauf der Basarstraße angegeben wird. Die zwischen den Taleju- [1] und den Degutale-Tempel [6] eingespannte Front ist winkelförmig angeordnet. Diese von Patan und Bhaktapur abweichende Lösung wird durch zwei Bedingungen erforderlich: 1. Die Gebäude konnten aus kultischen Gründen nur nach den Haupt-Himmelsrichtungen hin angelegt werden, also von Norden nach Süden und von Osten nach Westen. 2. Die Schauseite des Palastes aber ist die Basarstraße, die diagonal von Nord-Osten nach Süd-Westen verläuft. Wie wichtig die Ausrichtung des Palastes auf diese Straße war, zeigt die Anlage des Taleju-Tempels [1] selbst, der in den ehemaligen Verlauf der

N
4
8
19
10
20
18
14
7
5
6
9
11
15
12
13
27
16
24
30
29
23
22
25
17
28
26
32
31

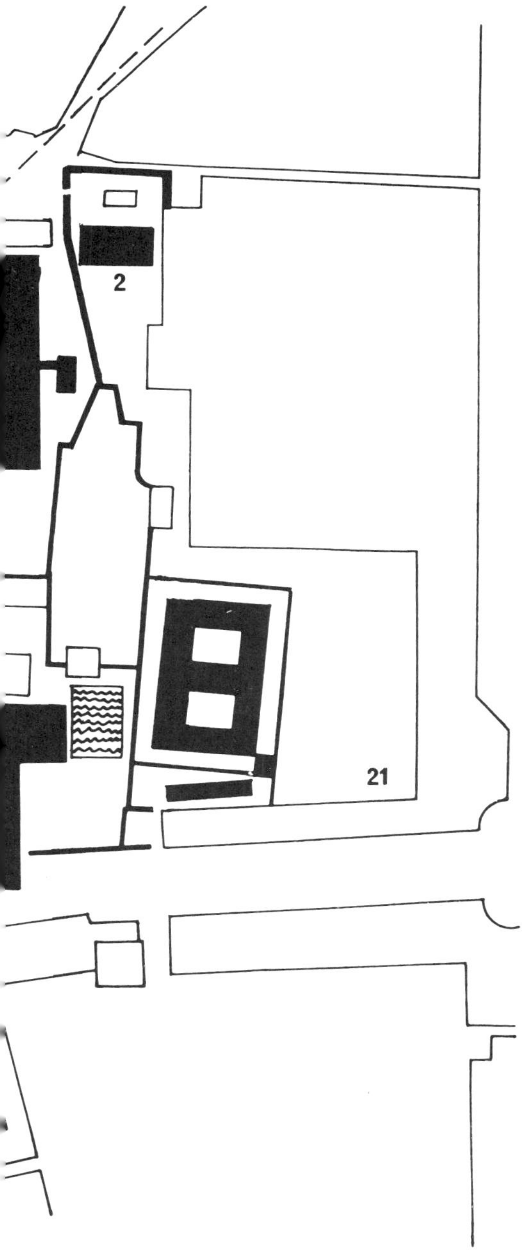

Fig. 3 Kathmandu, Palastbereich (Die Nummern 1–32 für die einzelnen Monumente des Palastbereichs von Kathmandu sind an der Textstelle in eckiger Klammer aufgeführt)

Gestrichelte Linie: ehemaliger Verlauf der heutigen Basarstraße

1 Taleju-Tempel (s. S. 56)
2 Tana Deval (S. 57)
3 Garuda, 6. Jh. (S. 57)
4 Mahendreshvara-Tempel (Pashupatinath) (S. 57)
5 Jagannath(Narayana)-Tempel (S. 57)
6 Degutale-Tempel (S. 57)
7 Pratapamalla-Säule (S. 58)
8 Kala Bhairava (S. 58)
9 Sveta Bhairava (S. 58)
10 achteckiger Tempel (S. 58)
11 Hanuman Dhoka-Portal (S. 58)
12 Saalbau (S. 59)
13 Nasal Chowk (S. 59)
14 runder Hanuman-Tempel (S. 60)
15 Mul Chowk (S. 60)
16 Basantapur Chowk (S. 60)
17 Basantapur Durbar (S. 60)
18 Mohan Chowk (S. 62)
19 Sundhara Chowk (S. 62)
20 Inschrift Pratapamallas (S. 63)
21 Bhandarkhal mit Jalashayana Narayana (S. 64)
22 Trailokya Mohan Mandir (S. 77)
23 Garuda von 1690 (S. 77)
24 Shiva Mandir (S. 77)
25 Gaddi Baithak (S. 78)
26 Kumari Chowk (S. 78)
27 Shiva Mandir (S. 78)
28 Kasthamandapa (S. 80)
29 Ashoka Vinayaha Ganesh (S. 82)
30 Maduhiti Dhara (S. 82)
31 Simhasattal (S. 82)
32 Bau von Pratapamalla (S. 82)
(nach Kathmandu Valley)

Straße hineingebaut ist und damit die Passanten zwingt, einerseits auf ihn zuzugehen und ihm dann auszuweichen.

Wichtige Phasen im Ausbau des Palastes waren die Regierungszeiten von *Shivasimhamalla* (1578–1620) und besonders von *Pratapamalla* (1641–1674). Auf diesen Herrscher gehen *Mohan Chowk* zurück und die Anlage der Gärten im Osten des Palastes [18, 21]. In der Shah-Zeit wurde der Baubestand bedeutenden Veränderungen unterzogen, die vor allem eine islamisierende Vereinheitlichung der Hauptfront (Abb. 2, 24) zwischen Degutale und Taleju bewirkten. Auch wurde der alte Maßstab verändert und die einzelnen Trakte höher und voluminöser gestaltet. Ihren Abschluß fand die Bautätigkeit in der Errichtung einer pompösen Thronhalle [25] im barocken Stil, die im Jahre 1908 nach dem Besuch des damaligen Ministerpräsidenten in London erbaut wurde (Abb. 25). Kurz darauf verlegte man die Residenz des Königs nach Narayanhiti.

Beschreibung des Palastbereiches

1. Taleju-, Mahendreshvara- und Jagannath-Tempel

Der im Norden des Palastes liegende Taleju-Tempel [1] übertrifft an Mächtigkeit und Höhe alle anderen Tempel des Kathmandu-Tales (Umschlagvorderseite, Farbt. 5, Abb. 13–15). Innerhalb der Bauentwicklung der Malla-Zeit nimmt er eine Schlüsselstellung ein, denn es ist der erste Tempel, der mehr als zwei Geschosse aufweist und auch der erste, der auf einem Stufenberg errichtet ist. Die Legende berichtet, Taleju habe König *Mahendra* (1560–1574) beauftragt, ihr einen hohen Tempel in Form eines Yantras (eines magischen Diagramms) zu erbauen. Die Architekten jedoch, denen der König die Ausführung übertrug, waren nicht imstande, dies durchzuführen. Sie bedurften einer besonderen Erleuchtung, um den Bau schließlich fertigzustellen. Als der Tempel vollendet war, betrat ihn die Göttin in Form einer Biene, und die Konsekration wurde unter großen Feierlichkeiten begangen. Danach erlaubte der König den Bewohnern von Kathmandu, ihre Häuser höher zu bauen als es bisher gestattet war. In dieser Geschichte spiegelt sich deutlich das Ungewöhnliche dieses Unternehmens wider.

Die Malla-Herrschaft in Kathmandu wird eingeleitet durch die Aufforderung Talejus an *Ratnamalla*, nach Kathmandu zu gehen und dort König zu werden. Als 1768 *Prithvinarayana Shah* während des Festes Indra Yatra Kathmandu in einem überraschenden Angriff zu erobern suchte, zog sich *Jayaprakashamalla* (1736–1768) in den Taleju-Tempel zurück und wartete den Ausgang des Kampfes dort ab. Die Eroberung soll nur zwei Stunden gedauert haben, denn die Truppen und die Bevölkerung waren wegen des Festes betrunken. Der König, als er die Stadt verloren sah, streute Pulver auf den Stufen des Tempels aus und floh nach Patan. Beim Eindringen der Sieger in den Tempel ereignete sich eine Explosion, bei der viele getötet wurden.

Nordöstlich des Taleju-Tempels liegt *Tana Deval* [2], ein kleiner umfriedeter Tempelbezirk, der von der Basarstraße aus zugänglich ist. Dort errichtete 1501 Ratnamalla den ersten Schrein für Taleju in Kathmandu. Es hat den Anschein, als sei die Wahl dieses Platzes nicht rein zufällig erfolgt, denn nahe dabei befindet sich, in den Boden der Straße eingesunken, die Figur eines knienden Garuda [3], die aus dem 6. Jahrhundert stammt und zu den ältesten und interessantesten Skulpturen des Kathmandu-Tales zählt. Dies deutet darauf hin, daß sich ehemals hier ein historisch wichtiges Zentrum befunden haben muß, an dessen Tradition Ratnamalla anschloß. Tatsächlich sprechen eine Reihe von Anzeichen dafür, daß *Tana Devi* eine Hausgöttin der Thakuris war.

Im Westen wird der Tempelberg von *Mahendreshvara* [4] und *Jagannath* [5] flankiert, zwei Tempeln, die ebenfalls vom Erbauer des Taleju-Tempels, *Mahendramalla,* errichtet wurden. Beide Bauten entstanden gleichzeitig kurz nach 1560 und bildeten zusammen mit dem Taleju-Tempel ein großartiges Architekturensemble, dessen ehemalige Beziehungen heute nicht mehr deutlich sind. Durch eine Fülle neuerer Tempel und die Anlage eines Palastflügels im Osten von Jagannath wurde der Platz stark verändert. Zudem wurde Mahendreshvara [4] selbst beim Erdbeben von 1933 vollständig zerstört und später nur in einfachen Formen neu erbaut. Die ehemalige Gestalt dieses Tempels aber kann man sich an seinem Bruder-Tempel Jagannath vergegenwärtigen. Beide waren, wie auch der Taleju-Tempel, Kopien des Pashupati-Tempels in Deopatan, nur daß beim Taleju-Tempel durch ein weiteres Geschoß und den hohen Stufenberg dessen überragende Bedeutung zum Ausdruck kommt. Die beiden flankierenden Tempel beherbergen die beiden im hinduistischen Pantheon höchsten Götter Shiva und Vishnu. Der Mahendreshvara-Tempel ist Pashupati (Shiva) geweiht und gleichzeitig Gedächtnistempel für seinen Erbauer Mahendra, während der Jagannath-Tempel [5] ursprünglich Narayana (Vishnu) geweiht war (bereits 1566 wurde dieser Tempel auch in Patan errichtet) und erst später für den Jagannath-Kult adaptiert wurde.

2. Degutale-Tempel, Pratapamalla-Säule und Kala Bhairava-Bildnis

Der *Degutale-Tempel* ([16], Abb. 18, 20, 29) wurde von *Shivasimhamalla* (1578–1620) errichtet und einem Kult geweiht, dessen Kultbilder ursprünglich unbearbeitete Steine waren, die von Newars an Flüssen aufgestellt wurden. Jeder Newar-Klan besaß einen solchen Stein, und Leute, deren Familien sich auf den gleichen Stein bezogen, konnten nicht untereinander heiraten. In dem von Shivasimha errichteten Tempel wird ein Kult praktiziert, der eine Übernahme dieser alten Natur-Religion darstellt. – Degutale wurde, ähnlich wie Taleju, zu einer Haus-Gottheit der Mallas. – Der Degutale-Tempel variiert den Taleju-Tempel, wobei der hohe Stufenberg durch einen turmartigen Unterbau ersetzt ist. Bereits in der Regierungszeit von Shivasimha wurde dieser Tempel auch innerhalb des Palastes in Patan errichtet.

Pratapamalla (1641–1674) ließ vor dem Tempel eine hohe Säule aufrichten, die etwa die Höhe des turmartigen Unterbaues von Degutale hat ([7], Umschlagvorderseite, Abb. 18). Auf dem lotusartigen Kapitell mit einem Löwenthron ließ er sich und seine Familie als Verehrer Degutales darstellen (Umschlagvorderseite). Pratapa erscheint in der Mitte, umgeben von seinen vier Söhnen an den Ecken des Thrones und seinen beiden Frauen *Anantapriya Devi* und *Prabhavati Devi* neben ihm. Vor ihm ist sein kleiner unmündiger Sohn dargestellt. Diese Säule wurde 1670 aufgestellt und wurde Vorbild für eine Säule in Patan vor dem dortigen Degutale-Tempel und eine weitere in Bhaktapur (Abb. 47, 66).

Mit dieser Säule, die genau in der Nordachse des Tempels liegt, gab Pratapa dem eigentlich allseitig orientierten Bau eine Haupt-Ansichtsseite, die auf die von Nordosten kommende Basarstraße gerichtet ist (Abb. 18). Diese Orientierung wird verstärkt durch ein riesiges *Kala Bhairava-Relief* [8], daß Pratapa nördlich davon aufstellen ließ (Abb. 16, 18). Wegen des Verlaufes der Basarstraße ist es aus der genannten Achse etwas nach Osten verschoben. Das aus einem einzigen Stein gearbeitete Relief befand sich ursprünglich an anderer Stelle und wurde unter Pratapa hierhin übertragen. Da das Bildnis auch als *Hatapadeo* bekannt ist, dürfte es wohl aus Hatapa stammen. Die sechsarmige auf dem Dämonen Vetala stehende Gottheit ist eine Manifestation von Shiva in seiner zerstörenden Form. Trotz der grellfarbigen Bemalung zeigt das Bildnis deutlich die starken stilistischen Übereinstimmungen zwischen dieser Monumentalfigur und kleinen buddhistischen Kultbronzen, wie sie vornehmlich in tibetischen Klöstern benutzt werden.

Eine weitere Form von Bhairava, der *Shveta Bhairava* [9], findet sich als riesige zornig verzerrte Maske hinter einem Holzgitter verborgen in einer Nische westlich vom Degutale-Tempel. Diese vergoldete Maske wurde von *Rana Bahadur Shah* 1796 gestiftet, gleichzeitig mit der großen Glocke, die Degutale geweiht ist und auf der gegenüberliegenden Seite der Basarstraße aufgestellt ist.

Auf der gleichen Seite steht auf einem Stufensockel ein *achteckiger Tempel* ([10], Abb. 2, 30), der die Westseite des Palast-Vorplatzes bestimmt. Dieser ungewöhnliche Bau wurde von Pratapamalla 1649 zum Gedächtnis an seine beiden ersten Frauen errichtet, die in diesem Jahr gestorben waren. Im Inneren befindet sich ein Kultbild, das Krishna zusammen mit Rukmini und Satya Bhama darstellt, die die Gesichtszüge von Pratapa und seinen beiden Frauen zeigen. Diese Identifizierung von Gottheit und Mensch entspricht einer in Nepal häufigeren Praktik.

3. Palastfront und Hanuman Dhoka-Portal

Zwischen dem Degutale- und dem Taleju-Tempel eingespannt verläuft in einem Winkel die Hauptfront des Palastes (Abb. 2, 18), der seinen Namen nach dem in der westlichen Front liegenden Portal, *Hanuman Dhoka* [11], trägt (Farbt. 1, 2). Der im Osten von Degutale anstoßende Trąkt wurde in der 1. Hälfte des 19. Jahrhunderts neu errichtet und enthält im Obergeschoß einen großen Saal [12], der als Festraum, womöglich aber auch als Thronhalle benützt wurde. (Ein ähnlicher Trakt wurde auch dem Palast in Bhaktapur eingefügt, Abb. 70.) In diesem Bau befindet sich heute ein numismatisches Museum. Gleichzeitig wurde auch die westliche Fassade des Palastes, hinter der sich ältere Bauteile befinden, neu verkleidet. Man bediente sich bei beiden Trakten eines islamisierenden Stils (Abb. 2, 18).

Das *Portal (Dhoka)* [11] des Palastes hat seinen Namen von einer großen Statue *Hanumans* (Farbt. 1, 2). Die 1672 von Pratapa aufgestellte Statue hat, da sie ständig neu mit einem Gemisch von Senföl und Zinnoberpuder überzogen wird, alle Konturen verloren und ist zu einem abschreckenden phallischen Bild geworden. Hanuman ist eine Gottheit in Gestalt eines Affen und weniger wegen seiner Intelligenz als vielmehr wegen seiner ungeheuren Kraft berühmt. Er wurde zur Schutzgottheit der Mallas. Die Legende berichtet, Pratapamalla habe diese Statue und das Portal errichtet, um böse Geister, Hexen, Epidemien und Pocken vom Palast fernzuhalten.

Das Portal selbst wurde während der Umbauten im 19. Jahrhundert ebenfalls verändert (Farbt. 1). Es wird flankiert von einem Paar steinerner Löwen. Auf dem rechten männlichen Tier reitet *Shiva* und auf dem linken weiblichen seine *Shakti*. Darüber befindet sich eine Nische mit figürlichen Darstellungen. Im Zentrum erscheint *Krishna Vishvarupa* (der Allgestaltige) in einer tantristischen vielarmigen Form. Ihm gegenüber steht *Arjuna*. Dies stellt eine Szene aus der Bhagavadgita dar. Links davon befindet sich eine Gruppe von drei Figuren, die Krishna zusammen mit *Rukmini* und *Satya Bhama*, darstellt, ein Thema, das auf Pratapamalla und seine beiden ersten Frauen deutet, die in dem achtseitigen Tempel gegenüber dem Palast als Hauptkultbild erscheinen. In der rechten Seite der Nische befindet sich das Bildnis eines Königs, der ein Instrument spielt, begleitet von einer weiblichen Gestalt. Hierin darf man eine Darstellung von *Pratapa* mit einer seiner Königinnen vermuten. Das goldene Tor darunter wurde erst 1810 eingesetzt und angeblich mit dem Erlös aus dem Verkauf von hunderten von Kupfertafeln finanziert, die in der Malla-Zeit an Tempel als Träger von Inschriften angebracht worden waren. Offensichtlich wurden zu Beginn der Shah-Zeit Kupfertafeln, die erloschene Stiftungen festhielten, entfernt und eingeschmolzen.

4. Nasal Chowk, Mul Chowk, Basantapur Chowk und Basantapur Durbar

Das Hanuman Dhoka-Portal führt in einen geräumigen Hof, *Nasal Chowk* [13], in dem heute die Krönungen nepalesischer Könige stattfinden. Er hat seinen Namen von dem ›Tanzenden Shiva‹, dessen Statue sich in einem kleinen Schrein auf der Ostseite von Nasal Chowk befindet. Auf der gleichen Hofseite ist auch eine goldene Vishnu-Statue, die ursprünglich einen eigenen Tempel hatte, nach dem Erdbeben von 1933 aber hierhin versetzt wurde. Direkt neben dem Durchgang zu Nasal Chowk steht das steinerne, reich mit Gold- und Silberbeschlägen geschmückte Bildnis des löwenköpfigen Vishnu, *Narasimha*, der einem Dämonen die Eingeweide herausreißt. Diese Statue wurde von Pratapamalla 1673 gestiftet. Der König habe gefürchtet, die Gottheit erzürnt zu haben, als er öffentlich, als Narasimha kostümiert, tanzte. Pratapa dürfte bei der Aufstellung dieses Bildnisses aber auch dem Vorbild Patans gefolgt sein, wo etwas früher Narasimha als Wächtergottheit vor dem Eingang zum Palast aufgestellt worden war.

Der die Nordseite von Nasal Chowk begrenzende Flügel enthält eine offene Audienzhalle. Dort befinden sich noch Polstersitze, die eine Vorstellung vom originalen Zustand ermöglichen. Die Rückwand dieser Halle ist geschmückt mit Porträts von Königen der Shah-Dynastie. Der sich über der nordöstlichen Ecke dieses Flügels erhebende runde, fünfgeschossige Turm [14] enthält ein fünfgesichtiges Bildnis von Hanuman, das zum Schutze des Palastes und in Ergänzung des vor dem Palaste stehenden Kultbildes ebenfalls von Pratapamalla aufgestellt wurde. Der runde Turm selbst ist eine in Nepal ungewöhnliche Bauform.

Nasal Chowk [13] ist der größte der zehn Höfe, die der Palast heute umfaßt, und macht eher den Eindruck eines mit einer Vielzahl verschiedener Gebäude umstellten Platzes als eines einheitlich durchgestalteten Hofes. Seine Ostseite wird gebildet durch Mul Chowk [15] und Basantapur Chowk ([16], Abb. 15), zwei interessante Höfe, deren Baugeschichte leider noch weitgehend unklar ist. *Mul Chowk* wurde als temporäre Residenz der Göttin Taleju wahrscheinlich schon von *Mahendramalla* im 16. Jahrhundert nach dem Vorbild der entsprechenden Anlage in Bhaktapur erbaut, im Jahre 1709 aber von König *Bhaskaramalla* (1700–1714) vollständig neu errichtet. Das für den Besucher nicht zugängliche zum Nasal Chowk hin gänzlich unscheinbare Gebäude ist über quadratischem Grundriß errichtet und entfaltet seinen kostbaren Schmuck zum Hof hin. Im Süden davon liegt *Basantapur Chowk* (Abb. 15, 22), ein Gebäude, das wohl ehemals nicht Wohn-, sondern Regierungszwecken diente. Seine Ecken sind durch verschiedenartig gestaltete pavillonartige Türme besetzt, die starken Einfluß aus Nord-Indien verraten. Die traditionellen technischen Mittel nepalesischer Architektur werden zwar verwendet, aber so eingesetzt, daß der Bau Mogul-Vorstellungen von einem Palast widerspiegelt. Inwieweit Basantapur Chowk Veränderungen während der frühen Shah-Zeit erfuhr, ist eine noch ungeklärte Frage. Mit Sicherheit aber ist der hohe, mehrgeschossige Turm, *Basantapur Durbar* ([17], Abb. 21–23), der mit der Südwestecke dieses Baues verbunden ist, eine Erweiterung von Prithvinarayana Shah. Er vertritt einen bis dahin im Kathmandu-Tal nicht nachweisbaren Bautypus, den Wohnturm. Der Bau, der die Südseite von Nasal Chowk bestimmt, hat innerhalb des Gesamtzusammenhanges des Palastes eine dominierende Funktion und ist Zeichen des Sieges von Prithvinarayana Shah über die Malla-Dynastie und über das ganze Kathmandu-Tal.

Mul Chowk und Basantapur Chowk verdienen vornehmlich Interesse wegen ihrer architektonischen Beziehung zum Taleju-Tempel. Sie sind von Süden (Abb. 15) axial auf den Tempelberg ausgerichtet. Dies erschließt sich dem Besucher ganz, wenn er die auf dem Dach von Basantapur Chowk umlaufende Terrasse betritt. Von hier bietet

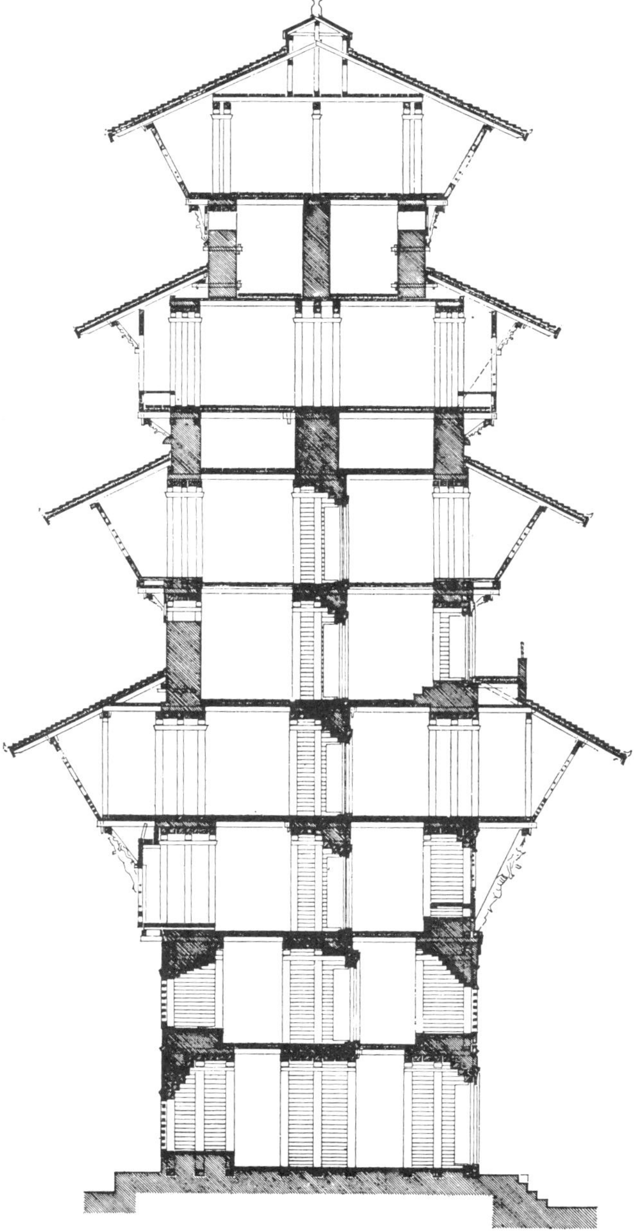

Fig. 4 Kathmandu, Schnitt durch Prithvinarayana Shahs Basantapur Durbar (nach Physical Development Plan)

sich ein Blick auf die für nepalesische Verhältnisse ungewöhnlich weiträumige Verwirklichung einer einheitlichen Bauidee. Neben der Ausrichtung von Mahendreshvara und Jagannath ebenfalls auf den Taleju-Tempel hin, ist dies die zweite großartige, raumübergreifende architektonische Zuordnung, die sich innerhalb des Palastbereiches findet. Sie erschloß sich ehemals allerdings nur den Bewohnern des Palastes selbst, die den Taleju-Tempel über eine in dieser Achse liegende, im unteren Teil leicht versetzte Treppenanlage betraten.

5. König Pratapamalla (1641–1674)

Die im Norden an Nasal Chowk anschließenden Trakte *Mohan Chowk* [18] und *Sundhara Chowk* [19] und die im Osten der Palastanlage befindlichen Gärten enthalten interessante Zeugnisse für *Pratapamallas* (1641–1674) weitgespanntes Interesse. Dieser exzentrische Herrscher, der sich selbst als Kavindra, als König der Dichter, bezeichnete, bezog in einer gleichsam historischen Weise Gegenstände der nepalesischen Vergangenheit in seine Umgebung ein. In seine Zeit fällt aber auch die erste Begegnung mit Europa. Es wird berichtet, er habe einen ungeheuren Schatz an Münzen angesammelt und an einer bestimmten Stelle vergraben, über der er mit Hilfe von vier Fahnen ein Gebiet abstecken ließ und darauf Sundhara Chowk und Mohan Chowk errichtete.

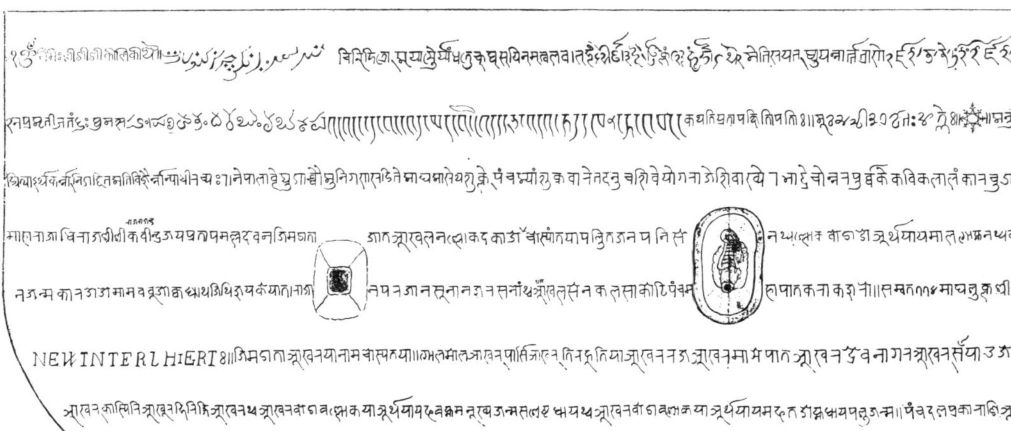

Diese Höfe waren nur zu Wohnzwecken der engsten Familie des Königs bestimmt und niemand sonst hatte Zutritt. Bei einer kürzlichen Durchsicht des reichen skulpturalen Schmucks dieser Höfe entdeckte man eine Gruppe von Figuren, die europäische Kleidung trugen, u. a. einen Jungen mit einem Teleskop. Nun ist überliefert, daß die beiden Jesuitenmissionare Grueber und d'Orville auf ihrem Weg von Peking über Lhasa zurück nach Rom auch Nepal passierten und sich einige Tage in Kathmandu aufhielten. Bei dieser Gelegenheit schenkten sie Pratapa ein Fernglas, worüber der König sich sehr freute und sie einlud, zurückzukommen. Dieses Fernglas wurde sofort beim damaligen Krieg von Patan und Kathmandu gegen Bhaktapur eingesetzt, verleitete aber zu einigen Fehlentscheidungen während der Schlacht, da der König Schwierigkeiten hatte, die Entfernungen, die er im Teleskop sah, auf die Wirklichkeit zu übertragen. Auch der König von Bhaktapur, *Bhupatindramalla* (1696–1722), erhielt ein wundersames Geschenk in Form einer Glasscheibe, die er als besondere Attraktion in einem Fenster seines Palastes einsetzen ließ. In diesem Geschenk darf man die Auswirkung der beginnenden Aktivitäten europäischer Handelskompanien in Indien sehen, zumal der Geber nur sehr allgemein als jemand aus den Ebenen Indiens beschrieben wird.

Ein weiteres interessantes Dokument der Begegnung Pratapas mit der Außenwelt befindet sich an der Hauptfront des Palastes (Abb. 2). Es ist eine in die Wand eingelassene Steintafel [20], bedeckt mit verschiedenen Schriften in lokalen indischen

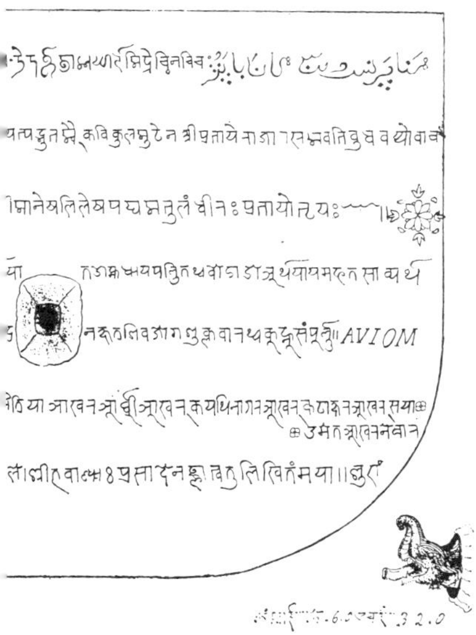

Fig. 5 Kathmandu, vielsprachige Inschrift Pratapamallas an der Westfront des Hanuman Dhoka-Palastes (nach Wright) (vgl. Abb. 2)

Sprachen, Persisch und Arabisch, aber auch einigen Wörtern in europäischen Sprachen. Pratapamalla erklärt dazu, er habe fünfzehn verschiedene Schriften gebraucht. Wenn jemand diese Schriften liest und die Bedeutung der Verse erkennt, so sei er als Mensch groß. Wenn sie aber jemand nicht versteht, so sei er ein Tier.

Im Osten des Palastbezirks ließ Pratapa einen Garten anlegen, *Bhandarkhal* [21]. Der Name Bhandarkhal ist die Übertragung der Bezeichnung für eine Palastanlage, wahrscheinlich des 7. Jahrhunderts, die noch nicht näher lokalisiert ist. Eine Legende berichtet, dort habe ein See mit einem Bildnis Jalashayana Narayanas (Vishnu auf den Schlangen im Wasser ruhend) existiert und zudem ein siebengeschossiger Palast. Offensichtlich bezieht sich Pratapamalla bei dem von ihm angelegten Garten auf diese damals lange zerstörte Anlage. Es wird berichtet, Pratapa habe Bhandarkhal mit einem See angelegt. Danach sei er, um Rat zu holen, zu *Jalashayana Narayana* in Budhanilkantha gegangen, wo die Gottheit ihm mitteilte, er solle kein neues Bildnis für diesen See anfertigen lassen. Folglich ließ Pratapa ein altes Bildnis der Gottheit, das in einem Teich nahe Gyaneshvara lag, in seinem in Bhandarkhal gegrabenen See einsetzen. Er hatte die Absicht, diesen See mit Wasser aus Budhanilkantha zu speisen, und, nachdem die Gottheit dort es ihm gestattet hatte, erbaute er einen schmalen Kanal. Die Arbeiten jedoch kamen bei Raniban (nahe der Britischen Botschaft) wegen Geländeschwierigkeiten zum Erliegen, und der König schwor, er würde seinen Palast in Kathmandu nicht mehr betreten, bis das Wasser dort nicht angelangt sei. Während der folgenden umfangreichen Erdarbeiten, die etwa ein Jahr in Anspruch nahmen, hielt sich Pratapa an dieser Stelle auf, und erst als Wasser aus Budhanilkantha den See in Bhandarkhal gefüllt hatte, betrat er seinen Palast wieder. In einem Traum wurde dem König mitgeteilt, er und seine Nachfolger dürften nicht mehr nach Budhanilkantha gehen oder sie würden sterben. Angeblich hat seit dieser Zeit kein nepalesischer König mehr Budhanilkantha besucht.

Nicht nur die Wasserzuführung aus Budhanilkantha, sondern auch die Überführung der riesigen Figur des *Jalashayana Narayana* aus Gyaneshvara stellen technische Meisterleistungen dar. Das aus einem einzigen Stein gehauene Bildnis stellt *Vishnu* im kosmischen Ozean auf einem Bett von Schlangen ruhend dar (Farbt. 4). Die Skulptur [21] ist etwa um 600 n. Chr. entstanden und gehört zu einer Gruppe von ursprünglich vier oder fünf solcher Figuren, die in den vier Himmelsrichtungen über das ganze Tal verteilt waren. Davon haben sich außer der in den Palast von Kathmandu transferierten noch diejenige in Budhanilkantha und eine etwas kleinere in Balaju erhalten. Pratapamalla knüpft damit an eine alte nepalesische Vorstellung an und erklärt seinen Palast zum neuen Zentrum des Tales, so wie der auf Schlangen ruhende Vishnu das Zentrum des Kosmos darstellt.

Die folgenden Ansichten (Abb. 1–12) von Kathmandu, Patan, Bhaktapur, Svayambunath und Bodhnath entstanden um 1850 ▷

1 KATHMANDU Kasthamandapa (nach Oldfield). Der ursprüngliche Hallenbau mit heute wieder entfernten Einbauten diente damals als Wohnbau

2 KATHMANDU Hanuman Dhoka-Palast (nach Wright). Ansicht der damals gerade fertiggestellten Palastbauten (vgl. a. Farbt. 2). Offensichtlich wurde das Blatt aus zwei verschiedenen Vorlagen zusammenkopiert: Der rechts im Bild erscheinende achteckige Tempel steht tatsächlich nicht an dieser Stelle

3 Verschiedene Formen von Votiv-Stupas (nach Wright). Der älteste Typus ist derjenige in der Mitte; der rechts dargestellte ist der am meisten hinduisierte Typus

4 PATAN Südlicher Ashoka-Stupa (nach Wright). Rechts im Bild erscheint der Matsyendranath-Tempel

5 PATAN Platz vor dem Palast, Ansicht von Norden (nach Oldfield) ▽

6 PATAN Mahabuddha-Tempel (nach Oldfield)

7 BHAKTAPUR Nyatapola-Tempel (nach Oldfield). (Vgl. a. Farbt. 7)

8 BHAKTAPUR Eingang zum Palast (nach Wright). Heute weitgehend verändert, dient er als Zugang zum Museum

9 BHAKTAPUR Sundhoka (nach Oldfield). Der Trakt links ist inzwischen abgerissen

10 Blick von Kathmandu auf den Tempelberg von Svayabhunath (nach Wright). (Vgl. a. Farbt. 5)

11 SVAYAMBHUNATH Der Stupa mit umgebenden Gebäuden und der von Osten heraufführenden Treppe (nach Wright)

12 BODHNATH Ansicht der Stupa-Anlage von Norden (nach Wright)

Es wird berichtet, Pratapamalla habe noch zwei weitere Skulpturen in seinen Palast gebracht und in Sundhara Chowk [19] aufstellen lassen, die Figur eines *Kaliyadamana* und eines *Garuda*, die er beide in den Trümmern der ehemaligen Hauptstadt *Shankasyanagari* (7./8. Jahrhundert) gefunden habe. Da aber der Garuda dem König viel Ärger verursachte, ließ ihn Pratapa aus dem Palast entfernen und in Narayanhiti (dem Bereich des heutigen Königspalastes) wieder aufstellen. Eine exakte Kopie dieses von Pratapa gefundenen Garuda [23] wurde 1690 unter *Bhupalendramalla* angefertigt und vor dem Narayana-Tempel im Süden des Palastbereiches aufgestellt (Abb. 19).

6. Bereich vor Gaddi Baithak

Der von zwei Fronten des Palastes begrenzte Tempelplatz vor Hanuman Dhoka erfuhr im ausgehenden 17. Jahrhundert entlang der Basarstraße eine Erweiterung durch einen neuen Tempelplatz im Südwesten. Dieser Bereich ist besetzt und umgeben mit einer Reihe vollständig heterogener Bauwerke und spiegelt so in extremster Weise die Architekturentwicklung Nepals von etwa 1700 bis 1900 wider. Der älteste Tempel in diesem Bereich ist der von *Parthivendramalla* (1680–1687) zum Gedächtnis an seinen Bruder *Nripendramalla* (1674–1680) errichtete *Trailokya Mohan Mandir* ([22], Abb. 25). Der dreigeschossige auf einer fünfstufigen Sockelanlage stehende Bau ist Vishnu geweiht. Sowohl Nripendra wie auch Parthivendra waren Söhne von Pratapamalla und starben bereits nach sechs bzw. sieben Jahren Regierungszeit. Die Witwe Parthivendras, *Riddhilakshmi*, die für ihren unmündigen Sohn *Bhupalendra* die Regierung führte, ließ 1690 im Westen vor diesem Tempel den bereits erwähnten Garuda ([23], Abb. 19) aufstellen. Dieser ist eine exakte Kopie des Garuda in Narayanhiti, der aus dem 8. Jahrhundert stammt. Er wurde, zusammen mit Riddhilakshmi, auch von ihrem Sohn Bhupalendra und dem damaligen Minister *Lakshminarayana Joshi* gestiftet. Garuda ist der vogelartige Träger Vishnus und wird meist vor seinen Tempeln in Verehrung kniend dargestellt. Neben dem bereits erwähnten Garuda [3] nahe Tana Deval (6. Jh.) gibt es weitere Skulpturen Garudas in Harigaon, Changu Narayana, ferner diejenige in Narayanhiti, die das Original zu der Kopie vor Trailokya Mohan Mandir ist.

Der damalige Minister Lakshminarayana Joshi, der mit als Stifter des Garuda genannt ist, bestimmte als unumschränkter Despot die faktische Politik Kathmandus. Er hatte ein beträchtliches Maß an Grausamkeit und Skrupellosigkeit im Eliminieren seiner Gegner entwickelt, fiel aber im gleichen Jahr selbst einem Anschlag zum Opfer. Er ließ zu seinem Gedächtnis einen dreigeschossigen Tempel auf einem Stufenberg errichten, *Jaisi Deval*, und weihte ihn Shiva. Dieser Tempel beherrscht den Süden Kathmandus. Wenig später, 1690, also im gleichen Jahr wie die Errichtung der Garuda-Statue, erbaute Riddhilakshmi eine Kopie dieses Tempels auf dem südwestlichen Tempelplatz im Palastbereich. Dieser unter dem Namen *Shiva Mandir* ([24], Abb. 26) geläufige Bau steht gegenüber Gaddi Baithak.

Gaddi Baithak ([25], Abb. 25) wurde 1908 als Thronhalle errichtet, nachdem *Chandra Shamsher Jung Bahadur Rana* in diesem Jahr von einem Staatsbesuch nach England zurückgekommen war. Offensichtlich glaubte man, für das nepalesische Königtum britisch-imperiale Repräsentationsformen verwenden zu müssen, und schuf diesen Bau, der in seinem Hauptgeschoß eine riesige durchgehende Halle enthält, mit Stukkaturen, Wandgemälden und Kristallüstern, ganz so, wie man es beim Besuch in London staunend bewundert hatte.

Südlich von Gaddi Baithak steht ein wohlausgewogener Bau in den traditionellen Formen eines nepalesischen Wohnhauses oder Palastes, *Kumari Chowk* ([26], Abb. 25, 27, 28), der ebenfalls eng mit dem Königtum verknüpft ist. Es ist dies der Wohnsitz der lebenden Göttin *Kumari,* die als kleines Mädchen gewählt wird und so lange im Amt bleibt, bis sie die Pubertät erreicht. Sie wird aus ihrer Familie herausgenommen und einem besonderen Wächter unterstellt. Nur ein einziges Mal im Jahr verläßt sie dieses Haus, um in einem Prozessionswagen während des Festes *Indra Yatra* durch die Straßen von Kathmandu gefahren zu werden. Zur Funktion dieser Göttin gehört es, jährlich neu dem König seine Macht zu bestätigen.

Von allen Städten im Tal besitzt allein Kathmandu ein derartig aufwendiges Gebäude für die Göttin Kumari. Diese Tatsache erklärt sich durch die besondere Verehrung des letzten Malla-Königs von Kathmandu, *Jayaprakashamalla* (1736–1768) für Kumari. Unter diesem König scheint Kumari nicht so sehr eine Erscheinungsform von *Taleju,* sondern vielmehr von *Guhyeshvari* gewesen zu sein. In der Zeit, als Jayaprakashamalla aus Kathmandu vertrieben war und sich im Tempel von Guhyeshvari versteckt hielt, betrat eines Tages ein buddhistischer Einwohner Kathmandus dieses Heiligtum, und als er den verlassenen König dort sah, traten Tränen auf seine Wangen. Er erzählte dem König, daß in diesem Jahre seine Tochter Kumari geworden sei. Darauf bat der König diesen Mann, daß er es so einrichten möchte, daß er Kumari verehren könnte, ohne nach Kathmandu gehen zu müssen. Entsprechend brachte der Mann eines Nachts seine Tochter verhüllt in die Gegend von Narayanhiti, wo auch der König erschien und Kumari verehrte. Darauf versicherte Kumari dem König, daß er seine Herrschaft wiedererlangen würde und befahl ihm, in vier Tagen nach Kathmandu zu kommen. An dem genannten Tage konnte dann Jayaprakashamalla zwar nicht mit Hilfe von Kumari, aber durch die direkte Intervention von Guhyeshvari Kathmandu zurückerobern und seinen Palast wieder betreten. Aus Dank errichtete Jayaprakasha in seinen letzten Regierungsjahren diesen Bau für Kumari.

Tatsächlich ist die eigentliche Aufgabe von Kumari, den König in seiner Herrschaft jedes Jahr neu zu legitimieren. Dabei richtet sich die Göttin in der Regel nach den bestehenden Machtverhältnissen, und so ist es auch nicht verwunderlich, daß Kumari nur wenige Jahre nach Errichtung ihres Palastes durch Jayaprakashamalla, nachdem Prithvinarayana Shah Kathmandu erobert hat, diesem Sieger die Herrschaft überträgt.

Im Norden wird der Platz von Gaddi Baithak durch ein niedriges, langgestrecktes Gebäude, *Shiva-Parvati Mandir* ([27], Abb. 31) abgeschlossen, das aus den ersten

Jahren der Herrschaft der Shah-Dynastie im Kathmandu-Tal stammt. Diese beiden Gottheiten, Shiva und seine Begleiterin Parvati, lehnen sich aus dem Mittelfenster des oberen Geschosses und sehen auf den Platz herunter. Der Bautypus selbst ist im Kathmandu-Tal ungewöhnlich, und die große fünfteilige portalartige Rahmung des Untergeschosses ist eine Übersteigerung der sonst üblichen dreiteiligen Rahmungen. In die zweistufige Terrasse eingelassen befindet sich eine Inschrift, die als die älteste in nepalesischer Sprache angesehen wird. Sie stammt aus der Regierungszeit von Lakshminarasimhamalla (1620–1641).

7. *Maru Tole mit Kasthamandapa*

Folgt man nun dem Verlauf der Basarstraße in südwestlicher Richtung, so öffnet sich ein weiterer Platzbereich, *Maru Tole.* Dieser kleine quadratische Platz ist der Kreuzungspunkt mehrerer wichtiger alter Straßen. Erst im 17. Jahrhundert wurde er durch den sich nach Süden ausdehnenden Palastbereich an diesen angeschlossen. Jedoch hat Maru Tole eine wesentlich ältere Geschichte als Stadtzentrum, und von dem Maru Tole beherrschenden Bau *Kasthamandapa* (Abb. 1, 32) hat die Stadt Kathmandu ihren Namen.

Die den kleinen Platz umgebenden Bauten sind alle, entsprechend den Bauregeln und auch entsprechend der Stadtanlage von Kathmandu, in nordsüdlicher bzw. ostwestlicher Richtung orientiert. Dieser Platz wird diagonal geschnitten von der Indien-Tibet-Straße, die in südwestlicher Richtung zur Vishnumati herunterführt und den Fluß überquert. Kommt man in umgekehrter Richtung zu Maru Tole hinauf, so erscheint dort Kasthamandapa als ein Bauwerk, das ehemals die Landschaft weithin beherrscht

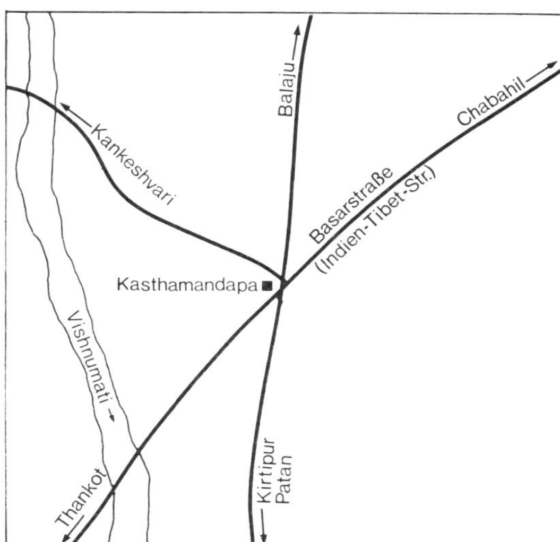

Fig. 6 Alter Verkehrsknotenpunkt bei Kasthamandapa

haben muß. Tatsächlich steht es am Rande des Plateaus und muß daher eine bedeutende Wirkung auf den aus Indien kommenden Reisenden gehabt haben. Die andere Straße, die Maru Tole schneidet, ist eine Nord-Süd-Achse und verbindet Maru Tole über den südlichen Stadtkern von Kathmandu mit Kirtipur. Eine weitere Straße von ehemals hoher Bedeutung führt in nordwestlicher Richtung den Berg hinunter zum Heiligtum von Kankeshvari und von dort über die Vishnumati.

Kasthamandapa ([28], Abb. 1, 32) ist ein großer Hallenbau und vertritt damit im Kathmandu-Tal einen Bautypus, der hier gänzlich singulär ist. Ursprünglich dürfte es sich nicht um einen Tempel gehandelt haben, obwohl heute verschiedene Kultbilder sich darin befinden, sondern um eine Versammlungshalle, wo Geschäfte abgewickelt werden konnten, sicherlich aber auch zu bestimmten Zeiten Recht gesprochen wurde. Merkwürdigerweise wurde dieser Bautypus in den sich später entwickelnden Palastbau nicht mit übernommen, so daß es den Anschein haben muß, als drückten sich hierin auch andere Herrschaftsformen aus. Tatsächlich wird vermutet, daß der Bau etwa seit dem 11. Jahrhundert existiert, und zu dieser Zeit stand Kathmandu nicht unter der Herrschaft eines einzigen Königs, sondern war in 12 einzelne Tols (Regionen) aufgeteilt unter je eigener Herrschaft, die wiederum eine Art von gemeinsamem Rat gebildet haben müssen. Damals war Kasthamandapa das in Kathmandu höchste Gebäude (der Taleju-Tempel z. B. existierte noch nicht), und es ist nur zu wahrscheinlich, daß hier der gemeinsame Versammlungsplatz der verschiedenen Herrscher war. Hinzu kommt, daß allgemein der Name für Kathmandu vom Namen dieser Halle abgeleitet wird. Kasthamandapa heißt ›Haus (bzw. Halle) aus Holz‹, und es ist bisher noch keine Erklärung versucht worden, warum ausgerechnet der Name dieser Halle auf die ganze Stadt übertragen wurde. Wenn hier der Sitz eines gemeinsamen Rates gewesen sein sollte, so wäre alles das, was zu Kasthamandapa gehörte, das Gebiet, was diesem gemeinsamen Rat unterstand.

Kasthamandapa bildete also ehemals das Zentrum einer Stadt an einer Stelle, wo sich, wie gezeigt, auch überaus wichtige Straßen schnitten. – Heute gilt die Halle als ein Tempel für *Gorakhnath*, dessen Kultbild in der Mitte des Baues steht. Es gibt auch Anzeichen dafür, daß dies eine Umdeutung eines ursprünglichen Buddha-Bildnisses ist. In den vier Ecken der Halle steht je ein Bildnis von *Ganesh*, und zwar so, daß jedes auf eine andere der vier Himmelsrichtungen orientiert ist. Tatsächlich steht aber das Kultbild von Gorakhnath nicht in der exakten Mitte des Baues, sondern leicht nach Westen versetzt. Diese Tatsache widerspricht gänzlich den Regeln kultischer Architektur, wo das Bildnis der Gottheit immer in der exakten Mitte des Tempels zu stehen hat. Damit ist deutlich, daß Kasthamandapa erst nachträglich für den Kultus von Gorakhnath (bzw. Buddha) adaptiert worden sein kann. In der exakten Mitte des Baues jedoch befindet sich eine quadratische Vertiefung mit einem einfachen eiförmigen Stein im Zentrum. Diese Anlage hat nichts mit dem Kultbild zu tun und ist in ihrem Sinn schwer zu deuten. Hier scheint sich ein alter Steinkult auszuwirken, der zwar in Nepal überall noch nachweisbar ist, dessen Kultobjekte sich aber immer nur unter

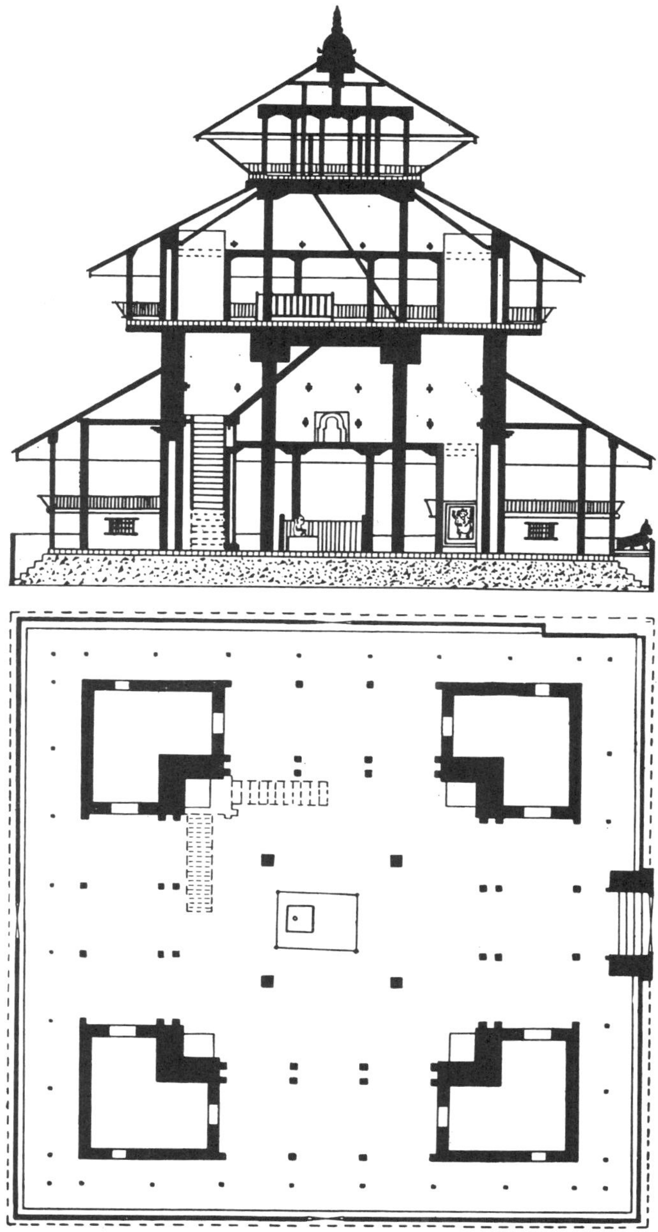

Fig. 7 Kathmandu, Kasthamandapa, Grundriß und Schnitt (nach Thapa) (vgl. Abb. 1, 32)

freiem Himmel befinden. Hier jedoch bildet der Stein das Zentrum eines monumentalen Bauwerks. Kasthamandapa ist damit in kultischer, historischer und architektonischer Hinsicht ein überaus interessantes Bauwerk.

Merkwürdigerweise setzt die lokale Tradition die Erbauung von Kasthamandapa erst in die Regierungszeit von *Lakshminarasimhamalla* (1620–1641). Dies widerspricht der inschriftlichen Überlieferung und meint womöglich einen weitgehenden Wiederaufbau. Unter diesem König soll während des Festes von Indra Yatra (nach anderer Version Matsyendranath Yatra) *Kalpa Vriksha* (der Wunschbaum bzw. Baum des Paradieses) in Gestalt eines Mannes als Zuschauer erschienen sein, wurde aber von einem Heiligen erkannt. Dieser Heilige erhielt von Kalpa Vriksha das Versprechen, er würde in Kathmandu bleiben, solange nicht Salz und Öl zum gleichen Preis verkauft würden. Ferner gab Kalpa Vriksha dem Heiligen vier Baumstämme, mit denen dieser Kasthamandapa erbaute. Er riet dem König, den Bau nicht zu konsekrieren, sonst würde Kalpa Vriksha die Stadt verlassen.

Nördlich und nordwestlich von Kasthamandapa befinden sich zwei Stätten, die mit der Stadtgründung durch Gunakamadeva im 9. Jahrhundert in Verbindung gebracht werden können und damit wahrscheinlich eher als Kasthamandapa entstanden sind. Es ist dies das kleine *Ganesh-Heiligtum* [29] und etwas unterhalb dieser Stelle *Madu-(Maru)hiti-dhara* [30], eine unscheinbare Brunnenanlage auf dem Wege nach Kankeshvari.

Zwar hat *Ganesh* unter dem Namen *Ashoka Vinayaka* [29] hier nur einen relativ kleinen Schrein, jedoch gehört dieser zu den vier wichtigsten Heiligtümern dieser Gottheit im Kathmandu-Tal, und seine Bedeutung wird erst deutlich durch die Tatsache, daß die Verehrung von Ashoka Vinayaka durch den König und die Königin Teil der Krönungszeremonie ist. Auch handelt es sich um eines der populärsten Heiligtümer in Kathmandu. Es ist dies ein schönes Beispiel dafür, daß die Wichtigkeit eines Heiligtums bei der Bevölkerung gänzlich unabhängig ist von der Größe des Baues. Entsprechend ist zu verstehen, daß gerade im Bereich des Palastes in Kathmandu viele der Tempel trotz ihrer monumentalen Ausmaße heute kultisch gänzlich bedeutungslos sind. Ihre Entstehung ist nur auf eine Persönlichkeit zurückzuführen und ihre Bedeutung ging mit dieser dahin.

Im Süden von Kasthamandapa, zwischen der Straße nach Indien und derjenigen nach Kirtipur, steht ein längsrechteckiges Gebäude, *Simhasattal* [31]. Es soll erst 1863 erbaut worden sein. Bei den Fundamentierungsarbeiten wurde ein Bildnis von *Garuda-Narayana* entdeckt, welches sich heute im Inneren befindet. Eine weitere Tradition bringt diesen Bau in Verbindung mit der Errichtung von Kasthamandapa selbst. Der Bauform nach müßte es sich eigentlich um einen Bhairava- oder Bhimsen-Tempel handeln. Die Ostseite des Platzes wird abgeschlossen durch *Kavindrapur* (Abb. 33), einen Bau, der heute Pratapamalla (1641–1674) zugeschrieben wird, jedoch sicherlich erst später zu der heutigen Gestalt ausgebaut wurde [32]. Im Inneren befindet sich eine Kopie des Nrityanatha, die Pratapa für Nasal Chowk anfertigen ließ.

Patan

Stadtstruktur und Entwicklung

Nur wenige Kilometer von Kathmandu entfernt und heute praktisch ein durchgehendes städtisches Siedlungsgebiet liegt auf einer Hochfläche über der Bagmati die Stadt *Patan*, durch diesen Fluß von Kathmandu getrennt. Eine Legende berichtet, der indische Kaiser *Ashoka* (4. Jh. v. Chr.), der als der große Förderer des Buddhismus gilt, habe eine Pilgerfahrt ins Kathmandu-Tal unternommen und dabei in der Gegend des heutigen Patan (Abb. 4) Stupas (in der Art eines Tumulus; als Symbol für Buddhas Eingang ins Nirvana) errichtet, in jeder der vier Himmelsrichtungen einen und einen fünften im Zentrum. Wenngleich auch die Legende zumindestens in Bezug auf Ashoka nicht historisch sein dürfte, so bestimmen doch die darin genannten Stupas die Stadtanlage Patans wesentlich. Sie stehen am Rande und bilden eine monumentale Einfassung des Stadtgebietes und gleichzeitig eine unübersehbare Markierung der vier Hauptausgänge der Stadt. Von ihnen aus durchschneiden zwei Achsen die Stadt, einmal in nordsüdlicher und einmal in ostwestlicher Richtung. Der Kreuzungspunkt dieser Achsen liegt im heutigen Palastbezirk (Abb. 5). In Bezug auf die Stadtanlage Patans in der Malla-Zeit ist die wichtigere der beiden Straßen die Nord-Süd-Achse. Ihre Verlängerung nach Norden, nachdem sie die Bagmati überquert hat, verläuft über Deopatan nach Chabahil, wo sie auf die durch Kathmandu verlaufende Indien-Tibet-Straße stößt. Die in der Malla-Zeit wichtigsten kultischen Zentren Patans liegen an dieser Straßenachse aufgereiht. Im Norden ist es der Shiva geweihte *Kumbheshvara-Tempel*. Der entsprechende Tempel im Süden der Stadt ist *Matsyendranath* geweiht (Abb. 4). Im Zentrum aber, etwa auf halbem Wege zwischen ihnen, liegt, innerhalb des eigentlichen Palastes, der *Degutale-Tempel* (Abb. 5, 44–46). Diese drei Tempel, die die für das Königtum in Patan bedeutendsten Gottheiten beherbergen, sind zusammen ein Abbild eines ausgeglichenen himmlischen Kräfteverhältnisses, das so nur für Patan gilt, nicht aber für die anderen Städte im Kathmandu-Tal. Shiva (Kumbheshvara), Matsyendranath und Degutale (als Manifestation von Taleju) stammen aus jeweils ganz verschiedenen, z. T. ursprünglich konträren Kulten, die in Patan zu einem Ausgleich gelangten. Dies hat auch architektonisch seinen Ausdruck gefunden, nicht nur in der Verteilung der Gottheiten entlang der Nord-Süd-Achse über die Stadt. Kumbheshvara, der etwas tiefer liegt, ist fünfgeschossig, Matsyendranath, der etwas höher liegt, ist dreigeschossig, die Mitte aber wird gebildet durch den ebenfalls dreigeschossigen, aber auf einem turmartigen Unterbau stehenden Degutale-Tempel. So konnte man ehemals von verschiedenen Punkten der Stadt aus alle drei Tempel zusammen sehen.

Die Entwicklung der Stadtanlage und damit auch der Geschichte Patans ist vollständig unklar. Die Zentren der Vor-Malla-Zeit scheinen wesentlich im Nordosten

Patans, etwa in dem Gebiet zwischen Nordsüd- und Ostwest-Achse gelegen zu haben. Bis ins 15. Jahrhundert hinein galt Patan als nominelle Hauptstadt Nepals. Jedoch scheint ein straff zentralisiertes Königtum in Patan meist große Schwierigkeiten gehabt zu haben. Die Stadt neigte dazu, sich in einzelne Zentren aufzusplittern, die von bestimmten Familien beherrscht wurden. Diese bildeten dann wieder eine Art von gemeinsamem Rat. Solche Tendenzen hat es auch in Kathmandu in der Zeit vor Ratnamalla gegeben, konnten da aber weitgehend beseitigt werden. In Patan erstarkte dieses System in der Zeit um 1700 wieder und führte zu einer Art von Wahlkönigtum, wo kurzfristig Könige geholt und schon bald wieder verjagt wurden. Bei der Ausbildung der drei Malla-Königreiche im Kathmandu-Tal blieb Patan bis ins 16. Jahrhundert faktisch selbständig, wenngleich es formell zu Kathmandu gehörte. Erst König *Shivasimhamalla* (1578–1620) von Kathmandu konnte, nachdem Patan zuvor erobert worden war, seinen Sohn *Hariharasimhamalla* nach Patan schicken, der dort eine eigene Dynastie begründete. Damit konnte der Ausbau Patans zur Hauptstadt erst zu Anfang des 17. Jahrhunderts, also wesentlich später als in Bhaktapur und Kathmandu, beginnen. Vornehmlich unter *Siddhinarasimhamalla* (1620–1661) erhielt Patan die Gestalt, die sich bis heute tradiert hat. Systematisch besiedelte dieser König alte verlassene Stadtviertel und legte neue an, indem er besonders Kaufleute veranlaßte, sich in seiner Stadt niederzulassen. Schon bald entwickelte sich ein starker Handel mit Tibet, wo Bewohner Patans ständige Handelsniederlassungen unterhielten. Die in Patan gegossenen Bronzefiguren, für die in tibetischen Klöstern ein ungeheurer Bedarf vorhanden war, stellten einen bedeutenden Handelsartikel dar.

Das buddhistisch bestimmte Leben der Bevölkerung wurde von Siddhinarasimha weitgehend neu organisiert. Eine Reihe von Bihars wurden von ihm gegründet, andere, die verlassen waren, neu besetzt. Ferner schuf er zwei verschiedene Hierarchien von Bihars (Klöstern) entsprechend ihrer Lage im Verhältnis zur Strecke, die die jährlich stattfindende Matsyendranath-Wagenprozession nahm. Diejenigen, die in Stadtteilen rechts von der Route lagen, wurden zusammengefaßt und in einer zweiten Organisation diejenigen, die links davon lagen. Im Verlauf der Route selbst und in der sich daran orientierenden verschiedenen Zugehörigkeit der Bihars hat sich die Tradition verschiedener, ehemals selbständiger Stadtzentren erhalten.

Der Palast in Patan, in der Ausdehnung, wie er sich heute darstellt, geht ebenfalls auf Siddhinarasimhamalla zurück, wobei die ursprünglichen Teile im Norden gelegen haben, die unter diesem König nach Süden erweitert wurden.

Die Entwicklung Patans, die unter Hariharasimhamalla und besonders unter seinem Sohn Siddhinarasimhamalla eingesetzt hatte, wurde 1768 durch die Eroberung der Stadt unter *Prithvinarayana Shah* abgeschlossen. Dieses Ereignis hatte für Patan wesentlich gravierendere Folgen als für Kathmandu. Die Stadt wurde zur Plünderung freigegeben, die Nobilität ermordet, die Tempelschätze beschlagnahmt und die Besitztümer, aus denen die meist buddhistischen Heiligtümer unterhalten wurden, enteignet. Davon hat sich Patan während des ganzen 19. Jahrhunderts nicht erholt. Aus der

Hauptstadt eines selbständigen Königreiches wurde eine Provinzstadt, die heute weitgehend die Rolle eines Vorortes von Kathmandu spielt. Auch die Vielzahl von Palastanlagen, die nach 1900 im Umland von Patan, meist im Westen und Nordwesten, angelegt wurden, brachte keine Änderung der Situation, denn diese Bauten sind ohne jeden städtischen Bezug.

Die Entwicklung des Palastbereiches

In der Regierungszeit von *Shivasimhamalla* (1578–1620) von Kathmandu wurde dessen Sohn *Hariharasimhamalla* König von Patan. Aus der Hauptstadt seines Vaters brachte er das Bildnis von *Degutale*, der Familiengottheit der Mallas in Kathmandu, mit und errichtete ihr den *Degutale-Tempel* ([1], Abb. 5, 44), genau in den Formen, die auch der entsprechende Bau in Kathmandu hat. Hariharasimha konnte, als er die Herrschaft in Patan übernahm, auch einen vorhandenen Palastbau übernehmen, der an der Stelle des heutigen Manikeshar Chowks lag. Dieser Hof ist die Keimzelle

Fig. 8 Patan, Platz vor dem Palast, Ansicht um 1880, von Süden (nach le Bon) (vgl. Abb. 5, 45, 55 und vordere Umschlaginnenklappe)

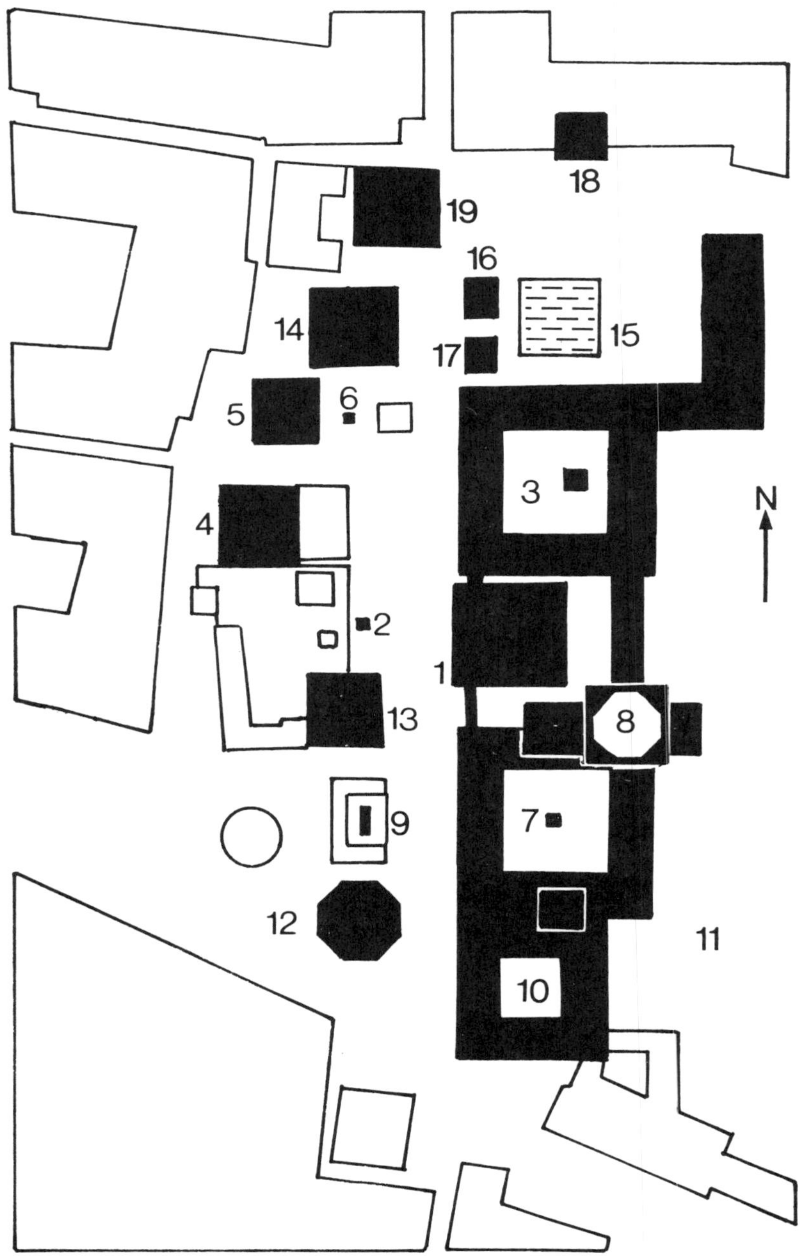

1
2
3
4
5
6
7
8
9
10
11
12
13
14
15
16
17
18
19
N

des gesamten Palastbereiches, dessen erste Erweiterung nach Süden, entlang der Nord-süd-Achse Patans, der Degutale-Tempel ist. Seine heutige Gestalt und Ausdehnung erhielt der Palast unter *Siddhinarasimhamalla* (1620–1661), der ihn planmäßig nach Süden ausdehnte und *Mul Chowk* ([7], Abb. 46) und *Sundhara Chowk* [10] hinzufügte. Auch legte er im Osten des Palastes weite Gärten an. Bei diesen Maßnahmen traf er nicht auf unbebautes Gelände, wie es in Kathmandu der Fall war. Überliefert ist, daß er *Hatko Bihar,* das sich an der Stelle des Mul Chowk befand, abbrechen ließ und im Westen der Stadt neu erbaute. Der Ausbau des Palastes verlief nicht ganz ungestört, denn zu Beginn der Regierungszeit von *Shrinivasamalla* (1661–1684) brach im Jahre 1663 ein Großfeuer aus, das nicht nur den Degutale-Tempel, sondern auch weite Teile der Stadt und des Palastes vernichtete. Da Shrinivasa die einzelnen Höfe des Palastes und den Degutale-Tempel neu errichten ließ, wird er zumeist auch als ihr Schöpfer angegeben. Jedoch handelt es sich um einen Wiederaufbau, der sicherlich auch eine Vereinheitlichung der Palastanlage bewirkte. Eine letzte Bautätigkeit erlebte der Palast unter *Vishnumalla* (1729–1745), der einen reich geschmückten, heute nicht mehr vorhandenen Bau im Südosten errichtete. Um der Bevölkerung ein Beispiel zu geben, bestieg er in einer Vollmond-Nacht einen Elefanten und trug zwei oder drei Ziegel zur Baustelle. Damit veranlaßte er die Leute zu helfen. An einem Tage wurden sieben Lagen an Ziegel gelegt, am nächsten Tag vier Lagen entfernt und erneut sieben Lagen gelegt. Durch diese Bauweise wurde das Mauerwerk besonders fest. Auch beim Decken des Daches half die Bevölkerung. Nach Fertigstellung des Baues ließ Vishnumalla ein Fenster einsetzen, das ein goldenes Bildnis von *Avalokiteshvara* trug, aus dessen Körper Brahma und andere Götter entsprangen.

Von dieser ehemaligen Herrlichkeit hat sich nur wenig erhalten. Bei der Eroberung von 1768 wurde der Palast zur Plünderung freigegeben. Darauf folgte ein teilweiser Abbruch und fortschreitender Verfall bis in jüngste Zeit (Abb. 48). Schwerste Beschä-

◁ Fig. 9 Patan, Palastbereich (Die Nummern 1–19 für die einzelnen Monumente des Palastbereiches von Patan sind an der Textstelle in eckiger Klammer aufgeführt)

1 Degutale-Tempel (s. S. 85, 88)
2 Yoganarendramalla-Säule (S. 88)
3 Manikeshar Chowk (heute Museum) S. 89)
4 Narayana-Tempel (S. 89)
5 Krishna(Bala Gopala)-Tempel (S. 91)
6 Garuda-Säule (S. 91)
7 Mul Chowk (S. 125)
8 achteckiger Tempel (S. 125)
9 Taleju-Glocke (S. 125)
10 Sundhara Chowk (S. 125)
11 ehemaliger Palastgarten Bhandarkhal (heute Skulpturengarten) (S. 126)
12 Cyasilim Deval (S. 126)
13 Harishankar-Tempel (S. 126)
14 Vishveshvara-Tempel (S. 127)
15 Mani Dhara (S. 127/128)
16 Manimandapa (S. 127/128)
17 südlicher Pavillon (S. 129)
18 Mani Ganesh (S. 127)
19 Bhimsen-Tempel (S. 129)

digungen verursachte auch das Erdbeben von 1933, bei dem der inzwischen wieder aufgebaute Degutale-Tempel einschließlich seines turmartigen Unterbaues zusammenstürzte. Von der ehemaligen hufeisenförmigen Palastanlage steht kaum mehr als die zur Nordsüd-Achse Patans weisende Fassade.

Die Besetzung des vor dem Palast liegenden Platzes erfolgte parallel zum Ausbau des Palastes selbst. Der älteste Tempel, der *Narayana* (Vishnu) geweiht ist [4], entstand im Jahre 1566, also noch vor der Übernahme der Herrschaft durch Hariharasimhamalla. Dieser Bau steht bezeichnenderweise vor dem Haupteingang zu Manikeshar Chowk, dem ältesten Teil des Palastes. Neben diesem Narayana-Tempel erbaute *Siddhinarasimha* den *Krishna-Tempel* ([5], Abb. 57). Entsprechend der Entwicklung des Palastes nach Süden wurde der davorliegende Tempelplatz unter den späteren Herrschern der Malla-Dynastie ebenfalls nach Süden ausgeweitet.

Beschreibung des Palastbereiches

1. Degutale-Tempel und Yoganarendramalla-Säule

Die langgestreckte, geradlinig entlang der Nordsüd-Achse verlaufende Palastfront wird beherrscht von dem dreigeschossigen *Degutale-Tempel* [1] auf einem hohen turmartigen Unterbau (Abb. 5, 44, 45). Der Tempel wurde etwa um 1600, gleichzeitig mit dem entsprechenden Bau in Kathmandu (Abb. 18), von Hariharasimha errichtet. Bereits 1663 wurde er durch ein Feuer zerstört, danach aber in den alten Formen neu errichtet. Gegenüber den in derselben Front stehenden Hofkomplexen hat dieser Bau eine durchaus isolierte Stellung, die durch zwei seitlich flankierend angebrachte Portalbögen noch betont wird.

Nach dem Vorbild der Pratapamalla-Säule (Abb. Umschlagvorderseite, Abb. 18) vor dem Degutale-Tempel in Kathmandu errichtete *Yoganarendramalla* (1684–1705) eine ähnliche Säule [2], geschmückt mit seinem Bildnis und dem seines Sohnes (Abb. 44, 47). Es ist überliefert, daß der König von Bhaktapur, *Bhupatindramalla* (1696–1722), den Anblick dieser Statue nicht ertragen konnte und daher beschloß, Yoganarendra und seine Familie auszulöschen. In der Absicht, Yoganarendras Kinder zu vernichten, stellte er vor seinem Palast einen Linga auf. Tatsächlich starb auch Yoganarendras Sohn bald, und, um sein Werk zu vollenden, ließ der König von Bhaktapur Yoganarendra bei einem Besuch in Changu Narayana (wahrscheinlich aber im Verlauf eines Krieges) vergiften. Eine andere Erzählung berichtet, Yoganarendra habe aus Leid über den Tod seines Sohnes seinen Palast verlassen und sei als Heiliger umhergezogen. Bei seinem Weggehen habe er seinen Ministern versprochen, daß, solange wie die Statue hell und ungetrübt bliebe und der Vogel auf dem Kopf des Bildnisses nicht wegflöge, solange hätten sie Gewißheit, daß er lebe. Eine ähnliche Geschichte existiert in Verbindung mit Siddhinarasimha.

2. *Manikeshar Chowk, Narayana- und Krishna-Tempel*

Der Degutale-Tempel ist die erste Erweiterung des Palastes unter der Malla-Dynastie. Zuvor hat es nur einen Bau von bescheidenen Ausmaßen anstelle des heutigen *Manikeshar Chowks* ([3], Abb. 5, 49) gegeben. Wie alt die Tradition eines Palastes an dieser Stelle ist, gehört noch zu den vollständig ungelösten doch wichtigen Fragen der nepalesischen Geschichte. Im frühen 16. Jahrhundert, bevor die Mallas die Herrschaft in Patan übernahmen, hat sicherlich hier bereits ein Palast gelegen, der in Inschriften als *Manigal* bezeichnet wird. Die vor dem Palast verlaufende Straße hat danach ihren Namen, Mangalbazaar. Da der gesamte Palast 1663 abbrannte, kann Manikeshar Chowk in seiner heutigen Form erst nach dieser Zeit entstanden sein, wenngleich ein Baudatum nicht bekannt ist. Heute befindet sich im Inneren ein kleines Museum für nepalesische Plastik, vornehmlich aus Bronze und Holz. So ist u. a. ein Thron eines Königs von Patan aus dem 18. Jahrhundert aufgestellt, ein Sitz, der von Löwen getragen wird und hinter dem sich eine vielköpfige Kobra aufrichtet, die den König als Inkarnation von Vishnu erscheinen ließ. Eigentliches Interesse an diesem Bau, der ehemals wie Basantapur Chowk in Kathmandu vier Türme an den Ecken besaß, verdient nur noch die Mittelachse der Fassade, die einen reichen skulpturalen Schmuck aufweist.

Entsprechend der Geschoßgliederung des Baues ist diese Mittelachse in drei z. T. übergreifende Zonen gegliedert. Das einteilige Portal ist in der üblichen Weise von einem hockenden Löwenpaar flankiert. Über der Portalrahmung mit ihren weit ausgreifenden Sturzbalkenenden sitzt ein schräg nach vorne geneigtes tympanonähnliches Torana aus vergoldeter Bronze, das teilweise ein reich ornamental verziertes Fenster verdeckt. Bei diesem Fenster ist der Übergang von Rahmung zu eingesetztem durchbrochen gearbeitetem Gitterwerk kaum feststellbar. Darüber befindet sich ein geschlossener Balkon mit drei Fensterrahmungen über einer niedrigen Brüstung, dessen mittlerem Fenster (Abb. 49, 51) überaus prächtiger figuraler und architektonischer Schmuck in vergoldeter Bronze vorgeblendet ist. In der Höhe der Brüstung des Balkons ist die Vorderseite eines Löwenthrones dargestellt, mit *Garuda*, dem vogelartigen Träger Vishnus, in der Mitte. Über dem Thron entwickelt sich eine baldachinähnliche Scheinarchitektur, die ein Mittelpaneel einschließt. Dieses von ineinander verschlungenen Kobras eingefaßte Paneel zeigt in seinem Zentrum die stehende Figur von *Avalokiteshvara.* Er ist im Buddhismus der Bodhisattva des Mitleids und der Güte und steht in Patan in engster Beziehung zum Matsyendranath-Kult. Dieses Paneel konnte herausgenommen werden, und in der dadurch freiwerdenden Öffnung erschien über dem Thron, gerahmt von der Baldachinarchitektur, der König der Bevölkerung, einmal stellvertretend für Avalokiteshvara, dessen Bildnis sonst auf sie herabblickte, dann aber auch als Inkarnation von Vishnu, ausgezeichnet durch Garuda und die Kobras. Dies muß ehemals einer barocken Inszenierung gleichgekommen sein.

Gegenüber von Manikeshar Chowk steht auf einem niedrigen Stufensockel ein zweigeschossiger Tempel [4], der *Narayana* (einer Form von Vishnu) geweiht ist und von

PATAN

Purandarasimha im Jahre 1566, nur drei Jahre nach der Errichtung des Jagannath-Tempels in Kathmandu als dessen Kopie gebaut wurde (Abb. 53). Purandarasimha stiftete den Tempel zum Gedächtnis an seinen Vater *Vishnusimha*. Es ist der älteste Tempel gegenüber dem Palast und steht bezeichnenderweise vor Manikeshar Chowk, der ebenfalls ältesten Hofanlage des Palastes. Die Schnitzereien der Portalrahmungen und der Dachstreben (Abb. 53) gehören zu den qualitätvollsten im Kathmandu-Tal.

Neben diesem Bau von Purandarasimha, ebenfalls gegenüber von Manikeshar Chowk, errichtete 1637 *Siddhinarasimhamalla* (1620–1661) einen *Tempel* [5] aus Stein, den er *Bala Gopala* (ein Name für *Krishna*) weihte (Abb. 56–58). Laut einer Inschrift ist der Bau geschmückt mit 21 Türmen und wird mit Berg Meru, der der Wohnsitz Shivas ist, verglichen. Um einen zentralen Turm, der im unteren Geschoß von einem umlaufenden Arkadengang umgeben ist, legt sich in den darüber liegenden Ebenen je ein Kranz von Pavillons. Nicht nur die gestaffelte Anlage dieser Pavillons, sondern auch der bildhauerische Schmuck des Tempels, besonders der florale Schmuck des Arkadenganges (Abb. 58), weist auf Vorbilder im Bereich der islamischen Palastarchitektur Nordindiens.

Dieser im Kathmandu-Tal ungewöhnliche Bau soll nach dem Vorbild eines Krishna-Tempels in Mathura (bei Delhi) errichtet worden sein. Da die Bala Gopala-Episode in Krishnas Vita in Mathura stattgefunden haben soll, erscheint es möglich, daß man eine für Mathura als typisch geltende Architektur, die damit auch für Krishna selbst typisch war, nahm und sie nach Nepal verpflanzte. Daß dies eine Architektur war, die heute wesentlich als islamisch angesehen würde, störte Siddhinarasimha im 17. Jahrhundert offensichtlich nicht. Wichtig für ihn war nicht der zeitliche Bezug, sondern der lokale, Mathura.

Die vor dem Tempel stehende Säule mit dem Bildnis des knienden *Garuda* [6] in vergoldeter Bronze, wurde ebenfalls von Siddhinarasimha im Jahre 1637 aufgestellt (Abb. 57, 45). Dies entspricht einer in Nepal alten Tradition, wobei sich nur in Harigaon aus dem 7.–8. Jahrhundert das Bildnis eines Garuda auf einer Säule original erhalten hat. Die Garuda-Statuen in Narayanhiti und Changunarayana, die heute auf einem Sockel stehen, waren ursprünglich wahrscheinlich ebenfalls für eine Säule gedacht.

3. König Siddhinarasimhamalla (1620–1661) und sein Guru Vishvanatha Upadhyaya

Siddhinarasimha war ein Zeitgenosse und Neffe von Pratapamalla von Kathmandu. Es ist überliefert, daß *Krishna* Siddhinarasimha in einem Traum auftrug, kein neues Bildnis für den Krishna-Tempel anfertigen zu lassen, sondern ein altes zu suchen. Der König tat dies und fand eine Krishna-Statue. Da aber ihr linker Zeh gebrochen war, so ließ sie der König liegen, wo sie gefunden worden war und wollte ein neues Bild-

◁ Fig. 10 Patan, Krishna-Tempel von Südosten (nach le Bon) (vgl. Abb. 57)

werk anfertigen lassen. Aber in der folgenden Nacht teilte ihm Krishna wiederum in einem Traum mit, daß die Wunde, die er am gefundenen Bildnis gesehen habe, wirklich sei und durch einen Jäger verursacht wurde. Der König sollte das Bildnis so, wie es sei, nehmen und in dem neu errichteten Tempel aufstellen. Darüber war der König sehr erfreut und, nachdem er dies durchgeführt hatte, sollte das Bildnis geweiht werden. Während dieser Feier aber kam in Gestalt von Schlangen sein Neffe *Pratapamalla* mit seinem Guru *Lambakarna Bhatta* aus Kathmandu nach Patan, um die Weihe zu verhindern. Aber als sie den Tempel betreten wollten, erkannte sie der Guru Siddhinarasimhas, *Vishvanatha Upadhyaya,* und durchschaute ihr Vorhaben. Durch magische Praktiken gelang es ihm, sie solange unter seinem Sitz gefangenzuhalten, bis die Weihe beendet war. Aus Dankbarkeit schenkte ihm der König 84 Felder, die Vishvanatha unter Brahmanen verteilte. Er ernannte ihn zum Familienpriester (purohit) von ganz Patan und machte das Pujariamt (Priesteramt) am Krishna-Tempel in seiner Familie erblich.

Über die Person dieses Brahmanen ist leider nur wenig bekannt, jedoch dürfte er einen nahezu unbeschränkten Einfluß auf König Siddhinarasimha gehabt haben. Die Ämter, die er von Siddhinarasimha übertragen bekommen hatte, machten ihn zur religiös-politisch dominierenden Gestalt in Patan. Vishvanatha Upadhyaya spielte auch die entscheidende Rolle bei der Überführung der Göttin Taleju von Kathmandu nach Patan zu Beginn der Regierungszeit von Siddhinarasimhamalla.

Der König von Kathmandu, *Lakshminarasimhamalla* (1620–1641), verfiel im Alter in Wahnsinn, und so war es ihm nicht möglich, das Mantra, mit dessen Kenntnis Taleju beherrscht werden konnte, an seinen Sohn *Pratapa* zu vererben. Beim Tode von Lakshminarasimha sah Siddhinarasimha von seinem Palast in Patan aus, wie eine Flamme aus dem Palast in Kathmandu austrat, in den Himmel aufstieg und verschwand. Seine Mutter deutete dies als das beim Tode Lakshminarasimhas verlorene Mantra Talejus und enthüllte ihrem Sohn, daß sie in einem Haarschopf auf ihrem Kopfe verborgen die Statue der Göttin nach Patan gebracht habe. Die Königinmutter machte sich auf, jemanden zu finden, der das Geheimnis des Mantras von Taleju wüßte. Sie fand den in tantristischen Praktiken erfahrenen Brahmanen *Vishvanatha Upadhyaya,* einen Bewohner von Boulima Tole, der es unternahm, den König das Mantra zu lehren. Als die Feier der Belebung des Kultbildes der Gottheit vollzogen wurde, sah man, wie eine reine Flamme am Himmel erschien und in den Tempel der Taleju eintrat. Dies soll 1620, im ersten Regierungsjahr von Siddhinarasimha, stattgefunden haben. Welche Bedeutung ein solches Ereignis für den politischen Anspruch im damaligen Kathmandu-Tal hatte, läßt sich heute kaum mehr ermessen.

4. Mul Chowk, Sundhara Chowk und Bhandarkhal

Taleju wurde zuerst im Degutale-Tempel ([1], Abb. 44), der noch immer als ihr Wohnsitz gilt, aufbewahrt. Siddhinarasimha erweiterte den Palast planmäßig nach Süden

13 KATHMANDU Taleju-Tempel, von Südosten

16 KATHMANDU ▷
Kala Bhairava
(vgl. Abb. 18)

14 KATHMANDU
Taleju-Tempel,
von
Nordosten

15 KATHMANDU
Hanuman Dhoka-Palast mit Taleju-Tempel; im Hintergrund der Tempelberg von Svayambhunath, von Osten

17 KATHMANDU Tempel vor dem Hanuman Dhoka-Palast

18 KATHMANDU Tempel vor dem Hanuman Dhoka-Palast; rechts der dreigeschossige Degutale-Tempel, davor Pratapamalla-Säule und Kala Bhairava-Relief; von Norden (vgl. Abb. 2)

19 KATHMANDU Garuda vor Trailokya Mohan Mandir (vgl. Abb. 25)

20 KATHMANDU Tempel vor dem Hanuman Dhoka-Palast; im Hintergrund der Degutale-Tempel, von Nordosten

21 KATHMANDU Hanuman Dhoka-Palast, Streben am Basantapur Durbar

22 KATHMANDU Hanuman Dhoka-Palast, Basantapur Durbar und Basantapur Chowk mit Blick auf die New Road, von Südwesten

23 KATHMANDU Hanuman Dhoka-Palast, Erker am Basantapur Durbar

24 KATHMANDU
Hanuman Dhoka-Palast, Detail der Westfassade (vgl. Abb. 2)

26 KATHMANDU
Shiva Mandir, von Südosten ▷

27 KATHMANDU Kumari Chowk, Hof ▷

28 KATHMANDU Kumari Chowk, Nordfassade (vgl. Abb. 25) ▷

25 KATHMANDU Platz vor Gaddi Baithak (l.) mit Trailokya Mohan Mandir (r.) und Kumari Chowk, von Nordwesten

26

27

28

29

30

31

◁

29 KATHMANDU
Hanuman Dhoka-Palast mit Degutale-Tempel, von Südwesten

30 KATHMANDU
Achteckiger Tempel Pratapamallas, von Nordosten (vgl. Abb. 2)

31 KATHMANDU
Shiva und Parvati Mandir mit Hanuman Dhoka-Palast, von Süden

32 KATHMANDU
Kasthamandapa, von Nordosten (vgl. Abb. 1)

33 KATHMANDU
Kavindrapur bei Kasthamandapa, von Westen

34

35

34-41 KATHMANDU Basarstraße, Straßenleben

36

37

38

◁ 39 40 41

42 KATHMANDU Basarstraße, Hof des Matsyendranath-Tempels mit Jugendstil-Dame

43 KATHMANDU Eingang zum Singha Durbar, dem heutigen Regierungspalast, von Westen

44 KATHMANDU Degutale-Tempel mit Statue Yoganarendramallas, von Westen

45 PATAN
Platz vor
dem Palast,
von Norden
(vgl. Abb.
5)

46 PATAN
Palast, Mul
Chowk,
mit
Degutale-
Tempel,
von
Südosten

47 PATAN Statue Yoganarendramallas vor dem Degutale-Tempel

48 PATAN Bhandarkhal mit den Palastbauten, von Südosten

49 PATAN Aufgang zum Vishveshvara-Tempel, im Hintergrund der Palast, von Nordwesten

50 PATAN Palast, Brunnen in Sundhari Chowk

51 PATAN Palast, Fenster über dem Hauptportal

53 PATAN Narayana-Tempel, Dachstrebe

◁ 52 PATAN Cyasilim Deval, von Nordosten

54 PATAN Vishveshvara- und Bhimsen-Tempel, von Südosten

55 PATAN Tempel vor dem Palast, von Südosten

56 PATAN Krishna-Tempel, Szene aus dem Ramayana-Epos

57 PATAN Krishna-Tempel, von Südosten

58 PATAN Krishna-Tempel, Wandgliederung im Umgang

59 PATAN Palast, Eingang zum Mul Chowk, von Westen

60 PATAN Vishveshvara-Tempel, von Südwesten 61 PATAN Thron im Manimandapa, von Norden

62 PATAN Mani Dhara mit Aufgang zum Vishveshvara-Tempel, von Osten

63 PATAN Ehem. Palastausstattung der Rana-Zeit in einem Curio Shop (Wilhelm II. und Kaiserin Auguste Viktoria)

64 PATAN Straßenszene am Mani Dhara

65 BHAKTAPUR Palast, Sundhoka (vgl. Abb. 9)

66 BHAKTAPUR Bhupatindramalla-Statue vor Sundhoka

67 BHAKTAPUR Palast, Tympanon (Torana) von Sundhoka mit Taleju im Zentrum

68 BHAKTAPUR Zugangsweg zu Sundhoka mit Bhupatindramalla-Säule und Vatsala-Tempel (r.), von Süden

69 BHAKTAPUR Siddhilakshmi-Tempel, von Süden

70 BHAKTAPUR Platz vor dem Palast, von Westen

71

72

73

74 BHAKTAPUR Nyatapola-Tempel, von Südosten (vgl. Abb. 7)

◁ 71 BHAKTAPUR Szene vor dem ehem. Hauptportal des Palastes

◁ 72 BHAKTAPUR Zugangsweg zu Taumadhi Tole vom Palastbezirk aus

◁ 73 BHAKTAPUR Palast, Nagapokhari, im Hintergrund das Dach von Mul Chowk, von Nordosten

75 BHAKTAPUR Blick nach Süden über Taumadhi Tole, links der Bhairava-Tempel

76 BHAKTAPUR Taumadhi Tole, ein Prozessionswagen wird zusammengesetzt

und legte an der Stelle, wo er ein Bihar hatte abbrechen und verlegen lassen, *Mul Chowk* an ([7], Abb. 46, 59). Diese Hofanlage folgt ganz den Vorbildern in Kathmandu und Bhaktapur und wurde als temporärer Wohnsitz für *Taleju* erbaut. Nach dem Brand von 1663 und dem folgenden Wiederaufbau unter *Shrinivasamalla* (1661–1684) wurden einige Veränderungen eingefügt, so das größere vorgeblendete Portal zur Straßenseite (Abb. 59) und der kleine dreigeschossige Turm über dem Schrein der Taleju an der Südseite des Hofes. Die beiden Statuen von *Shri* auf einem Makara und von *Lakshmi* auf einer Schildkröte (den Begleiterinnen Talejus) wurden bereits von *Siddhinarasimha* aufgestellt und waren Vorbild für die entsprechenden Statuen in Bhaktapur und Kathmandu. Der große achtseitige, viergeschossige *Tempel* [8] über der Nordostecke des Hofes (Abb. 48) wurde von Shrinivasa dem alten Baubestand hinzugefügt und beherbergt eine geheime Gottheit. Womöglich ist dieser Bau aber auch die ständige Residenz von Taleju. Dies ist der einzige der drei Mul Chowks im Kathmandu-Tal, der von einem Besucher betreten werden kann, gibt aber bei der bescheidenen Ausstattung, die sich erhalten hat, kaum einen Eindruck vom Reichtum der beiden anderen Höfe.

Vor Mul Chowk, auf der anderen Seite der Straße, steht auf einem gemauerten Unterbau ein Ständer mit einer riesigen Glocke [9], die der Göttin Taleju geweiht ist (Abb. 55). Sie wurde 1737, im gleichen Jahr wie die entsprechende Glocke in Bhaktapur (Abb. 70), von König *Vishnumalla* (1729–1745) aufgestellt.

Die an Mul Chowk im Süden anstoßende Hofanlage, *Sundhara Chowk* [10], geht ebenfalls auf Siddhinarasimha zurück, verdankt ihre heutige Gestalt aber Shrinivasamalla. Ihr ehemaliger jetzt vermauerter Eingang wird neben dem obligaten Löwenpaar noch mit den Standbildern von *Narasimha* und *Ganesh* ausgestattet, die von König Siddhinarasimha aufgestellt wurden. Nach dem Vorbild von Kathmandu, wo Pratapa vor dem Eingang zum Palast eine Hanuman-Statue errichtet hatte, wurde diese später auch in Patan den Bildnissen von Narasimha und Ganesh zugefügt. Die durch Risalite symmetrisch gegliederte Fassade von Sundhara Chowk ordnet sich in ihrer Höhe deutlich dem eigentlichen Haupttrakt des Palastes im Norden unter. Während aber Manikeshar Chowk Regierungszwecken diente, war Sundhara Chowk das Wohngebäude der Könige von Patan.

Im Zentrum des Hofes befindet sich eine kreisrunde Vertiefung, die eine von Shrinivasa gebaute Brunnenanlage enthält (Abb. 50). Sie ist über eine Treppe von Süden aus zugänglich, der gegenüber das Wasser aus dem geöffneten Maul eines Makaras (eines krokodilähnlichen Fabeltieres) fließt. Darüber befindet sich in einer Nische Vishnu, mit Lakshmi auf seinem linken Bein sitzend, der auf Garuda durch die Lüfte fliegt. Abgeschlossen wird diese Seite durch ein stark beschädigtes Tempelmodell, das die Formen des Krishna-Tempels wiederholt. Das Gewände des Brunnens ist in zwei übereinander liegende Register gegliedert und mit dichtem Blattwerk überzogen, das, zu Fünfergruppen zusammengefaßt, laubenartige Nischen für tantristische Gottheiten bildet. Die gesamte Figurenkomposition wird eingefaßt von zwei Schlangen auf der

Ebene des Hof-Bodens, die ihre Köpfe gegen den zum Badeplatz Herabsteigenden erheben. Diese Brunnenanlage diente dem König, und die komplexe Ikonographie der Skulpturen verlieh dem Baden des Königs, der sich in den von Schlangen (Nagas) bewachten Bereich des Wassers hinabbegeben hatte, kultischen Charakter.

Im Osten des Palastes befand sich ehemals eine Gartenanlage, die von zwei heute verschwundenen Flügeln im Norden und Süden eingefaßt wurde [11]. Heute beherbergt die Fläche einen Skulpturengarten, dessen Stücke aus verschiedenen Teilen Patans zusammengetragen wurden. Vom ehemaligen Garten hat sich nur eine große Brunnenanlage im Süden erhalten (Abb. 48). Es ist überliefert, daß Siddhinarasimha im Jahre 1647 einen Brunnen und einen Blumengarten habe anlegen lassen und ihn der Göttin Taleju weihte. Der König muß, trotz seiner ausgedehnten Bautätigkeit, ein überaus puritanisches Leben geführt haben, und seiner Frau war es verboten, jedweden Schmuck zu tragen. Diese aber sei so besessen von dem Wunsch gewesen, Schmuck zu haben, daß sie ihn sich insgeheim von einer befreundeten Dame besorgte und ihn ohne Wissen des Königs trug. Zum Tagesablauf von Siddhinarasimha gehörte ein Spaziergang durch die Palastgärten, und durch die Gunst von Taleju war er in der Lage, auf dem Wasser zu gehen und die Lotosblüten zu pflücken, die er wollte. Aber am Morgen nach dem Tag, wo sich seine Frau mit Juwelen geschmückt hatte, verlor er diese Fähigkeit und sank unter. Schon bald gestand ihm seine Frau ihr Vergehen, weswegen er die Gunst von Taleju verloren hatte, und Siddhinarasimha belehrte sie, daß alles, was dem König gehörte, er nur im Namen seines Volkes aufzubewahren habe als anvertrauten Besitz.

5. Cyasilim Deval, Harishankar- und Vishveshvara-Tempel

Nach dem Tode von *Yoganarendramalla* im Jahre 1705, dessen Statue ([2], Abb. 47) sich vor dem Degutale-Tempel befindet, wurde seine Tochter *Yogamati* für etwa zwei Jahrzehnte zur eigentlich mächtigen Figur hinter der Szene, die Könige einsetzte und absetzte, mit Ministern intrigierte und viele von ihnen tötete oder verkrüppelte. Zuerst trat sie als Regentin für ihren minderjährigen Sohn *Lokaprakashamalla* (1705–1706) auf, der aber schon nach elf Monaten starb. Zu seinem Gedächtnis stiftete sie 1723 den achtseitigen *Steintempel* [12] im Süden gegenüber Sundhara Chowk (Abb. 52, 55). Dieser Bau ist dem jugendlichen Krishna geweiht, der hier in Gesellschaft von Radha verehrt wird. 1934 wurde der Bau beim Erdbeben vollständig zerstört, danach aber in der alten Form wieder errichtet. Sein Name *Cyasilim Deval* bezieht sich auf seinen achtseitigen Grundriß.

Im Jahre 1706 hatte Yogamati neben der Statue, die das Bildnis ihres Vaters trägt, einen Gedächtnistempel [13] für Yoganarendramalla errichten lassen (Abb. 5, 55). Dieser Tempel ist *Harishankar* geweiht, einer Manifestation von Vishnu und Shiva. Sie folgte dabei weitgehend den Formen des Vishveshvara-Tempels [14] im Norden. Zwar hat der Harishankar-Tempel im Gegensatz zu seinem Vorbild drei Geschosse, da er aber auf schmalerem Grundriß als der Vishveshvara-Tempel errichtet ist, erreicht er nur etwa dessen Höhe und schließt nach Süden den Platzbereich (Abb. 5, 45, 55) vor Manikeshar Chowk und Degutale ab, der im Norden von seinem Bruder-Tempel Vishveshvara (Abb. 55, 60) eingeleitet wird.

Der *Vishveshvara-Tempel* ([14], Abb. 49, 60, 62) wurde bereits 1627 von *Siddhinarasimha* errichtet und *Shiva* unter dem Namen Vishveshvara bzw. *Vishvanatha* (beides: Herr von Allem) geweiht. Darin liegt eine merkwürdige Übereinstimmung mit dem Namen des Gurus von Siddhinarasimha, *Vishvanatha Upadhyaya* und gelegentlich wird der Bau auch als *Vishvanath* bezeichnet. Sein eigentlicher Eingang liegt im Westen (Abb. 49) und wird durch die liegende Figur des Stieres Nandi (des Trägers von Shiva) ausgezeichnet. Seine Schauseite aber ist nach Osten gerichtet, zur Nordsüd-Achse Patans hin, wo die Treppenanlage zum Tempel von zwei Elefanten mit Reitern flankiert wird (Abb. 54, 62). Einer der beiden Reiter dürfte Siddhinarasimha selbst sein. – Auch sein Zeitgenosse Pratapa in Kathmandu hatte sich auf einem Elefanten darstellen lassen. – Der Vishveshvara-Tempel hat eine wichtige überleitende Funktion zu einem nördlichen Platzbereich, der eine wesentlich ältere Tradition hat als die Bauten der Malla-Zeit vermuten lassen.

6. Gründungslegende des nördlichen Platzbereiches

Eine Gründungslegende von Patan berichtet folgendes: Die Stadt sei von einem Herrscher, der nördlich der Bagmati seine Residenz hatte, entsprechend Gesetzen, die bei Stadtgründungen üblich waren, folgendermaßen angelegt worden: Im Zentrum der Stadt erbaute er eine unterirdische Zisterne, in der er Nagas (Schlangen) und viele andere Gottheiten verehrte. Dann überdeckte er die Zisterne und die Kanalanlagen, die für Zufluß und Ableitung des Wassers bestimmt waren. Über der Zisterne erbaute er einen *Chaitya* (Stupa) und ein *Dhara* (ein Brunnen). Außerdem errichtete er einen *Shiva Linga* und ein Bildnis von *Ganesh* und von *Mahakala*. Zudem erbaute er ein *Mandapa* (eine Versammlungshalle) und einen Palast für den König und konsekrierte alle. Da er ein Verehrer von *Mani Yogini* war, nannte er alle diese Stätten nach der Göttin folgendermaßen: *Mani-Talava*, *Mani-Chaitya*, *Mani-Dhara*, *Mani-Linga*, *Mani-Ganesha*, *Mani-Kumara*, *Mani-Mahakala*, *Mani-Mandapa* und *Mani-gal-bhatta*. Tatsächlich finden sich in dem Platzbereich nördlich des Palastes folgende in der Legende genannte Stätten wieder: *Manidhara* ([15], Abb. 62) ist der Name der großen Brunnenanlage gegenüber von Vishveshvara. Die Treppenanlage dieses Brunnens wird flankiert von zwei offenen Hallen, deren nördliche *Manimandapa* [16] ist. *Mani Ganesh* [18] ist der Name des unscheinbaren Heiligtums auf der Nordseite des Platzes und *Mani-gal-bhatta* bezieht sich auf Manikeshar Chowk [3], den ältesten Bauteil des Palastes, von dem aus dieser sich nach Süden ausgedehnt hat.

Diese Gründungslegende, die leider noch nicht historisch eingeordnet werden kann, gibt ein altes Konzept der kultischen Ausstattung einer Hauptstadt wieder. Wichtig dabei ist, daß solche Legenden nicht nur einer Idealvorstellung einer Hauptstadt entsprechen, sondern daß sie einen tatsächlich einmal vorhandenen Bauzustand beschreiben. Die Gründungslegende Patans beschreibt das ehemalige Zentrum Patans, das zwar nicht mehr in den heute vorhandenen Bauten, wohl aber in den überlieferten Namen fortlebt.

7. Manidhara, Manimandapa und Bhimsen-Tempel

Es wurde bereits gesagt, daß der 1627 von Siddhinarasimhamalla errichtete Vishveshvara-Tempel [14] seinen kultisch richtigen Eingang im Westen hat (Abb. 49), betont durch einen dort liegenden Nandi. Seine Ostseite wiederum ist ausgezeichnet durch zwei steinerne Elefanten mit Reitern, die die Treppe flankieren (Abb. 54). Die Achse, in der diese Treppe liegt, führt nicht nur vom Tempel zur Hauptstraße, sondern wird nach Osten zu, jenseits der Straße aufgenommen durch eine genau in der genannten Achse liegende weitere Treppenanlage, die zu einer großen Brunnenanlage hinunterführt, zu *Manidhara* ([15], Abb. 62, 64). Dieser Brunnen dürfte, da er in der Gründungslegende von Patan erwähnt wird, ein sehr hohes Alter haben, und gehörte einmal zur Ausstattung eines Stadtzentrums, das anders orientiert war als dasjenige, welches man heute vor sich hat. Siddhinarasimha, auf den dieses mallazeitliche neue Zentrum zurückgeht, stellte durch den von ihm errichteten Vishveshvara-Tempel eine architektonische Verbindung des alten zum neuen Zentrum her.

Die Treppe zum Manidhara wird oben flankiert durch zwei kleine pavillonartige *Mandapas*. Da die Treppe zum Brunnen auf derselben Achse liegt wie die Treppe zum Vishveshvara-Tempel, so flankieren die beiden Mandapas nicht nur den Zugang zum Brunnen, sondern auch, von Osten gesehen, den Vishveshvara-Tempel selbst (Abb. 62). Es ergibt sich also ein interessantes, aufeinander abgestimmtes, über einer Symmetrieachse aufgebautes architektonisches Ensemble, wie es in dieser Art in Nepal relativ selten ist und ein besonderer Zug der Zeit *Siddhinarasimhas* (1620–1661) bzw. seines Zeitgenossen in Kathmandu, *Pratapamallas* (1641–1674), zu sein scheint. Dabei stammen die einzelnen Elemente dieses Ensembles aus sehr verschiedenen Zeiten.

Der nördliche der beiden Pavillons ist *Manimandapa* [16]. Bereits in der Gründungslegende von Patan wird ein Bau unter diesem Namen erwähnt. Im Jahre 1701 ließ *Yoganarendramalla* (1684–1705), wahrscheinlich im Zusammenhang mit Bauarbeiten am nordwestlich davon liegenden Bhimsen-Tempel (Abb. 54, 62), dieses Mandapa renovieren und einen steinernen Thron (Abb. 61) darin aufrichten. Einerseits steht Manimandapa dadurch im Zusammenhang mit dem Kult der Schutzgottheit *Bhimsen*, andererseits gab Yoganarendra der Halle die Bestimmung, daß darin sich die Astrologen jährlich versammeln sollten, um über einen günstigen Tag für den Beginn der großen Wagenprozession von Matsyendranath zu beraten. Da die Matsyendranath-Prozession das bedeutendste Fest in Patan war, von dessen gutem Verlauf das

Wohl der Stadt im jeweils kommenden Jahr abhing, so hatte der Pavillon schon allein aufgrund dieses Bezuges eine überaus wichtige Funktion.

Er ist ausgezeichnet durch einen Steinthron (Abb. 61), der dem König vorbehalten war. Ob hier tatsächlich auch Krönungen vorgenommen wurden, ist nicht gesichert. Jedoch soll der König hier gelegentlich Audienz gehalten haben, um die Beschwerden der Bewohner Patans entgegenzunehmen. Die von Schlangen eingefaßte Rückseite des Thrones ist gleichzeitig auch Stelle für die Inschrift Yoganarendramallas aus dem Jahre 1701. Dies ist eine sehr ungewöhnliche Verbindung.

Der südlich davon stehende *Pavillon* ([17], Abb. 62) weicht geringfügig in seinen Maßen von Manimandapa ab. Seine ehemalige Funktion läßt sich heute nur schwer bestimmen. Jedoch hat er eine Reihe von Zügen, die vermuten lassen, es handle sich um den älteren der beiden Bauten. Seine Decke hat in der Mitte eine Aussparung, in die vier Säulen eingestellt sind, die die Decke eines darüber liegenden Stockwerkes tragen. Durch diesen schachtartigen Mittelteil bekommt der Bau ein ausgesprochenes Würdezentrum.

Der im Norden an den Vishveshvara-Tempel anschließende mächtige dreigeschossige *Bhimsen-Tempel* ([19], Abb. 54, 62) ist sicherlich als Teil dieses alten Stadtzentrums zu verstehen. In der Thakuri-Zeit wurde an dieser Stelle ein Bau gestiftet. Zwar geht der heutige dreigeschossige Bau erst auf die Zeit von *Shrinivasamalla* (1661–1684) zurück, doch ist belegt, daß er einen eingeschossigen Vorgängerbau hatte, der damals in Verfall geraten war. Shrinivasamalla ließ diesen Bau wieder herstellen und zwei weitere Geschosse hinzufügen. Es war dies die Zeit, in der man begann, allgemein Tempeln eine größere Höhe zu geben. Mit seinem längsrechteckigen Grundriß, der eine ausgesprochene Schauseite begünstigt, entspricht dieser Bau einer Sonderform nepalesischer Tempelarchitektur, wie sie nur bei Bhimsen- und Bhairava-Gottheiten Anwendung gefunden hat, und die in einer Reihe von Zügen von der Normalform abweicht (Längsausrichtung, kein Sockel, Heiligtum nicht auf ebener Erde). Innerhalb der drei Palastbereiche im Kathmandu-Tal existiert nur noch in Bhaktapur in Taumadhi Tole ein solcher Typus, der Bhairava-Tempel (Abb. 72, 75). Dieser Bau, der allerdings wesentlich bedeutendere Ausmaße erreicht als der Bhimsen-Tempel in Patan, ging ebenfalls aus einem eingeschossigen Bau hervor, und es ist nicht unwahrscheinlich, daß hierbei Patan Vorbild war. – *Bhimsen* und *Bhairava* scheinen als Schutzgottheiten für eine Stadt eine ähnliche Funktion gehabt zu haben und weitgehend austauschbar gewesen zu sein. Einer von beiden gehört immer zur notwendigen kultischen Ausstattung einer Stadt. – Bald nach seiner Erbauung wurde der Tempel durch ein Feuer im Jahre 1682 weitgehend vernichtet, danach aber wiederhergestellt. Aus der Zeit der Wiederherstellung stammen die heute erhaltenen Holzschnitzereien. Im Inneren befinden sich die Kultbilder von *Mahakala, Bhairava, Bhimsen* und *Draupadi*.

Eine merkwürdige Legende, die in die Zeit von *Yoganarendramalla* (1684–1705) fällt, zeigt, daß die Funktion der Schutzgottheit von Bhimsen (etwa gleichzeitig wird über den Bhairava von Taumadhi Tole in Bhaktapur ein entsprechendes Ereignis berichtet) umschlug in den Aspekt der Bedrohung für die Stadt. Als Yoganarendra den Thron bestieg, waren Tempel und Bildnis von Bhairava in Verfall geraten. Er ließ Wiederherstellungsarbeiten durchführen, und durch die Magik des Mantras seines Gurus *Harinath Upadhyaya* begann das Steinbildnis von Bhimsen zu niesen. Es wurde zuletzt so wild, daß es jeden, der auf der daran vorbeiführenden Hauptstraße ging, zu vernichten drohte. Als der König dies sah, bat er seinen Guru, die Gottheit zu beruhigen, der sich aber entschieden weigerte. Darauf entließ ihn der König aus seinen Diensten und ernannte dessen Bruder zu seinem Guru. Dieser beruhigte die Gottheit dann auch tatsächlich.

Diese Geschichte ist gerade im Vergleich zu den Ereignissen um Bhairava in Taumadhi Tole in Bhaktapur überaus interessant. In beiden Fällen geriet die Gottheit außer Kontrolle. Während aber in Bhaktapur der Nyatapola-Tempel errichtet werden mußte, genügte es in Patan offensichtlich, den Priester zu entlassen und einen anderen einzusetzen, um die Gottheit zufriedenzustellen. Welche Forderungen tatsächlich hinter dem Wildwerden von Bhimsen (bzw. Bhairava) standen, ist heute schwer zu ermessen.

Bhaktapur

Stadtstruktur und Entwicklung

Bhaktapur ist die dritte der ehemaligen Hauptstädte der Malla-Zeit und liegt am Ostrand des Kathmandu-Tales. Als besonderes Zeichen der fortschreitenden Entwicklung dieses Tales ist die Stadt neuerdings mit Kathmandu durch einen Oberleitungsbus verbunden. Bhaktapur entwickelte sich an einem Handelsweg nach Tibet, der an dieser Stelle über einem Höhenrücken verläuft, der im Süden vom Hanuman-Fluß begleitet wird.

Die Stadt soll von einem Herrscher, den die Legende *Anantamalla* nennt, im 9. Jahrhundert gegründet worden sein. Es wird berichtet, daß dieser König die Herrschaft über die Städte Patan und Kathmandu zugunsten seines älteren (!) Bruders aufgegeben habe und, nachdem er Annapurna Devi angerufen hätte, eine Stadt mit 12 000 Häusern gründete, die er Bhaktapur nannte. In seinem Herrschaftsbereich habe er 60 Dörfer vereinigt und unter Anrufung von Chandeshvari habe er danach sieben Städte gegründet, darunter *Banepa, Dhulikhel, Nala* und *Panauti.* Alle diese Städte liegen im Osten von Bhaktapur in einem weiteren Tal, und tatsächlich war dieses Gebiet auch die Basis der Herrscher von Bhaktapur. Die Legende berichtet weiter, daß Anantamalla eines Nachts die Neun Durgas in einem Traum erschienen. Gemäß ihrem Auftrag habe er danach ihre Bildnisse in einem Ring einmal innerhalb der Stadt und einmal außerhalb der Stadt an geeigneten Stellen aufgestellt, um so Schutz und Sicherheit zu gewährleisten.

Merkwürdig an der Gründungslegende ist die darin angegebene Zweiteilung des Tales in einen Herrschaftsbereich, der Bhaktapur selbst und das angrenzende Tal von Banepa umfaßte, und einen weiteren um Kathmandu und Patan. In diesem Zusammenhang ist es nicht uninteressant festzustellen, daß die Bevölkerung von Bhaktapur nahezu ausschließlich hinduistisch ist, während in Patan und Kathmandu meist Buddhisten leben. So könnte es sein, daß sich hinter dem in der Legende berichteten so friedlich verlaufenden Verzicht von Anantamalla auf die Herrschaft in Patan und Kathmandu eine ganz entscheidende religiöse Auseinandersetzung verbirgt.

Bhaktapur hat, ähnlich wie Kathmandu und wahrscheinlich auch Patan, aus verschiedenen Siedlungskernen bestanden, die sich voneinander unabhängig auf dem Höhenrücken entlang der Handelsstraße nach Tibet entwickelten. Diese alte Tibetstraße ist die heutige Ostwest-Achse Bhaktapurs und bildet das eigentliche Rückgrat der gesamten Stadtanlage. In einem über mehrere Jahrhunderte dauernden Vorgang wurde das Stadtzentrum vom Osten Bhaktapurs, wo es ursprünglich wahrscheinlich gelegen hat, nach Westen verlagert. Dieser Vorgang wurde im 14. Jahrhundert eingeleitet durch die Überführung der Göttin *Taleju* aus Simragaon nach Bhaktapur, wo ihr König *Harisimhadeva* als Wohnsitz bereits in dieser Zeit *Mul Chowk* im heutigen Palastbereich errichtet haben soll. Unter *Yakshamalla* (1428–1482) wurden die verschiedenen Siedlungskerne im Bereich des heutigen Bhaktapur mit einer Mauer umgeben und damit eine einheitliche weitere Entwicklung fixiert. Ferner legte *Yakshamalla* auf dem Plateau über Taumadhi Tole ein Fort an. Daß sich auch sein Palast dort befunden haben muß, ist durch seine Stiftung des *Yaksheshvara-Tempels*, auch auf diesem Plateau, belegt. Unterhalb des Palastes, in Taumadhi Tole, entwickelte sich in den folgenden Jahrhunderten ein neues Zentrum für Bhaktapur. Eine große Bedeutung für Bhaktapur dürfte die gesetzgeberische Tätigkeit von Yakshamallas Vorgänger *Jayasthitimalla* (1382–1395) gehabt haben. Dieser hatte in einem Rückgriff auf uralte hinduistische Vorstellungen eine rigorose Rechtsordnung erlassen, wonach die gesamte Bevölkerung nach Kasten neu organisiert wurde. Die Kastenzugehörigkeit impliziert auch Vorstellungen von der Verteilung dieser Kasten über das Stadtgebiet. Da der eigentliche Herrschaftsbereich von Jayasthitimalla in Bhaktapur selbst gelegen hat, dürfte er auch nur hier seine Ordnung in ihrer ganzen Radikalität durchgesetzt haben. Daß diese Tendenzen, die buddhistischen Vorstellungen gänzlich fremd sind, gerade von Bhaktapur ausgingen, ist auch im Zusammenhang mit der Gründungslegende der Stadt interessant. Tatsächlich hatte Jayasthitimalla Gesetze erlassen, nach denen die Angehörigen der jeweiligen vier Kasten ihre Häuser nach verschiedenen Regeln erbauen mußten. Auch war die Lage dieser Häuser nicht mehr beliebig, und sie wurden, je nachdem ob sie im Zentrum, an einer Hauptstraße oder an einer Nebenstraße lagen, in drei Klassen eingeteilt und verschieden benannt (Shahar, Galli bhitar und Galli).

Ferner führte dieser König eine Besteuerung des Hausbesitzes ein, die sich, ebenfalls in drei Klassen eingeteilt, danach richtete, welche Größe die bebaute Fläche hatte.

Wie bereits erwähnt, ließ Anantamalla bei der Gründung Bhaktapurs die Bildnisse der Neun Durgas über die Stadt verteilt aufstellen, zum Schutz und zur Sicherheit der Stadt. Die weitere Geschichte von Bhaktapur als Hauptstadt steht vollständig im Zeichen von weiblichen Gottheiten *(Neun Durgas, Taleju, Acht Mütter, Kumaris),* die alle auch als gegenseitige Manifestationen verstanden werden können. In einem großartigen Finale, das in Mul Chowk, dem Wohnsitz von Taleju stattfand, am Feste der Neun Durgas, die aus diesem Anlaß hierhin gebracht worden waren, gaben die Kumaris und Bhairava die jährliche Bestätigung der königlichen Legitimation nicht dem regierenden *Ranajitamalla,* sondern *Prithvinarayana Shah,* der nur als Gast am Hof des Königs von Bhaktapur weilt. Nur wenige Jahre später, 1768, wurde auch Bhaktapur, wie zuvor Kathmandu und Patan, von *Prithvinarayana* erobert und zur Provinzstadt gemacht.

Die Entwicklung des Palastbereiches

Der *Palast* in Bhaktapur nimmt gegenüber den Anlagen in Patan und Kathmandu insofern eine Sonderstellung ein, als er aus einer Festungsanlage hervorgegangen ist und sich erst später zu einem Stadtpalast entwickelte. Erst im 18. Jahrhundert wurde die Verbindung zu Taumadhi Tole geschaffen. Aber die Tatsache eines besonderen Bereiches ist nie ganz aufgehoben worden, und die Hauptverkehrsstraße führt nicht wie in Kathmandu und Patan am Palast vorbei, sondern liegt unterhalb von diesem. – Die frühe Geschichte des Palastes ist, wie auch die Geschichte der Stadtentwicklung Bhaktapurs, weitgehend ungeklärt. Das Haupt-Heiligtum des Palastes ist der *Taleju-Schrein,* der sich in Mul Chowk [8] befindet. Der König von Simraongarh, *Harisimhadeva,* soll beim Vordringen der Muslimtruppen im Jahre 1324 mit seinem Hofstaat und seiner Hausgöttin Taleju geflohen sein. Die Göttin habe ihn veranlaßt, nach Nepal zu gehen. Als er im gleichen Jahr vor Bhaktapur lagerte, seien die Bewohner gekommen, um Taleju zu sehen. Ihre Wirkung aber sei so stark gewesen, daß die Bewohner Harisimhadeva den Palast und die Herrschaft in Bhaktapur übergaben. Für Taleju erbaute Harisimhadeva einen Tempel, den er *Mul Chowk* nannte. Mul Chowk wurde zum Herzstück einer Folge von Höfen, die ohne Bezug auf einen vorgelagerten Platz errichtet wurden, und die später eine Fassade vorgelegt bekamen.

Die erste gesicherte Nachricht stammt aus dem Jahre 1453. König *Yakshamalla* (1428–1482), unter dessen Regierung Bhaktapur faktische und nominelle Hauptstadt des Kathmandu-Tales war, errichtete in diesem Jahr eine Zitadelle für Truppen und Waffen. Dies geschah im Zusammenhang mit der Erbauung von Befestigungswerken um ganz Bhaktapur. Im Jahre 1460 errichtete Yakshamalla auf dem Plateau vor dem

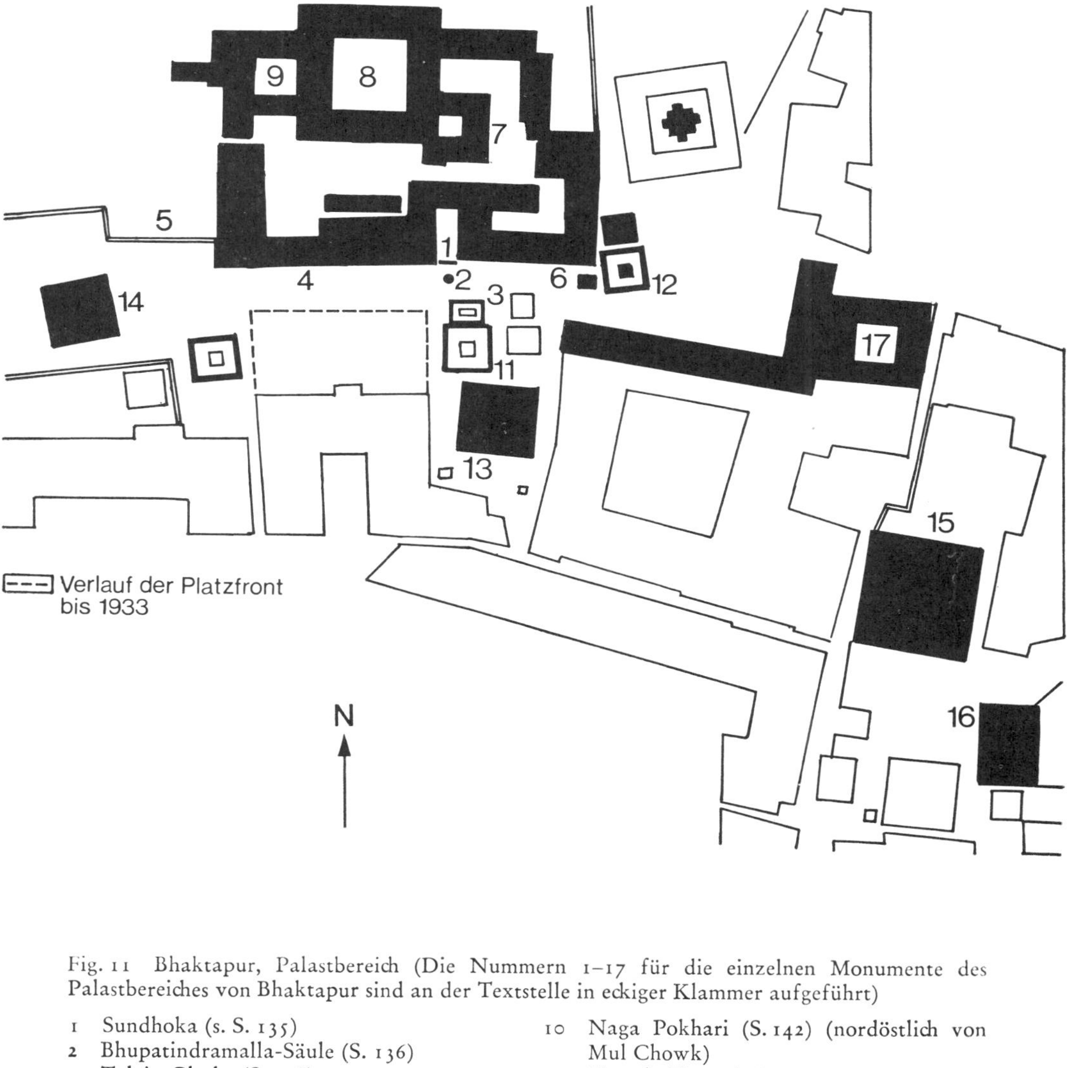

Fig. 11 Bhaktapur, Palastbereich (Die Nummern 1–17 für die einzelnen Monumente des Palastbereiches von Bhaktapur sind an der Textstelle in eckiger Klammer aufgeführt)

1 Sundhoka (s. S. 135)
2 Bhupatindramalla-Säule (S. 136)
3 Taleju-Glocke (S. 138)
4 ehem. Haupteingang zum Palast (S. 138)
5 Basantapur Durbar (zerst.) (S. 138)
6 55-Fenster-Palast (S. 140)
7 Sadashiva(Bhairava) Chowk (S. 140)
8 Mul Chowk (S. 141)
9 Eta (Kumari) Chowk (S. 141)
10 Naga Pokhari (S. 142) (nordöstlich von Mul Chowk)
11 Vatsala-Tempel (S. 142)
12 Siddhilakshmi-Tempel (S. 143)
13 Yaksheshvara-Tempel (S. 134, 143)
14 Dvarikanath-Tempel (S. 144)
15 Nyatapola-Tempel (S. 144)
16 Bhairava-Tempel (S. 145)
17 Caturvarnamahavihara (S. 221 u. 224)

Palast den *Yaksheshvara-Tempel* [13], der ehemals eine bedeutende Fernwirkung gehabt haben muß, besonders auch auf die darunter vorbeiführende Ostwest-Achse Bhaktapurs. Der hauptsächliche Ausbau des heute vorhandenen Palastes geht auf *Jagatprakashamalla* (1644–1673) und auf *Jitamitramalla* (1673–1696) zurück. *Bhupatindramalla* (1696–1722), dessen Statue vor dem Palast steht ([2], Abb. 66, 68), ist weniger für den Ausbau des Palastes selbst verantwortlich als vielmehr für dessen architektonische Verbindung zum Stadtzentrum in Taumadhi Tole, wo er große Tempelbauten aufführen ließ. Die Bautätigkeit am Palast in der Malla-Zeit fand ihren

Fig. 12 Bhaktapur, Ansicht des Platzes vor dem Palast um 1880 (nach le Bon) (vgl. Abb. 70)
Ein Vergleich mit der heutigen Situation zeigt die entscheidenden Veränderungen, die dieser Bereich vornehmlich durch die Zerstörungen des Erdbebens von 1934 erfuhr. Der achtseitige Bau in der Bildmitte wurde zerstört, ebenfalls der hohe, dreigeschossige Tempel links im Hintergrund, der ehemals den optischen Abschluß des Platzes bildete. Die südliche Platzfront (rechts im Bild angeschnitten) ist heute um etwa 20 m zurückversetzt.

Abschluß mit der Errichtung von *Sundhoka* ([1], Abb. 9, 65), der Toranlage zum Mul Chowk, unter *Ranjitmalla* (1722–1768). Im 17. Jahrhundert dürfte der Palast seine heutige Gestalt als einer Folge von Höfen erhalten haben, die eine nahezu geschlossene Front ausbilden und nicht überragt sind von hohen Tempeln innerhalb des Palastes selbst, wie es in Kathmandu und Patan der Fall ist. Gerade in Kathmandu hat die Anektierung der Göttin Taleju zu der gewaltigen Anstrengung des dortigen Taleju-Tempels geführt (Abb. 15), der unübersehbar die Behauptung aufstellt, Taleju sei in Kathmandu und nicht etwa in Bhaktapur.

In diesem Palast, wo die Herrschaft der drei Malla-Dynastien ihren Ausgang genommen hatte, erfüllte sich auch ihre Geschichte. König *Jayaprakashamalla* aus Kathmandu war zusammen mit dem König von Patan *Tejanasimha* vor *Prithvinarayana Shah* zum König *Ranjit* nach Bhaktapur geflohen. Die Stadt leistete dem Verfolger der Könige jedoch keinen Widerstand. Es gab lediglich einige heftige Kämpfe um den Palast selbst, bis das Tor zu Mul Chowk (möglicherweise Sundhoka) aufgebrochen wurde und die Truppen den Palast betraten. Als der Eroberer Prithvinarayana den Palast betrat und die drei Malla-Könige in einem Raum zusammensitzend antraf, brachen er und seine Begleitung in Gelächter aus. Er gestattete, daß Jayaprakasha, der bei den Kämpfen verwundet worden war, nach Arya Ghat in Pashupatinath gebracht würde, um dort zu sterben. Ranjit durfte nach Benares gehen, und Tejanasimha wurde in eine Festung geschafft, wo er seine Tage verbrachte.

In der 1. Hälfte des 19. Jahrhunderts wurde ein Teil des Hauptbaues abgerissen und dafür ein hoher Saalbau eingefügt ([4], Abb. 9, 70). Heute ist der Palastbereich weitgehend zerstört und gibt nur noch eine entfernte Vorstellung vom ehemaligen Zustand. Dies ist vornehmlich auf das Erdbeben von 1933 zurückzuführen, das Bhaktapur härter traf als alle anderen Städte im Tal. Zwar ist die Hauptfront wieder hergestellt, aber ganze Hofkomplexe fehlen, und die Fülle der Tempel vor dem Palast hat sich entscheidend gelichtet. Zudem wurde die dem Palast gegenüberliegende Front um etwa zwanzig Meter zurückverlegt (siehe Linie in Fig. 11), so daß heute der Eindruck von platzartiger Weite bzw. Leere entsteht.

Beschreibung des Palastbereiches

1. Sundhoka, Bhupatindramalla-Säule und Taleju-Glocke

Die langgestreckte Front des Palastes gliedert sich in zwei große Blöcke (Abb. 70). Dazwischen ist als kleiner selbständiger Baukörper ein Portalbau eingefügt, *Sundhoka* ([1], Abb. 9, 65, 67), der den Zugang zum Haupt-Heiligtum innerhalb des Palastes, dem Taleju-Schrein in Mul Chowk, darstellt. Die Unterbrechung der Palastfront und die damit verbundene zweiteilige Gliederung ist nur verständlich, wenn man die Wichtigkeit dieses Zuganges sieht (Abb. 68). Sundhoka wurde, sozusagen als Schlußstein, im

Jahre 1753 von *Ranajitamalla* (1722–1768) dem Palast eingefügt – wie eine Inschrift berichtet, aus Anlaß eines erfolgreichen Eroberungszuges nach Dudhkosi und Dolkha.

Der eigentlich zierliche, mit prachtvollen vergoldeten Bronzearbeiten geschmückte und durch ein geschwungenes Dach ausgezeichnete *Torbau* (Abb. 9, 65) behauptet sich in der Palastfront und vertritt an dieser Stelle den nicht sichtbaren Taleju-Schrein in Mul Chowk. Im Zentrum des tympanonartigen Aufsatzes über dem Eingang erscheint die zehnarmige Göttin selbst, begleitet von *Shri* und *Lakshmi* auf einem Makara und einer Schildkröte (Abb. 67). Die Portalrahmung ist in einzelne übereinanderstehende Felder gegliedert, die von unten nach oben gefüllt sind mit je einem Türwächter, darüber mit je einer Vase als einem Glücksymbol, auf der nächsten Ebene mit Bhairava und Bhagavati, darüber mit Ganesh und Kumari und in den obersten Feldern mit je einer Kali.

Vor diesem Portal steht auf einem Monolith die Statue von *Bhupatindramalla* (1696–1722), die posthum von seinem Sohn Ranajitamalla aufgestellt wurde ([2], Abb. 66, 68, 70). Solche Säulen mit Statuen von Königen gab es bisher nur in Kathmandu und Patan. So mußte Ranajita das Bestreben haben, auch seine Hauptstadt durch ein solches Monument auszuzeichnen. Jedoch scheint das Aufrichten solcher Monolithe ein Spezialwissen erfordert zu haben, das nur einige Leute in Kathmandu besaßen. Ranajita verhandelte daher mit dem dortigen König Jayaprakasha. Dieser stimmte zu, diese Leute nach Bhaktapur zu schicken, trug ihnen aber insgeheim auf, die Säule zu verderben. Während sie nun den Monolithen aufrichteten, passierte es, daß er fiel und in drei Stücke zerbrach. Als Ranajita dies sah, war er sehr ungehalten. – Die Leute fügten die Stücke zusammen und richteten die Säule dann auf. Sie erhielten sowohl vom König von Bhaktapur wie auch von Jayaprakasha von Kathmandu Auszeichnungen.

Im Vergleich zu den Säulen in Kathmandu und Patan (Abb. 55) ist die Bhupatindramalla-Säule in Bhaktapur ungewöhnlich kurz und erreicht nicht deren Höhe, auch wirkt sie relativ unproportioniert (Abb. 68, 70). Dies mag in dem Umstürzen bei der Aufstellung der Säule seine Erklärung finden und darin, daß man danach ein verkürztes Stück aufrichtete. Die Säule ist aber nicht nur wegen dieser Geschichte von anekdotischem Interesse, sondern auch wegen der Tatsache, daß hier ein Bildnis posthum aufgestellt wurde, während die entsprechenden Säulen in Kathmandu und Patan mit den Bildnissen der lebenden Herrscher geschmückt wurden. Sie sind nicht so sehr Denkmäler als vielmehr monumentalisierte Stifterbildnisse und bleiben religiös eingebunden.

Sundhoka und Bhupatindramalla-Säule, die beide von Ranajitamalla stammen, gehören zu einer einheitlichen Konzeption. Gewöhnlich wurden solche Säulen mit Stifterbildnissen vor Tempeln aufgestellt. Hier aber wegen der Unsichtbarkeit des Taleju-Schreines in Mul Chowk vertritt Sundhoka diesen an der Palastfront, weshalb die Säule in der Hauptachse des Portalbaues steht (Abb. 68). Früher verlief der Hauptzugang zum Palastbereich von Taumadhi Tole aus südlich am Yaksheshvara-Tempel

Fig. 13
Bhaktapur,
Portal von
Sundhoka
(nach le Bon)
(vgl. Abb. 65,
67)

vorbei und stieß dann auf diese Achse. Heute kommt man meist von Westen und nimmt diese Beziehung nicht mehr wahr.

Östlich von dieser Säule steht die riesige *Taleju* geweihte *Glocke* ([3], Abb. 70), die 1737 ebenfalls von Ranajitamalla aufgestellt wurde – im gleichen Jahr wie die entsprechende Glocke in Patan. Die Taleju-Glocke, die Bhupatindramalla-Säule und Sundhoka sind Zeichen der Verehrung des letzten Malla-Königs in Bhaktapur für die Göttin, unter deren Schutz die Mallas viele Jahrhunderte das Kathmandu-Tal regiert hatten.

2. *Palastfront westlich von Sundhoka*

Der westlich an Sundhoka anschließende Trakt des Palastes hat während der letzten hundert Jahre außerordentlich gelitten und seine Gestalt in dieser Zeit weitgehend verändert ([4], Abb. 8, 9, 70). Ehemals war es der Haupttrakt des Palastes und diente Regierungszwecken. Die Fassade war symmetrisch gegliedert mit dem Palastportal in der Mitte. Um die Mitte des 19. Jahrhunderts wurde der rechts vom Hauptportal liegende Teil des Baues abgerissen und an seiner Stelle ein voluminöser Saalbau (Abb. 70) aufgeführt, entsprechend dem Vorbild in Kathmandu mit einer islamisierend verputzten Fassade. Über einem teilweise offenen Untergeschoß sitzt ein hohes Obergeschoß, das einen einzigen durchgehenden Raum enthält, der als Festhalle benützt wurde und in seiner Ausdehnung (auch in der Höhe) einem gänzlich anderen Raumbedürfnis entspricht, als es in der Malla-Zeit entwickelt war. Eine alte Darstellung zeigt noch den Vorgängerbau mit niedrigen Stockwerken, schweren geschnitzten Fensterrahmungen und Streben für das weit vorkragende Dach (Abb. 9).

Das noch erhaltene Portal dieses Traktes markierte einst die reich gestaltete Mittelachse und war der Hauptzugang zum Palast. Der ehemalige Zustand dieser Mittelachse läßt sich wiederum anhand einer alten Abbildung (Abb. 8) erschließen und entsprach weitgehend derjenigen in Manikeshar Chowk in Patan. Erhalten hat sich davon lediglich der steinerne Figurenschmuck des Einganges. Zwischen das große Löwenpaar und das eigentliche Portal stellte im Jahre 1697 *Bhupatindramalla* (1696–1722) nachträglich, entsprechend dem Vorbild in Kathmandu, die Statuen von *Hanuman* und *Narasimha* als Schutzgottheiten auf (Abb. 8). Der Palastbau selbst und das Portal stammen von einem Vorgänger Bhupatindras. Heute betritt man durch diesen Eingang ein kleines, gut geführtes Museum, das besonders wegen seiner Sammlung nepalesischer Malerei Beachtung verdient.

Die westlich von diesem Bau anschließenden Trakte des Palastes sind heute alle zerstört [5]. Der *Basantapur-Palast,* der von *Jagatprakashmalla* (1644–1673) als Lusthaus für die Königinnen errichtet worden war, stand bereits im vorigen Jahrhundert nicht mehr. Von dieser Anlage haben sich lediglich die Bildnisse von *Bhairava* und *Ugrachandra* erhalten, die Bhupatindramalla im Jahre 1707 dem Hauptportal dieses Baues hatte hinzufügen lassen. Die achtzehnarmige Göttin Ugrachandra wird gezeigt,

Fig. 14 Bhaktapur, Platz vor dem Palast um 1880, von Südosten (nach le Bon). Der links im Bild angeschnittene Bau wurde beim Erdbeben von 1934 zerstört.

wie sie einen Dämon tötet. Der zwölfarmige Bhairava ist eine Manifestation des zerstörerischen Aspektes von Shiva. Es wird erzählt, daß Bhupatindramalla dem Bildhauer nach Vollendung der Arbeit die Hände habe abschlagen lassen. Diese Tat kann ihre Erklärung zweifellos nicht in der Qualität der ausgeführten Arbeit finden.

Erhalten hat sich auch eine große Brunnenanlage, die den Namen *Bhandarkhal* trägt. Auch im Palast in Patan gibt es einen Brunnen mit diesem Namen. Das Vorbild für beide dürfte Bhandarkhal im Palast in Kathmandu sein, das von Pratapamalla (1641–1674) gebaut wurde, und wo er die riesige Statue des auf Schlangen ruhenden Vishnu einsetzen ließ.

3. Palastfront östlich von Sundhoka

Der architektonisch interessante Trakt östlich von Sundhoka wurde von *Bhupatindramalla* (1696–1722) errichtet ([6], Abb. 9, 70). Er zeichnet sich durch eine umlaufende hölzerne Galerie im oberen Geschoß aus, die fünfundfünfzig Fenster enthalten soll. Nach diesem Kennzeichen wird der Bau meist benannt. Die bei nepalesischen Palästen übliche Gliederung der Fassade durch Risalite in symmetrischer Verteilung fehlt. Statt dessen ist die Fassade in einem abwechslungs- und beziehungsreichen Rhythmus durch Fensterrahmungen fein gegliedert, die eine leichte Betonung der Mitte angeben. Darüber liegt die Holzgalerie, die als unendliche und beliebig verlängerbare Folge von alternierend gesetzten rechteckigen bzw. mit Dreipaßabschlüssen versehene Öffnungen erscheint. Dieses Geschoß stürzte beim Erdbeben von 1933 zusammen, wurde aber danach originalgetreu wieder aufgebaut.

Im Inneren befinden sich im mittleren Geschoß in einem schmalen langgestreckten Raum bedeutende Reste von Wandmalereien des 17. Jahrhunderts, die über das Museum im Westtrakt zugänglich sind. Es ist eines der wenigen Beispiele, wo man einen Eindruck eines repräsentativen Raumes der Malla-Zeit gewinnen kann. In eines der Fenster des Baues ließ Bhupatindra eine Scheibe Glas einsetzen, die er von jemandem aus Indien als Geschenk erhalten hatte, und die er für so wertvoll erachtete, daß er sie als einen Gegenstand der Bewunderung seiner Bevölkerung in Bhaktapur vorführte.

Sicherlich hat dieser Bhupatindra zugeschriebene Trakt Vorgängerbauten gehabt, denn merkwürdigerweise liegt der von *Yakshamalla* (1428–1482) errichtete *Yaksheshvara-Tempel* [13] nahezu genau in der Mittelachse dieses Baues.

4. Sadashiva (Bhairava) Chowk, Mul Chowk, Eta (Kumari) Chowk

Sundhoka (Abb. 65) bezeichnet die Stelle, wo ein alter Zugangsweg im Rang eines Prozessionspfades vom Vorplatz des Palastes (Abb. 68) aus zum Taleju-Heiligtum in Mul Chowk führt. Dieser Weg teilt den eigentlichen Palastbereich in eine westliche und eine östliche Hälfte (Abb. 9, 70). Nachdem man einen schmalen Verbindungsbau durchquert hat, umgeht man *Sadashiva Chowk* [7] und gelangt dann von Osten zum

Portal von *Mul Chowk* [8], dem eigentlichen Zentrum des Palastes. Merkwürdigerweise aber endet der Prozessionsweg hier nicht, sondern durchquert axial Mul Chowk und führt in den im Westen anstoßenden *Eta Chowk* [9], der den Kumaris geweiht ist. Da alle diese Höfe von großer Heiligkeit sind, ist es dem Besucher verwehrt, sie zu betreten. Es ist lediglich möglich, durch das Portal von Mul Chowk einen Blick in diesen Hof zu werfen.

Diese nach außen hin unscheinbaren Höfe entwickeln im Inneren eine ungeheure Pracht, und ihre Verschönerung und Ausschmückung gehörte mit zur vornehmsten Aufgabe aller Könige von Bhaktapur. Tatsächlich wurden alle Künste eingesetzt, um einen überwältigenden Rahmen für die Kulthandlungen in diesen Höfen zu schaffen. Die Darstellungen auf den Dachstreben und in den Wandmalereien und dazu die Bronzefiguren gehören zum einheitlichen Entwurf eines umfassenden tantristischen Pantheons, das auf die Gottheit im Hauptschrein des jeweiligen Hofes bezogen ist. Diese drei Höfe scheinen keine Spuren von den Verfallserscheinungen und Zerstörungen aufzuweisen, von denen der Palast sonst so schwer gezeichnet ist. Im Unterschied zum funktionslos gewordenen Palast, in dem sich neuerdings ein Museum befindet, bewahrten diese Höfe ihre kultische Funktion und damit auch ihren baulichen Bestand durch die Bedeutung der Gottheiten, die sie beherbergen. Diese Bedeutung hat sich trotz der ehemaligen starken Beziehung auf die Malla-Dynastie erhalten.

Sadashiva Chowk [7] wurde von König *Nareshamalla* (1637–1644) erbaut. Sein Name Sadashiva soll sich von der Tatsache herleiten, daß an dieser Stelle König *Sadashiva* von Kathmandu (1574–1583) gelebt habe, von dem berichtet wird, daß er wegen seines besonders zügellosen Lebens und seiner tyrannischen Regierung davongejagt wurde. Möglicherweise stammt der Name aber auch von einem Sadashiva-Heiligtum, das *Bhupatindramalla* (1696–1722) im Jahre 1708 seiner persönlichen Gottheit gestiftet hatte. Zusätzlich muß es sich aber auch um ein *Bhairava*-Heiligtum handeln, denn Nareshamalla hatte in diesem Hof achtzehn Bhairava-Bildnisse und dazu je eines von Ganesh und Durga aufstellen lassen. Für den Besucher sichtbar sind nur zwei aus schwarzem Stein gehauene Figuren neben dem Eingang.

Mul Chowk [8] soll bereits im 14. Jahrhundert von König *Harisimhadeva* für seine Hausgöttin *Taleju* angelegt worden sein. – Nach dem Vorbild dieses Hofes wurde nach Überführung von Taleju nach Kathmandu und Patan auch dort in den jeweiligen Palästen ein Mul Chowk in den gleichen Ausmaßen angelegt. – Harisimhadeva soll als Maß für die quadratische Anlage ein Ropini, ein altes Feldmaß, genommen haben. Der Schrein für Taleju befindet sich auf der Südseite, der Zugang zu Mul Chowk liegt im Osten. Die heutige skulpturale Ausstattung läßt sich in ununterbrochener Folge seit dem 17. Jahrhundert verfolgen und hat ihre Schwerpunkte in der Regierungszeit von *Jitamitramalla* (1673–1696) und von *Bhupatindramalla* (1696–1722).

Der im Westen anschließende wesentlich kleinere *Eta Chowk* [9] wurde von Jitamitramalla errichtet. Das Bildnis von Jitamitra und seiner Königin steht vor dem Schrein der Taleju. Er schuf zwischen Mul Chowk und Eta Chowk eine prunkvoll gestaltete Verbindung, indem er die Westseite von Mul Chowk durchbrach und in der Art eines dreiteiligen Tempelportals gestaltete, dessen mittlere Öffnung nicht in einen Kultbildraum führte, sondern in den anschließenden Hof. Diese auch *Kumari Chowk* genannte Anlage ist dem Kult der *Acht Mütter* geweiht. Die acht Muttergottheiten, die, wie neuere Forschungen gezeigt haben, in Bhaktapur eine überaus große Rolle spielen, scheinen in ihrer Gestalt nicht fest definiert zu sein, denn hier in Eta Chowk verbindet sich ihr Kult mit dem der Kumaris, dann wieder, wie in der Gründungslegende von Bhaktapur, erscheinen sie in ihrem schrecklichen Aspekt als Durgas. Zudem, durch die räumliche Verbindung verdeutlicht, scheinen sie auch einen Aspekt von Taleju darzustellen (oder Taleju von ihnen). Die acht Muttergottheiten sind auf Dachstreben dargestellt, das Heiligtum befindet sich auf der Nordseite. Der mit Sundhoka beginnende Prozessionspfad endet in diesem Hof. Es war am Portal zwischen Mul Chowk und Kumari Chowk, an dem Fest, als die neun Durgas in Mul Chowk versammelt waren, daß die Kumaris und Bhairava im Vorgriff auf die spätere Eroberung die Königswürde statt an den regierenden König Ranajitamalla an Prithvinarayana Shah gaben, der damals Gast in Bhaktapur war.

Naga Pokhari ([10], Abb. 73) ist eine große Badeanlage im Norden des Palastbereiches. Sie erhält ihr Wasser durch einen 11 km langen unterirdischen Kanal, der noch 64 weitere Brunnen speist. Naga Pokhari wurde von *Jagajyotirmalla* (1613–1637) erbaut. In der Mitte richtete er eine Stange mit einem Naga(Schlangen)kopf an der Spitze auf. Nachdem die Anlage von Pratapamalla, der den Nagakopf als Kriegstrophäe nach Kathmandu bringen ließ, zerstört worden war, wurde sie unter Jitamitra wiederhergestellt.

5. Vatsala- und Siddhilakshmi-Tempel

Südlich und südöstlich des Palastes mit 55 Fenstern stehen zwei Steintempel im sogenannten Shikhara-Stil (Abb. 68–70). Sie unterscheiden sich von den üblicherweise als nepalesisch geltenden Tempeln einmal durch die Verwendung von Stein als Baumaterial, vornehmlich aber durch die Gestaltung des Turmes über der Kultbildzelle. Dieser verjüngt sich nach obcn nicht durch einzelne horizontale, übereinandergeschichtete Lagen wie bei den Ziegeltempeln, sondern er hat eine durchgehende, kurvig gebogene Außenkontur. Dieser Tempeltypus ist nicht etwa ein jüngerer Import aus Indien, sondern stellt eine zweite Traditionslinie der nepalesischen Architektur dar, die unabhängig neben derjenigen der Ziegelarchitektur verläuft.

Der Tempel für *Vatsala* ([11], Abb. 68), einer weiblichen Gottheit in einem furchterregenden Aspekt, der in der Vor-Malla-Zeit auch Menschenopfer dargebracht wurden, stammt aus der Regierungszeit von *Jagatprakashamalla* (1644–1673). Der Bau hat einen offenen Umwandlungsgang, der um den zentralen Shikhara-Turm herumführt. Er trägt an den Ecken und in den Hauptrichtungen kleine Miniaturschreine. Der Zugang zum Tempel ist von Westen über eine Treppe, die in zwei Ebenen von einem Elefanten- und einem Pferdepaar flankiert wird. Die Glocke neben der Treppe wurde von Bhupatindramalla im Jahre 1721 erneuert. Anstelle eines Kultbildes wird die Göttin im Inneren des Tempels durch ein *Yantra,* ein Diagramm, dargestellt. – König Jagatprakashamalla regierte zeitgleich mit Pratapamalla in Kathmandu und nannte sich ebenfalls König der Dichter. Auf dem Boden dieses Tempels ließ er einige seiner Gedichte in Stein gehauen verewigen.

Im Südosten steht ein weiterer Shikhara-Tempel, der den Platz vor dem Palast heute optisch nach Osten zu abschließt ([12], Abb. 70). Es ist ein *Shikhara-Turm,* der durch einen pavillonartigen Vorbau eine eindeutige Ausrichtung erhält und auf einem hohen, steilen Stufenpodest steht (Abb. 69). Die weibliche Gottheit, der dieser Tempel geweiht ist, wird gelegentlich als *Siddhilakshmi* bezeichnet, jedoch ist ihre Identität nicht geklärt. Wahrscheinlich entstand der Bau im letzten Regierungsjahr von *Jitamitramalla* (1673–1696) im Jahre 1696. Die die Treppenanlage begleitenden Figurengruppen gehören in den Bereich der nicht religiös gebundenen Plastik. Die Figuren des Mannes und der Frau sind in ein zeitgenössisches Kostüm gekleidet.

6. *Yaksheshvara(Pashupati)- und Dvarikanath(Narayana)-Tempel*

Neben diesen beiden Shikhara-Tempeln wird der Vorplatz des Palastes durch zwei große Ziegeltempel bestimmt, die die beiden Hauptgötter des hinduistischen Pantheons *Shiva* (als Pashupati) und *Vishnu* (als Narayana) beherbergen. Beide Tempel entsprechen in ihrer Bauform dem Pashupati-Tempel in Deopatan.

Der mächtige *Yaksheshvara-Tempel* [13] wurde im Jahre 1460 von König *Yakshamalla* (1428–1482) errichtet und Shiva unter dem Namen Yaksheshvara geweiht. Er ist damit gleichzeitig Gedächtnistempel für den Erbauer. Der Legende nach soll Pashupati dem König in einem Traum erschienen sein und ihn aufgefordert haben, eine Kopie des Tempels in Deopatan neben seinem Palast in Bhaktapur zu errichten, damit Yakshamalla nicht mehr allmorgendlich den weiten Weg von Bhaktapur nach Deopatan zu machen brauche. Yakshamalla war derjenige König, auf den der eigentliche Ausbau Bhaktapurs zu einer Hauptstadt zurückgeht. Er errichtete auf dem Plateau, wo auch der Tempel steht, ein Fort und befestigte die Stadt mit einer Mauer. Es ist daher nur zu verständlich, daß dieser König auch bestrebt war, die nationale Gottheit Nepals, *Pashupatinath,* neben seinem Palast anzusiedeln, um durch die direkte Anwesenheit des Gottes seine eigene Legitimation zu dokumentieren. Die Anwesenheit des Gottes wurde einmal dargestellt durch die Übertragung des Namens, Pashupatinath, dann durch das gleiche Kultbild, ein Linga mit vier Gesichtern, als Kopie desjenigen in Deopatan. Sie wurde aber auch dargestellt durch die totale Übernahme der Bauformen des Pashupati-Tempels in Deopatan. Denn Bauten, die als Kopien von Pashupati in Deopatan errichtet worden sind, standen im Rang eines Tempels, der dem Staatskult diente. – Der Yaksheshvara-Tempel mußte verschiedentlich neu errichtet werden, so unter Jitamitramalla (1673–1696) und auch nach dem

Erdbeben von 1933. Nahezu alle Holzteile stammen vom Wiederaufbau nach diesem Erdbeben.

Ebenfalls als Kopie von Pashupati in Deopatan wurde am Westende des Vorplatzes der *Dvarikanath-Tempel* [14] errichtet, wahrscheinlich von Jitamitramalla, der auch den Yaksheshvara-Tempel wiederhergestellt hatte. Der Dvarikanath-Tempel war ursprünglich Vishnu (Narayana) geweiht und enthielt ehemals das gleiche Kultbild wie der Jagannath-Tempel in Kathmandu oder der Narayana-Tempel vor dem Palast in Patan. Erst später wurde er für den Krishna-Kult adaptiert und erhielt ein neues Kultbild. Auch er bedient sich der Bauformen von Pashupati in Deopatan als der für einen Staatstempel gültigen Form.

7. Taumadhi Tole mit Nyatapola- und Bhairava-Tempel

Im Gegensatz zum eigentlichen Palastbereich, dessen ehemalige architektonische Gestalt durch die starken Veränderungen in der Folge des Erdbebens von 1933 kaum mehr zu erahnen ist, hat *Taumadhi Tole* noch seine Schönheit bewahrt und bildet ein großartiges städtebauliches Ensemble (Farbt. 9, Abb. 74, 75). Hier, unterhalb des Plateaus mit dem Palast, hat sich das eigentliche Zentrum der Stadt herausgebildet, das durch einen schmalen Zugangsweg, der bei Yaksheshvara herauskommt, mit dem Palastvorplatz verbunden ist (Abb. 72). Taumadhi Tole selbst liegt an der Ostwest-Achse Bhaktapurs, die den Platz diagonal durchquert.

Als Zentrum Bhaktapurs wird Taumadhi Tole durch zwei riesige Tempelbauten ausgezeichnet. Beide wurden von *Bhupatindramalla* kurz nach 1700 errichtet. Sie entstammen damit einer Zeit, wo sowohl in Bhaktapur als auch in Kathmandu und Patan die drei Malla-Dynastien des Tales in einer letzten Anstrengung Großbauten errichteten, die zwar in ihren Ausmaßen nicht an den Taleju-Tempel in Kathmandu (Abb. 13) aus dem 16. Jahrhundert heranreichen, diesem aber doch gleichkommen wollen.

Über die Entstehung dieser beiden Bauten wird berichtet, daß Bhupatindramalla einen dreigeschossigen Tempel ([16], Farbt. 9, Abb. 72, 75), der von Norden nach Süden verlief, erbaut habe und darin einen *Bhairava*, der nach Westen (der Richtung des Palastes) sah, zum Schutz für das Land und um Sünde und Leid von der Bevölkerung fernzuhalten, aufgestellt habe. Entgegen diesen Intentionen jedoch verursachte der Bhairava große Unruhe, und der König mußte daher Priester hinzuziehen. Diese rieten ihm, eine bestimmte tantristische Göttin, die der Bhairava respektiere, in seiner Nähe aufzustellen. Dies würde ihn beruhigen. Daher legte der Köng in einem glückverheißenden Augenblick den Grundstein zu einem fünfgeschossigen Tempel [15], der sowohl der höchste als auch der schönste in der ganzen Stadt sein sollte. Zu Beginn des Baues gab der König den Bewohnern von Bhaktapur ein Beispiel, indem er selbst drei Ziegel trug. Daraufhin brachten die Leute das gesamte Baumaterial in fünf Tagen zusammen. Als der Tempel fertig war, stellte der König insgeheim das Bildnis der Göttin darin auf, das niemand erlaubt ist zu sehen und daher ständig verborgen bleibt. Danach beruhigte sich Bhairava.

Da der Name der Göttin unbekannt war und nicht nur ihr Bildnis, sondern auch ihre Identität der Bevölkerung verborgen blieb, wurde dieser Tempel einfach *Nyatapola*, fünfgeschossiger Tempel, genannt (Farbt. 6, Abb. 7, 74). Diese Art der Benennung ist eine Ausnahme, normalerweise werden die Tempel in Nepal nach den Gottheiten, die darin residieren, bezeichnet. Vollendet wurde der Nyatapola im Jahre 1703. Er steht auf der Nordseite von Taumadhi Tole. Seinen fünf Dächern entspricht die Gliederung des hohen Stufensockels in fünf Terrassen. Diese werden durch eine Treppenanlage überwunden, die auf jeder Ebene von einem Paar großer Figuren begleitet ist, von denen die jeweils höher stehende eine zehnmal so große Stärke haben soll wie die darunter befindliche. Der Reigen dieser Demonstration (Farbt. 6, Abb. 7) wird auf der untersten Ebene eröffnet mit den beiden legendären Ringern *Jayamalla* und *Phatta,* die die Stärke von zehn Männern haben sollen. Darüber befinden sich paarweise Elefanten, Löwen und Greifen und auf der obersten Ebene die beiden tantristischen Göttinnen *Byaghrini* und *Singhrini,* die über übernatürliche Stärke verfügen. Kopien der Figuren der beiden Ringer Jayamalla und Phatta wurden um 1860 vor dem Dattatreya-Tempel im Osten von Bhaktapur aufgestellt.

Neben Kumbheshvara in Patan, dem allerdings ein Stufensockel fehlt, ist Nyatapola der einzige fünfgeschossige Tempel im Kathmandu-Tal. Erstmalig wurde ein solcher Sockelberg mit dem Taleju-Tempel in Kathmandu (Abb. 13) in der Mitte des 16. Jahrhunderts verwirklicht. Gerade in der Zeit um 1700 erfreuten sich diese monumentalen Unterbauten wieder großer Beliebtheit, und es entstanden etwa gleichzeitig mit dem Nyatapola in Kathmandu die Tempel Shiva Mandir (Abb. 26), Trailokya Mohan Mandir und Jaisi Deval, so daß man darin eine bestimmte Tendenz der Architektur dieser Zeit sehen kann.

Im Gegensatz zum Nyatapola hat der zweite große Tempelbau in Taumadhi Tole keinen quadratischen, sondern einen längsrechteckigen Grundriß ([16], Farbt. 9, Abb. 72, 75). Dies ist eine Form, die nur bei Bhairava- oder Bhimsen-Tempeln erscheint, z. B. beim Bhairava-Tempel in Kirtipur oder beim Bhimsen-Tempel in Patan (Abb. 55, 62) und Kathmandu. Dabei befindet sich merkwürdigerweise das Kultbild nicht auf der Ebene des Eingangs, sondern in einem oberen Stockwerk unterhalb des ersten Daches. Dieser von der Normalform nepalesischer Tempel abweichende Typus, der nur bei diesen beiden Schutzgottheiten angewendet wird, hat seinen Ursprung in einem zweigeschossigen, längsgerichteten Bau mit einem Dach, so wie er sich noch im Akasha Bhairava-Tempel in Kathmandu erhalten hat. Es ist also eher der Typus eines Wohnhauses, und entsprechend befindet sich das Kultbild auch nicht auf ebener Erde. Als zusätzliche Merkwürdigkeit, die sich auch darin, daß der Bhairava-Tempel-Typus seinen Ursprung im städtischen Wohnhaus hatte, erklären läßt, erscheint die Tatsache, daß diese Bauten keinerlei Form von Sockel aufweisen, der sonst notwendigerweise zu jedem nepalesischen Tempel gehört.

Die frühe Geschichte des *Bhairava-Tempels* in Taumadhi Tole ist unbekannt, jedoch hat um 1600 bereits ein dieser Gottheit geweihter Tempel an dieser Stelle gestanden. Dieser Bau wurde 1717 von Bhupatindramalla mit zwei weiteren Geschossen versehen. Seine ehemalige Höhe wird noch heute angegeben durch einen auf dem ersten Dach sitzenden Dachaufsatz, bestehend aus drei Kalashas, der sich dann auf dem obersten Dach wiederholt.

Interessant ist nun, daß die belegten Baudaten sowohl für den Bhairava-Tempel (1717) wie auch für den Nyatapola (1703) einen genau umgekehrten Vorgang andeuten, als ihn die Legende berichtet. Offensichtlich wurde die Stadt nicht bedroht durch einen übergroßen Bhairava in einem dreigeschossigen Tempel, der deshalb durch eine weibliche Gottheit unter Kontrolle gebracht werden mußte, sondern Bhairava in einem Tempel mit nur einem Dach wurde von der neben ihm angesiedelten übergroßen Muttergottheit in ihrem hohen Tempel erdrückt. Um nun ein allgemeines kultisches Gleichgewicht wiederherzustellen, war König Bhupatindramalla gezwungen, dem Bhairava-Tempel zwei Geschosse hinzuzufügen, so daß diese Gottheit sich wieder neben derjenigen im Nyatapola behaupten konnte.

Das Bildnis *Bhairavas* ist nach Westen gerichtet und sieht durch eine Folge von fünf vergoldeten Fenstern auf den Platz. Um diesen Vorgang des Hinausschauens der Schutzgottheit zu verdeutlichen, erscheint seine Maske nochmals in einem Fenster zwischen erstem und zweitem Dach. Normalerweise wird Bhairava in ikonischer Form nur als Maske dargestellt.

Tempelbezirke außerhalb der drei Hauptstädte

Verläßt man die drei mallazeitlichen Hauptstädte Kathmandu, Patan und Bhaktapur, um die Heiligtümer, die im Tale verstreut liegen, aufzusuchen, so gelangt man unversehens in einen anderen atmosphärischen Bereich. Denn die alteingesessenen Gottheiten haben ihren eigentlichen Wohnsitz nicht etwa in diesen Städten, sondern außerhalb in zum Teil landschaftlich überaus reizvollen Gegenden. Bei den beiden Bergheiligtümern von *Svayambhunath* (Farbt. 5, Abb. 10, 78) und *Changu Narayana* mit ihrer außerordentlich großen Fernwirkung, aber auch bei *Pashupatinath* (Abb. 109) über einem Steilabfall zur Bagmati hin, nachdem diese gerade eine tiefe Schlucht durchflossen hat, scheint der Bezug auf die landschaftliche Situation ausschlaggebend für die Wahl des Ortes gewesen zu sein.

Aber auch die historische Dimension wird plötzlich eine andere. Während die Tempelanlagen in den Stadtzentren, von wenigen Ausnahmen abgesehen, sich alle erst seit dem 15. Jahrhundert entwickelt haben, nämlich parallel zur Entwicklung dieser Zentren selbst, so reicht die Geschichte der bedeutenden Tempelplätze außerhalb der Städte in eine legendenumwobene Vorzeit zurück und verbindet sich, wie z. B. im Falle von Svayambhunath, mit der Legende von der Entstehung und Kultivierung des Kathmandu-Tales selbst.

Der Versuch, ihre bauliche und gleichzeitig ihre kultische Geschichte in der Zeit etwa vor dem 14. Jahrhundert zu rekonstruieren, stößt auf unüberwindliche Hindernisse, die mit der Problematik der geschichtlichen Überlieferung Nepals für diese Zeit engstens zusammenhängen. In der Zwischenzeit ist das Land gänzlich neu organisiert worden, wie z. B. die relativ junge städtische Entwicklung von Kathmandu, Patan und Bhaktapur zeigt. Bei dem Versuch, die ehemalige Situation der wichtigsten Heiligtümer im Tal, die sicherlich nicht immer so verkehrsfern lagen wie heute, zu erklären, können noch keine archäologischen Ergebnisse herangezogen werden.

Die buddhistische Version der Entstehung und Entwicklung Nepals berichtet, das Kathmandu-Tal sei in Vorzeiten ein einziger großer See gewesen (was inzwischen von Geologen bestätigt wird). Dann sei aus China der *Bodhisattva Manjushri* gekommen, der, nachdem er die als Lotusblüte über dem Wasser erscheinende Gottheit *Svayambhu* meditiert habe, sich entschloß, das Tal zu kultivieren. Er schlug daher in die südliche abschließende Bergkette eine Kerbe, und nachdem das Wasser abgeflossen war, erbaute er zwischen den Heiligtümern Svayambhu und Guhyeshvari eine Stadt, die er *Manjupatan* nannte. Danach setzte er *Dharmakar* als König ein und ging selbst wieder zurück nach China.

Die von diesem legendären buddhistischen Kulturheros Nepals in der Mitte zwischen Svayambhu und Guhyeshvari gegründete Stadt soll umgeben gewesen sein von einer hohen Mauer. Sie habe acht Tore in acht Richtungen gehabt, und in der Mitte von Manjupatan habe eine Königshalle mit vier goldenen Pforten gestanden. Ferner wird über einen gewissen König *Sudhanva* berichtet, er sei mit seinem Palast in Manjupatan nicht mehr zufrieden gewesen und habe daher einen neuen an den Ufern der Ikshumati errichtet und die neue Hauptstadt *Shankasyanagari* genannt. Diese Stadt läßt sich vage lokalisieren und dürfte ihr Zentrum nördlich des heutigen Königspalastes in Narayanhiti gehabt haben. Eine dritte legendäre Überlieferung berichtet von der Gründung einer weiteren Hauptstadt, *Vishalnagar*. Diese Stadt habe sich von *Shankhamulatirtha* bis *Budhanilkantha* erstreckt.

Diese letzten angegebenen Orientierungspunkte erstrecken sich auf einer Linie in nordsüdlicher Richtung, während Svayambhu und Guhyeshvari zwei Punkte einer Linie in westöstlicher Richtung darstellen, die diese schneidet. Die in den Legenden angegebenen Namen von Heiligtümern sind Markierungspunkte für die äußere Begrenzung eines Großraumes. Es ist sicherlich nicht so zu verstehen, daß dieser Großraum identisch mit der tatsächlichen Ausdehnung der Städte gewesen ist, die darin gelegen haben sollen. Jedoch besagt diese lokale Tradition, daß innerhalb dieses Raumes eine Abfolge von Hauptstädten mit verschiedenen sich verlagernden Zentren zu suchen sei. Die Frage, ob diese legendären Hauptstädte je existiert haben, spielte in der bisherigen historischen Forschung, die vornehmlich auf das Erstellen von Chronologien und Herrscherlisten bedacht war, keine Rolle.

Daß es aber eine ehemalige, scheinbar spurlos verschwundene Hauptstadt Nepals gegeben habe, klingt in einer Geschichte an, die über König *Amaramalla* von Kathmandu (1530–1538) erzählt wird. Dieser soll versucht haben festzustellen, wann die Dörfer, die sich in seinem Herrschaftsbereich befanden, gegründet worden seien. Es wurde ihm geantwortet, daß einige ein größeres Alter hätten wie z. B. *Namsal, Nandigram* und *Maligram,* die die Überreste von Vishalnagar seien. Maligram sei durch ein Feuer vernichtet worden, und die Überlebenden hätten sich nahe Nandigram niedergelassen, indem sie ihre neue Siedlung nach dem Namen der alten benannt hätten.

Tatsächlich gibt es eine legendäre Überlieferung von der Zerstörung von Vishalnagar unter einem gewissen *Raja Bhoj.* Da dieser König sehr überheblich gewesen sei, hätte sich die Göttin *Nava Sagara Bhagvati* gekränkt gefühlt und aus einem Brunnen vor ihrem Tempel Feuer geschickt, das die ganze Stadt und seine Einwohner verschlang. So wäre Vishalnagar zerstört worden, und nur noch kleine Ansiedlungen befänden sich dort, wo ehemals die Stadt gelegen hätte. Die Leute, die sich vor dem Feuer hätten retten können, wären in verschiedene Richtungen zerstreut worden. Einige, die Hindus waren, hätten die Manohara überschritten und sich jenseits (in der Gegend des heutigen Bhaktapur) angesiedelt. Der Rest (also die Buddhisten) hätte die Bagmati überquert und eine neue Stadt mit Namen *Matrajya* gegründet (im Süden von Patan). Andere wiederum, die auf die Gründer von Matrajya neidisch gewesen seien, wären anderswohin gegangen und hätten dort eine Stadt namens *Irkharajya* gegründet. Man darf hierin einen lokalen Erklärungsversuch für die Gründung der drei späteren Zentren des Kathmandu-Tales sehen, nämlich von Bhaktapur, Patan und Kathmandu. Diese Gründungen sind als eine Folge der Zerstörung des alten Zentrums des Tales geschildert. Interessanterweise wird in dieser Tradition auch eine religiöse Spaltung deutlich.

Für den Versuch einer historischen Einordnung dieser Ereignisse ist es wichtig festzustellen, daß der reiche Bestand an Inschriften mit dem Jahre 750 n. Chr. abrupt endet, und erst um das Jahr 1000 gibt es wieder Inschriften in reicherem Maße. Ferner fällt die Einführung einer neuen nepalesischen Zeitrechnung in das Jahr 879. Zwar ist der Anlaß, der dazu führte, unbekannt, jedoch gehört zur Durchsetzung einer neuen Ära eine zentrale politische Macht, und so dürfte sich um diese Zeit das Land wieder konsolidiert haben. Auch wird die Gründung der drei späteren Hauptstädte ins 9. Jahrhundert verlegt. Man kann also vermuten, daß die in lokalen Traditionen überlieferten Ereignisse in das späte 8. und beginnende 9. Jahrhundert einzuordnen sind.

Zwar fehlt jegliche archäologische Untersuchung, die diese in den lokalen Traditionen gemachten Aussagen über die Lage der alten Hauptstädte bestätigen könnten. Aber gerade in den angegebenen Gegenden hat sich über der Erde eine solche Fülle an In-

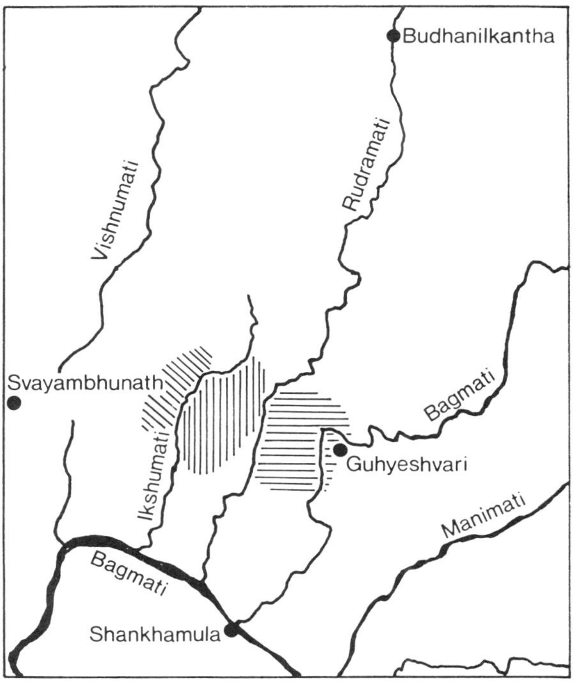

Fig. 15 Lage ehemaliger Stadtzentren im Osten Kathmandus

schriften und vor allem an Skulptur erhalten, daß diese genügend Evidenz für die ehemalige Existenz von Zentren hier bilden. Es sind dies Gegenden, die im Osten des heute sehr ausgedehnten Kathmandu liegen. Die weitgehend mit neuer Bebauung überzogene Landschaft wird bestimmt von Plateaus, die von parallel liegenden von Norden nach Süden durchflossenen Flußtälern durchschnitten sind. Eines dieser Zentren muß an der Ikshumati (nördlich von Narayanhiti) gelegen haben, ein weiteres auf dem Plateau westlich der Rudramati (Dobhi Kola) und in diesem Flußtal selbst und das nächste auf dem Plateau zwischen Rudramati und Bagmati. In diesem letzteren Bereich liegt das nationale Heiligtum von Pashupatinath und ganz in der Nähe Chabahil.

Die Tatsache der ehemaligen Existenz von heute verschwundenen Stadtanlagen im Bereich des modernen Stadtgebietes von Kathmandu bis hin zu Pashupatinath (Guhyeshvari) eröffnet ganz andere Möglichkeiten der Zuordnung der alten Heiligtümer des Kathmandu-Tales. Die heute so isoliert als Wallfahrtsorte in der Landschaft stehenden Tempel bildeten ehemals z. T. die Zentren von städtischen Siedlungen. Alle diese Heiligtümer verdanken ihre Existenz der Entscheidung eines Herrschers oder einer Dynastie für eine bestimmte Gottheit, und sie waren oftmals nicht nur Sitz der jeweiligen als höchste betrachteten Gottheit, sondern auch Sitz des Herrschers selbst. Dies darf man als gesichert annehmen für *Pashupatinath*, *Chabahil* und für *Changu Narayana*, wo sich überall mit hoher Wahrscheinlichkeit auch Palastanlagen befunden haben. Die Verehrung für die jeweilige Gottheit garantierte für den Bestand der Herrschaft des Königs, sie war eine Form von Staatskult. Dabei war es anfänglich immer unwichtig, ob auch weite Bevölkerungskreise dieser jeweiligen höchsten Gottheit anhingen. Dies wurde erst dann wichtig, wenn die jeweilige Dynastie, die die Gottheit trug, nicht mehr existierte. Wenn dann nicht der Gottheit eine Art von nationaler Bedeutung zugewachsen war, wie es bei Pashupatinath in überragender Weise der Fall ist, so verfiel das Heiligtum und geriet in Vergessenheit. Es hing also davon ab, ob die Bevölkerung sich inzwischen mit der Gottheit identifiziert hatte.

Eigentlich ist nur Pashupatinath im letzten Jahrtausend zu einem Symbol nationaler Identität geworden, während die meisten vishnuitischen Heiligtümer im Kathmandu-Tal gänzlich bedeutungslos wurden. Zwar gab es in großen historischen Abständen immer wieder Herrscher, die Vishnu in seinen verschiedenen Formen in ihren jeweiligen Staatskult integrierten, doch ist dies nicht eine so kontinuierliche Entwicklung wie bei Pashupatinath. Sonst wäre die gleichsam archäologische Tätigkeit von König *Pratapamalla* (1641–1674) nicht verständlich, der an verschiedenen Plätzen im Tal Bildnisse von *Vishnu* ausgraben und nach Kathmandu transportieren ließ, wo er sie in seinem Palast einsetzte. Zwar wird gelegentlich angenommen, daß die Verehrung für Vishnu derjenigen für *Shiva* (Pashupati) zeitlich vorausging, doch scheint es unbeschadet der sehr frühen Verehrung für Vishnu in Nepal eher so gewesen zu sein, daß sich immer wieder Herrscher für Vishnu entschieden und diese jeweiligen, weit auseinander liegenden Zeiten durch einen überaus großen Bestand an Kultbildern in Stein heute noch erschließbar sind.

Die buddhistischen Heiligtümer von *Svayambhunath* und *Bodhnath* sind deshalb erhalten geblieben, weil sie finanziell und kultisch von Tibet aus getragen wurden. Die Bevölkerung Nepals war, abgesehen vom Desinteresse der Könige in späterer Zeit, aufgrund des radikalen Verfalls des Buddhismus in diesem Land, dazu nicht in der Lage. Das Prinzip, daß ein Heiligtum nicht durch die Entscheidung eines Stifters (z. B. des Königs) Bestand hat, sondern nur, wenn es die Bevölkerung auch als Heiligtum akzeptiert, ist heute noch in den Zentren der drei ehemaligen Hauptstädte Kathmandu, Patan und Bhaktapur ersichtlich. Denn aus der Fülle der dort stehenden Bauten werden meist nicht die großen, sondern relativ kleine Schreine besucht, während oft riesige Kultbauten tote Monumente darstellen. Denn für die Bedeutung eines Heiligtums bei der Bevölkerung ist es gleichgültig, ob dieses einen künstlerischen Wert hat. In diesem Zusammenhang ist es auch informativ, sich den Unterschied zwischen Bodhnath und Svayambhunath auf der einen Seite und Chabahil auf der anderen zu vergegenwärtigen. Die beiden erstgenannten Heiligtümer sind lebendige kultische Zentren, während Chabahil heute keine kultische Funktion mehr hat.

Svayambhunath und *Guhyeshvari* sind zwei Heiligtümer, die durch die Legende in engste Beziehung zueinander gebracht werden. Zwischen ihnen soll die Stadt *Manjupatan* errichtet worden sein, und der Stengel des Lotos, auf dem die Flamme von Svayambhu über dem Wasser erschien, soll seine Wurzeln in Guhyeshvari haben. Andererseits wird über Guhyeshvari in der Legende der Entstehung des Heiligtums von Pashupatinath erzählt, daß es der Ort gewesen sei, wohin der geheime Körperteil einer früheren Existenz von Parvati fiel, als Vishnu die Leiche dieser Begleiterin Shivas mit seinem Diskus zerstückelte. Die gleiche Legende berichtet mehrfach, daß Guhyeshvari ein älteres Heiligtum sei als Pashupatinath selbst. So dürften Svayambhunath und Guhyeshvari zu den ältesten Heiligtümern des Kathmandu-Tales zählen und wohl beide ehemals Stätten für einen Naturkult gewesen sein. Svayambhunath wurde nach Eindringen des Buddhismus von dieser Religion übernommen.

In Nepal bestand die Tendenz, einzelne im Tal verstreut liegende Heiligtümer unabhängig von ihrer je besonderen Geschichte zu Vierergruppen zusammenzufassen. Die Gottheiten, die in den jeweiligen Heiligtümern einer solchen Vierergruppe verehrt wurden, betrachtete man als verschiedene Erscheinungsformen ein und desselben Gottes. Damit wurden je vier, meist zu unterschiedlicher Zeit entstandene Kultstätten in einem System zusammengefaßt, was sicherlich oftmals eine Umdeutung der bisher in einem solchen Heiligtum verehrten Gottheit zur Folge hatte. Dieses System bedeutete eine umfassende kultische Organisation des gesamten Kathmandu-Tales. Hinter solchen Vierergruppen verbirgt sich die Vorstellung der Ausrichtung und Umgrenzung eines Landes in den vier Himmelsrichtungen durch Gottheiten, die dann eine Schutzfunktion übernehmen sollen. Da es sich hierbei um ein System handelt, das erst nachträglich, unter Einbeziehung schon vorhandener Tempelplätze, entworfen wurde, tritt die Tendenz, die Gottheiten nach den vier Himmelsrichtungen hin zu orientieren, nicht immer klar zum Vorschein.

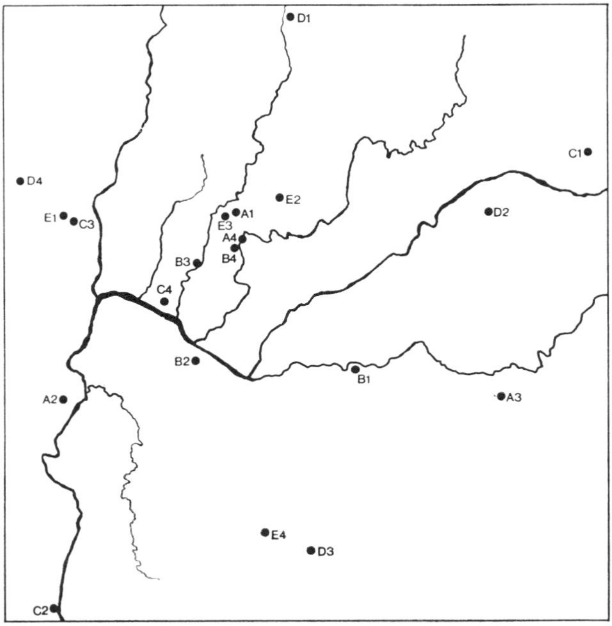

Fig. 16 Kathmandu-Tal, Vierergruppen von Heiligtümern

A_1 Chveta Vinayaka in Chabahil
A_2 Chandra Vinayaka in Chobar (auch Jal Vinayaka)
A_3 Surya Vinayaka bei Bhaktapur
A_4 Ratna Vinayaka in Pashupatinath

B_1 Thimi Balkumari
B_2 Kvatakshebalkumari bei Patan
B_3 Maitidevi Balkumari an der Rudramati
B_4 Mangalpurkumari in Pashupatinath (Rajarajeshvari)

C_1 Vajra Yogini bei Sankhu
C_2 Vajra Yogini bei Pharping
C_3 Vidhyadhari Yogini unterhalb von Svayambhu
C_4 Vijeshvara Yogini in Kathmandu (Thapatali?)

D_1 Budhanilkantha
D_2 Changu Narayana
D_3 Vishankhu Narayana
D_4 Ichangu Narayana

E_1 Svayambhunath
E_2 Bodhnath
E_3 Chabahil
E_4 Gottheit von Banragaon (Bandegaon)

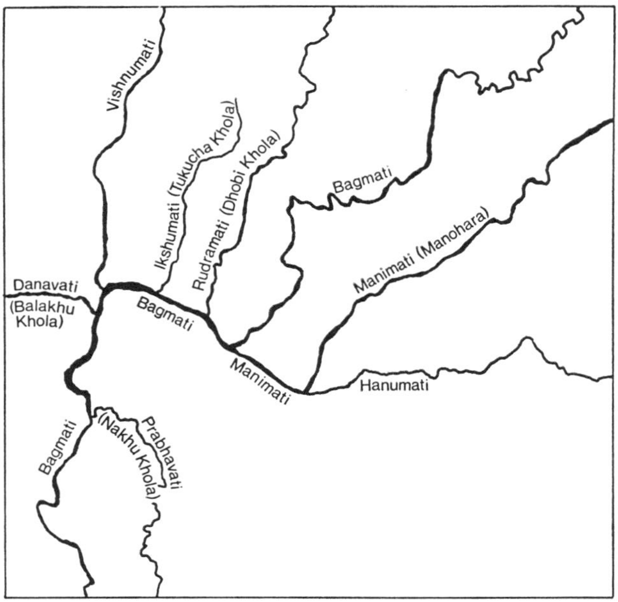

Fig. 17 Kathmandu-Tal, die acht heiligen Flüsse

Die Legende berichtet über die ursprünglichen Gottheiten in Nepal folgendes: Ein König namens *Dharmapala,* der ein Reich in Südindien mit der Hauptstadt Kanchi hatte, übergab dieses seinen vier Söhnen und pilgerte nach Benares, wo er seinen geistlichen Lehrer über den Ursprung Nepals befragte und folgendes erfuhr: Nepal ist ein *Dharmapuri,* eine Stadt der Religion, denn hier haben sich alle Götter niedergelassen, jeder unter vier verschiedenen Namen und Formen, und zwar *Ganesh, Kali, Kumari, Mahalakshmi, Varahi, Yogini* und *Narayana.* Auch gibt es im Kathmandu-Tal vier Hauptflüsse, nämlich *Bagmati, Rudramati* (Dhobikhola), *Manimati* (Manohara) und *Vishnumati* und ferner vier Nebenflüsse, *Prabhavati* (Nakkukhola), *Hanumati, Danavati* (Balakhukhola) und *Ikshumati.* Dies sind die originalen Gottheiten in Nepal.

Danach erst wurden die Neun Durgas gebracht und verkündet, *Vajreshvari, Koteshvari, Jhangeshvari, Bhuvaneshvari, Mangaleshvari, Guhyeshvari, Vatsaleshvari, Rajeshvari* und *Jayavageshvari.*

Gerade bei der Liste der Durgas fällt auf, daß dort auch zwei Kalis aufgeführt werden, nämlich Vatsala und Guhyeshvari, was deutlich macht, daß diese ursprünglich als Kalis geltenden Gottheiten nach einer Umdeutung auch als Durgas angesehen werden konnten.

Es scheint so, als sei im 7. Jahrhundert eine Gruppe von vier (Vishnu-)Narayana-Heiligtümern konstituiert worden, die im Tal verteilt lagen und die der damalige König täglich besucht haben soll. Dieses System wurde später auch auf andere Gottheiten angewendet, wobei auffällt, daß es sich nur (außer bei Ganesh) um Heiligtümer weiblicher Gottheiten handelt. Interessanterweise werden die Shiva(Pashupati)-Heiligtümer nicht in dieser Weise organisiert. Jedoch hat in späterer Zeit dieses System auch auf den Buddhismus übergegriffen, indem, nach dem Vorbild der Narayana-Heiligtümer, die ›vier buddhistischen Narayanas‹ geschaffen wurden, *Svayambhunath, Chabahil, Bodhnath* und die Gottheit von *Banragaon.*

Svayambhunath

Legenden und Geschichte

Svayambhunath ist, neben Bodhnath, heute das wichtigste buddhistische Heiligtum im Kathmandu-Tal (Abb. 10, 11, 78). Der Tempelbezirk liegt auf einem Berg westlich von Kathmandu. Es scheint sich hierbei um einen Kultplatz zu handeln, der bereits in vorhistorischer Zeit hohe Verehrung genoß. Auch stellen die ersten Legenden über seine Existenz eher ein Heiligtum dar, das einem Naturkult diente. Andere Legenden wiederum zeigen die Adaptierung des Platzes für den Buddhismus, indem sie von der Errichtung eines Stupas berichten. Nur ganz vereinzelt sind historisch belegte Nachrichten bekannt, die sich auf die frühe Geschichte des Platzes beziehen. Dagegen entfalten lokale

Traditionen in Form von Legenden ein um so reicheres Bild dieses Heiligtums. Eine bereits erwähnte Tradition schreibt die Entdeckung der Gottheit *Svayambhu* (des selbst existierenden), die in Form einer Flamme auf einem Lotus auf dem Wasser des damals überfluteten Kathmandu-Tales erschien, dem *Bodhisattva Manjushri* zu. Dieser Lotus hätte seine Wurzeln in *Guhyeshvari,* einem heute einer weiblichen Gottheit geweihten Heiligtum an der Bagmati nahe bei Pashupatinath, gehabt. Zwischen diesen beiden Plätzen habe Manjushri seine Stadt erbaut. Dieser Tradition zufolge müßte es sich bei Svayambhu und Guhjeshvari um die beiden ältesten Kultstätten im Tal handeln, und die Verbindung beider ist immer bewußt geblieben.

Die Adaptierung von Svayambhu für den Buddhismus schildert folgende Legende, die gleichzeitig eine Beschreibung des ikonographischen Programmes des Stupas bietet. Ein König von Bengalen habe seine Herrschaft seinem Sohn übertragen und sei nach Nepal gepilgert. Er habe dort den Namen *Shantashri* angenommen und, als er eines Tages über Svayambhu meditierte, kam ihm die Idee, daß der goldene, mit kostbaren Steinen besetzte Lotus leicht gestohlen werden könnte oder aber, in Zeiten, wo der Shivaismus über den Buddhismus gesiegt haben würde, dieser leicht zerstört werden könnte. Er beschloß daher, die Gottheit mit einem Stein zu bedecken und darüber eine Halbkugel aus Stein, einen Stupa, zu errichten.

Der Bau ging folgendermaßen vor sich: Zuerst grub Shantashri ein Loch und setzte dort die heilige Flamme ein, darauf bedeckte er diese mit einem Stein, der in der Mitte durchbohrt war, um darüber den Stupa zu errichten. Danach brachte er einen Baumstamm, der die Höhe des Berges Meru hatte, und stellte ihn genau über dem Zentrum des Steines auf. Um diesen Baumstamm herum errichtete er den Stupa aus Ziegeln und Lehm. Nachdem dieser vollendet war, stellte er in Schreinen die Bildnisse der fünf mystischen Buddhas auf. Im Osten *Akshobhya Buddha,* in der Farbe des Himmels, sitzend auf einem Elefanten, seine rechte Hand im Gestus der Erdberührung. Im Süden *Ratnasambhava* in gelber Farbe, sitzend auf einem Pferd, seine rechte Hand im Gestus des Segnens. Im Westen *Amitabha,* in roter Farbe, sitzend auf einem Pfau, beide Hände im Schoß haltend im Gestus der Meditation. Im Norden *Amoghasiddhi,* in grüner Farbe, sitzend auf einem Garuda, die rechte Hand erhoben im Gestus der Furchtlosigkeit. Das Bildnis von *Vairochana* hätte im Zentrum des Stupas stehen sollen, aber statt dessen errichtete es Shantashri im Osten, zur rechten Hand von Akshobhya. Vairochana ist von weißer Farbe, sitzend auf einem Löwen, seine beiden Hände sind erhoben und zusammengelegt, um zu verdeutlichen, daß alle Dinge in ihnen enthalten sind. In der Mitte zwischen den Buddhas in den vier Himmelsrichtungen befinden sich die Bildnisse der *Buddha Shaktis,* des jeweiligen weiblichen Prinzips, und zwar *Lochana, Mamaki, Pandra* und *Aryatara.*

Über dem halbkugelförmigen Stupa errichtete Shantashri einen Kubus als Basis für die darüberliegende turmartige Spitze. Diesen Kubus bemalte er auf jeder Seite mit einem Paar Augen (Abb. 77, 80) und je einem Tika (Stirnzeichen). Dann errichtete er den Turmaufsatz, der aus dreizehn übereinanderliegenden Scheiben besteht, die die dreizehn verschiedenen Himmel symbolisieren sollen. Diese Scheiben werden gehalten durch den Baumstamm, der auf dem Stein über der Flamme steht. Über den Scheiben brachte er ein Chudamani, ›Kopfjuwel‹, als Abschlußstück und einen goldenen Schirm an.

Es handelt sich hierbei zwar um die Beschreibung des Stupas von Svayambhu, so wie er heute noch existiert, sicherlich aber nicht um die seines ursprünglichen Zustandes. Die Beschreibung ist insofern exemplarisch, als sie die architektonischen Bestandteile und das ikonographische Programm des Stupas von Svayambhu schildert und, da sich dieser Typus in Nepal allgemein durchgesetzt hat, auch auf jeden anderen Stupa anwendbar ist.

Die älteste Inschrift im Tempelbezirk stammt aus der Zeit um 460 n. Chr. und erwähnt die Gründung eines Viharas (Klosters) durch König *Manadeva.* Im 12. Jahrhundert befand sich der Stupa in einem Zustand starken Verfalls, so daß er wieder-aufgebaut werden mußte. Wichtige Informationen befinden sich in der Biographie des tibetischen Mönches *Dharmasvamin,* der im Jahre 1234 Tibet verließ und sich acht Jahre in Svayambhu aufhielt. In dieser Zeit muß sich hier eine bedeutende, bis nach Tibet einflußreiche Schule im Tempelbezirk befunden haben. Im Jahre 1346 wurde der Stupa von den Truppen des Sultans *Shams ud-dhin* von Bengalen aufgebrochen und abgebrannt. Der Neubau erfolgte im Jahre 1372 und wurde von zwei Adligen aus Kathmandu gestiftet. Es wird berichtet, daß alle Bronzeteile, auch der mit Juwelen besetzte Mast, in Kathmandu angefertigt wurden und daß, bevor diese Teile in einer Prozession nach Svayambhu getragen wurden, in Kathmandu eine viertägige Illumination stattfand. Seine heutige Form hat der Stupa seit spätestens dieser Zeit.

Allerdings wird die heutige Gestalt des Tempelplatzes wesentlich durch die Bautätigkeit von König *Pratapamalla* von Kathmandu (1641–1674) bestimmt. Er ließ von Kathmandu eine Straße nach Svayambhu ausbauen und errichtete über der Vishnumati eine Brücke, um den Zugang zum Heiligtum für Pilger und andere Fußgänger bequemer zu machen. Im Zuge dieser Straße legte Pratapa auch die große Treppenanlage von Osten her an. Zur Betonung der Mündung dieser Treppenanlage in den Tempelplatz errichtete er zwei flankierende Shikhara-Türme. Diese wurden, um die Fernwirkung des Stupas mit seinem Aufbau zu steigern, so angelegt, daß sie diesen, von Kathmandu aus gesehen, symmetrisch einfassen.

Der anfälligste Teil des Stupas war der turmartige Aufsatz mit seinen dreizehn Scheiben, der immer wieder durch Regenfälle oder Stürme schwer beschädigt wurde, und oftmals brach der Mast ab. Über eine Wiederherstellung des Stupas nach einem solchen Ereignis berichtet ausführlich eine Inschrift aus dem Jahre 1767, die in die letzten Regierungsjahre von *Jayaprakashamalla* von Kathmandu fällt. Zur Durchführung der notwendig gewordenen Reparaturmaßnahmen mußte ein hoher Lama aus Tibet geholt werden, und im Jahre 1751 konnten die Arbeiten an einem glückverheißenden Tag beginnen. Es erschienen die höchsten hinduistischen Götter Nepals und erklärten, daß sie die Kosten für Goldarbeiten und anderes tragen würden. Auch

Vishnu erschien in Gestalt eines Brahmanen und beschrieb die Art von Mast, der für den Stupa gebraucht würde. Durch das Interesse, das diese Götter an der Wiederherstellung des buddhistischen Monumentes zeigten, sah sich König Jayaprakashamalla von Kathmandu gezwungen, die Arbeiten durchführen zu lassen. Aber auch der König von Gorkha, *Prithvinarayana Shah* versprach seine Hilfe und ließ den für den Bau benötigten Mast dorthin schaffen. Im Jahre 1758 konnten die Arbeiten beendet werden.

Interessant an dieser Geschichte ist, daß der Wiederaufbau als eine allgemeine, religiös so verdienstliche Aufgabe angesehen wurde, daß nicht nur der damalige König von Kathmandu, sondern auch der spätere Eroberer des Tales, Prithvinarayana Shah, sich daran beteiligte. Freilich war diese Beteiligung nicht selbstverständlich und konnte erst durch den relativ hohen Aufwand des persönlichen Erscheinens der höchsten hinduistischen Götter erreicht werden.

Interessant ist ferner, daß bereits in dieser Zeit das Heiligtum nicht von einer nepalesischen Glaubensgruppe verwaltet wurde, sondern kultisch von Tibet abhängig war. Erstmals scheint im Jahre 1639 ein Lama aus Tibet geholt worden zu sein, um für die kultische Richtigkeit der durchzuführenden Baumaßnahmen zu garantieren.

Im Jahre 1816 wiederholte sich der Vorgang, daß ein heftiger Sturm die gesamte Bekrönung des Stupas herunterwarf und den zentralen Mast zertrümmerte. Dieses Unglück fiel zusammen mit der Einrichtung einer ständigen britischen Residenz in Kathmandu, und folglich entstanden sofort Gerüchte, die den Schaden als ein böses Omen für das zukünftige Schicksal des Landes betrachteten. Erst 1825 konnten die notwendigen Mittel für den Wiederaufbau beschafft werden, u. a. auch durch bedeutende finanzielle Unterstützung aus Lhasa. Bei den damaligen Baumaßnahmen wurde der Stupa geöffnet, die Reste des alten Mastes herausgenommen und danach ein neuer eingesetzt.

Beschreibung

1. Pratapamallas Neufassung des Stupas

Der heutige Charakter des Heiligtums (Abb. 77–91) wird nicht unbedeutend durch die Bautätigkeit von *Pratapamalla* (1641–1674) bestimmt. Normalerweise gelangt der Besucher von Kathmandu aus über eine Straße, die am National-Museum vorbeiführt, von Süden her zum Berg von Svayambhu, wo man mit dem Fahrzeug etwa bis zur halben Höhe kommen kann. Von dort aus führen zwei Wege auf das Plateau, der eine von Nordwesten, der andere von Südwesten. Es lohnt sich für den Besucher aber auch, den alten von Pratapamalla ausgebauten Pilgerweg von Kathmandu aus zu gehen, der von Osten her auf den Berg stößt (Abb. 10). Der Berg von Svayambhunath erhebt sich plötzlich aus der Landschaft. Er ist locker bewaldet und übersäht mit riesigen Steinen, auf die oft tibetische Gebetsformeln eingraviert sind. Am Fuß des Berges im Osten, aber

77 SVAYAMBHUNATH Stupa, die ›Alles-sehenden Augen Buddhas‹

80 SVAYAMBHU-
NATH
Der Stupa und Tempelhof, von Nordwesten ▷

78 SVAYAMBHU-
NATH
Der Tempelberg, von Südosten (vgl. Abb. 10)

79 SVAYAMBHU-
NATH
Fuß des Treppenaufganges von Osten (vgl. Abb. 11)

82

81–83 SVAYAMBHUNATH Pilger

83

86 SVAYAMBHUNATH
Buddha Shakyamuni
(vgl. Abb. 89, 105, 113) ▷

84 SVAYAMBHUNATH
Votivstupas und Gebetsmühlen

85 SVAYAMBHUNATH
Stupa, Nische unter dem Schrein von Buddha Ratnasambhava

87 SVAYAMBHUNATH Der nördliche Bereich des Tempelhofes, im Hintergrund der Sitala Devi-(Hariti-)Tempel, von Nordosten

88 SVAYAMBHUNATH Pilger

89 SVAYAMBHUNATH Shantipur mit Buddha Shakyamuni, Votivstupas und Buddha Akshobhya (l.), von Süden

90 SVAYAMBHUNATH Blick nach Südosten, auf Kathmandu

91 SVAYAMBHUNATH Votivstupas westlich vom eigentlichen Tempelplateau

93 CHANGU NARAYANA Garuda Narayana-Tempel, von Süden

◁ 92 CHANGU NARAYANA Stifterbildnisse von Bhupalendramalla (1687–1700) und Bhuvanalakshmi vor dem Tempel

94 CHANGU NARAYANA Östl. Bereich des Tempelhofes

95 CHANGU NARAYANA Manadeva-Säule und Garuda, von Südwesten

96 CHANGU NARAYANA Garudasana Vishnu

97 CHANGU NARAYANA Vishnu mit Lakshmi und Garuda

98 CHANGU NARAYANA *Vishnu Vishvarupa*

99 CHANGU NARAYANA Vishnu Vikranta

100 CHANGU NARAYANA Vishnu Narasimha

101 CHANGU NARAYANA Garuda (vgl. Abb. 95)

102 CHANGU NARAYANA Inschrift König Manadevas (vgl. Abb. 95)

103 CHANGU NARAYANA Blick vom Tempelhof zum Nordrand des Kathmandu-Tales

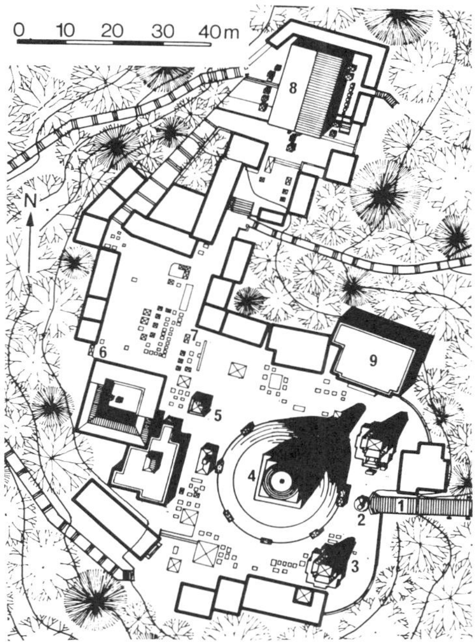

Fig. 18 Svayambhunath, Plan des Bergplateaus (nach Kathmandu Valley)

1 Treppenanlage von Osten
2 Vajra Pratapamallas
3 Shikhara-Türme Pratapamallas
4 Stupa
5 Hariti (Sitala)-Tempel
6 Buddha Shakyamuni
7 Licchavi-Stupa
8 Shantipur
9 neues tibetisches Kloster

auch im Südwesten, versammeln sich häufig newarische buddhistische Großfamilien, um hier ihre Feste zu feiern, die aus einem Gelage für die Männer, begleitet von Musik, bestehen.

Der Pilgerweg von Kathmandu aus mündet in eine mehrläufige Treppenanlage, die von Pratapamalla ausgebaut wurde (Abb. 79). Von den sechs monströsen, sitzenden Buddhafiguren, an denen die Treppe vorbeiführt, stammt eine von Pratapa, die anderen wurden im Laufe des vorigen Jahrhunderts gestiftet. Akshobhya, derjenige der fünf mystischen Buddhas, der auf die Richtung Osten bezogen ist, erscheint hier in sechsmaliger Wiederholung als Vorwegnahme der Figur des Stupas, bei der die Treppe ausläuft. Es sind beklagenswerte Leistungen nepalesischer Skulptur.

Etwa vom letzten Viertel der Berghöhe an wird die Treppe steil und einläufig. Sie wird begleitet von paarweise aufgestellten Elefanten, Pferden, Pfauen, Garudas und Löwen, die die Träger der jeweiligen fünf mystischen Buddhas sind.

Wenn der Besucher diese Treppe bewältigt hat, so gelangt er an ihrer Mündung zu einem großen vergoldeten *Vajra* (Abb. 11, 82) auf einem trommelartigen Unterbau. Der Vajra ist das besondere Erkennungszeichen von *Buddha Akshobhya,* dessen Bildnis sich in dem dahinterliegenden, an den Stupa angelehnten Schrein befindet. *Vajra,* zusammen mit *Ghanta* (Glocke), spielen im tantristischen Kult eine große Rolle und haben auf einer Ebene eine ähnliche Bedeutung für die Buddhisten wie Linga und Yoni für die Hindus. Sie sind Symbol für zwei entgegengesetzte, sich ergänzende Prinzipien. Dieser Vajra wurde von Pratapamalla gestiftet, und seine unverhältnismäßige Größe ist damit zu erklären, daß hier der Eintritt in den Tempelbezirk besonders betont werden sollte. Der Vajra liegt auf einer steinernen Trommel, die umlaufend geschmückt ist mit einer Folge von Tierdarstellungen. Es sind dies Tiere, die einen tibetischen 12-Jahres-Zyklus symbolisieren. Von Osten beginnend ist es 1. eine Ratte, 2. ein Bulle, 3. Tiger, 4. Hase, 5. Drache, 6. Schlange, 7. Pferd, 8. Schaf, 9. Affe, 10. Gans, 11. Hund, 12. Schwein. Darüber umwindet eine Schlange die Trommel so, daß sich ihr Schwanz und ihr Kopf an der östlichen Seite treffen (vgl. Abb. S. 2).

Zusammen mit dem Vajra stiftete Pratapamalla zwei *Shikhara-Tempel* (Abb. 11), die im Norden und Süden davon stehen und ihre von pavillonartigen Vorbauten beschützten Portale jeweils in der Richtung des Vajra haben. Im Inneren sollen sich die Bildnisse von *Ugratara* und *Vajrayogini* befinden, die mit ihrem zugeordneten Buddha in sexueller Vereinigung gezeigt werden. Jedoch sind die Schreine immer verschlossen. Nach einer anderen Version sollen die beiden Tempel zum Gedächtnis an verstorbene Frauen von Pratapamalla errichtet worden sein, und es ist sehr wohl möglich, daß diese Königinnen mit weiblichen Gottheiten identifiziert wurden. Für das Gesamtbild von Svayambhunath war die Errichtung dieser beiden Shikhara-Tempel eine entscheidende Veränderung. Der einerseits richtungslose, andererseits auf alle vier (fünf) Himmelsrichtungen hin orientierte Stupa wurde plötzlich einseitig nach Osten orientiert, indem ihm in dieser Richtung die beiden flankierend einfassenden Shikhara-Türme in Art einer Fassade hinzugefügt wurden (Abb. 11, 78).

Dabei ist eine sehr interessante Maßnahme zu beobachten. Die beiden Shikharas wurden nicht genau auf einer Nordsüdachse errichtet, wie es eine klare Ausrichtung nach Osten erfordert hätte, sondern die Achse ist leicht von Südwesten nach Nordosten verschoben. Diese Verschiebung ist nicht etwa auf Geländeschwierigkeiten zurückzuführen. Sie läßt sich erklären durch die Absicht Pratapas, eine deutlich auf Kathmandu

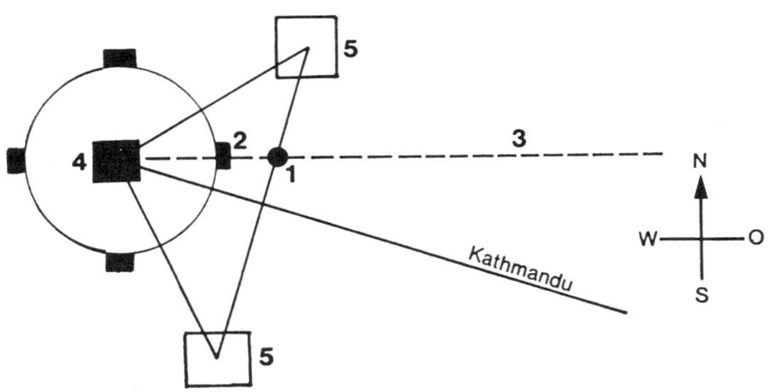

Fig. 19 Svayambhunath, architektonischer Bezug des Stupas in Richtung auf Kathmandu

bezogene Fernwirkung des Stupas zu erreichen, das nicht genau im Osten von Svayambhunath, sondern im Südosten liegt. Sieht man nämlich die beiden Shikhara-Türme von Kathmandu aus (Abb. 10), so fassen sie den Stupa mit seinem hohen turmartigen Aufsatz gleichmäßig symmetrisch ein und flankieren ihn, während sich, wenn beide Türme auf eine exakte Nordsüdachse gesetzt worden wären, von Kathmandu aus gesehen ungünstige optische Überschneidungen ergeben hätten und der beabsichtigte Eindruck nicht zustande gekommen wäre. Der Stupa wurde von Pratapamalla also nicht in einem absoluten Sinn eingefaßt und orientiert, sondern in einem konkret auf die Wirkung in Kathmandu bezogenen. Ob diese Maßnahme ästhetisch zu verstehen ist oder als eine ›Ablenkung‹ der Gnadenwirkung auf Kathmandu, kann nicht entschieden werden. Es ist aber diese Ansicht, die der Besucher vor sich hat, wenn er auf dem von Pratapa ausgebauten Pilgerweg nach Svayambhunath geht.

2. Der Stupa

Auf eine generelle Beschreibung des Stupas kann verzichtet werden, da diese schon in der angeführten Gründungslegende enthalten ist (s. S. 153 f.). Bereits diese Legende erwähnt die Ausstattung des Stupas mit fünf Schreinen für die mystischen Buddhas in den vier (fünf) Himmelsrichtungen und dazwischen Schreine für die entsprechenden weiblichen Gottheiten. Der Stupa wird im Uhrzeigersinn bzw. in der Richtung des Laufes der Sonne von Osten beginnend umwandelt. Diese Umwandlung selbst ist eine kultische Handlung. Heute wird, entsprechend tibetischem Brauch, der Stupa von einem Geländer umgeben, das als Ständer für eine Galerie von Gebetsmühlen dient, die vom Gläubigen bei seiner Umwandlung in Bewegung gesetzt werden und durch ihre Drehung (gleich Wiederholung) die Gebete vieltausendfach potenzieren (Abb. 83, 84).

Die wenigen baugeschichtlichen Daten zeigen, daß die generelle Erscheinung des Stupas etwa derjenigen des 14. Jahrhunderts entspricht. Die zwischenzeitlichen Restaurierungen und eine ununterbrochene Folge von Stiftungen von Gläubigen führten zwar zu einer Bereicherung der Details, nicht aber zu einer Änderung des Gesamtbildes. Auch hat der Stupa heute keine klare Halbkugelform mehr, sondern wirkt plump (Abb. 80). Die bedeutende Fernwirkung des Baues wird allein durch den hohen turmartigen Aufsatz garantiert (Abb. 78), dessen Gestalt in den von Pratapamalla errichteten flankierenden Shikhara-Türmen variiert wieder aufgenommen wird (Abb. 11, 78). Auch die Schreine für die fünf mystischen Buddhas sollen in ihrer heutigen Gestalt auf Pratapa zurückgehen. Höchstes baugeschichtliches Interesse verdienen kleine Öffnungen, die sich unterhalb des östlichen, südlichen, westlichen und nördlichen Schreins befinden. In diesen Nischen befinden sich die Bronzefiguren eines Elefanten, eines Pferdes (Abb. 85), eines Pfaues und eines Garudas, also der jeweiligen Träger der oben befindlichen Buddhas. Macht man sich jedoch die Mühe, auf die Rückwand der Nischen zu sehen, so erblickt man dort jeweils ein Relief, das zum Teil hinter Mauerwerk verborgen ist und zu einer bisher unbekannten Bauschicht des Stupas gehört. In östlicher, südlicher und westlicher

Richtung ist es jeweils die Darstellung eines Rades, flankiert von zwei Rehen (Abb. 85), eine Szene, die die erste Predigt Buddhas im Tierpark von Sarnath symbolisiert. In der Nische in nördlicher Richtung aber ist *Amoghasiddhi,* umgeben von Schlangen und weiteren Gestalten, dargestellt. Diese Reliefs sind stark abgeschliffen. Man wird sie aber versuchsweise in das 7. oder 8. Jahrhundert datieren können. Ursprünglich haben diese Reliefs auf der äußeren Schicht des Stupas gelegen, und zwar zu einer Zeit, wo die Reihe der angesetzten Schreine für die fünf mystischen Buddhas und ihre entsprechenden weiblichen Gottheiten noch nicht existierten. Zwar ist auch hier eine Betonung der Haupthimmelsrichtungen gegeben, aber noch nicht mit Hilfe von Schreinen. Diese Reliefs sind die älteste Bauplastik am Stupa, die sich solcherart verborgen erhalten hat.

Vor dem nördlichen Schrein befindet sich im Boden eine Vertiefung mit einigen Stufen, die hinabführen, ohne daß deutlich wird, welchem Zweck sie dienen könnten. Es wird aber angenommen, daß in dieser Vertiefung Amoghasiddhi unterirdisch im Bereich der Schlangen wohnt. Ein wichtiger Aspekt des Heiligtums von Svayambhunath ist seine Assoziierung mit dem Wasserkult. Ein Komplex von Legenden erzählt immer wieder, daß sich unterhalb des Stupas verborgene Räume befänden, in denen Schlangen hausten, die für den Regen im Kathmandu-Tal verantwortlich seien.

Das nordöstlich davon befindliche Kloster ist eine tibetische Neugründung nach 1949. Über viele Jahrhunderte hat am Svayambhunath kein Kloster existiert.

3. Der Bereich westlich des Stupas

Im Nordwesten des Stupas steht ein kleinerer zweigeschossiger Tempel, der sowohl bei Hindus wie bei Buddhisten in hoher Verehrung steht (Abb. 11, 87). Der Tempel ist *Sitala Devi* geweiht, einer weiblichen Gottheit, deren Hilfe bei Pockenkrankheit angerufen wird. Der gegenwärtige Bau ist neueren Datums. Als im Jahre 1800 die Lieblingsfrau von König *Rana Bahadur Shah* Selbstmord beging, da sie ihre Schönheit durch Pocken verloren hatte, ließ der König daraufhin in ohnmächtiger Wut alle Tempel dieser Gottheit entweihen und verbot jedweden Kult. Sein besonderes Ziel aber war dieser Tempel bei Svayambhunath, der gänzlich in eine Ruine verwandelt wurde. Nach der Abdankung dieses Königs wurden die Trümmer beseitigt, der Grund gereinigt und der gegenwärtige Tempel errichtet.

Tatsächlich handelt es sich um eine der ältesten Kultstätten auf dem Bergplateau von Svayambhunath und hat womöglich eine ebensolange Geschichte wie der Stupa selbst. Das Bildnis, das sich im Inneren des Tempels befindet, stellt *Hariti* dar, eine weibliche buddhistische Gottheit, die als besondere Schutzgottheit für Kinder, aber auch für Klöster galt. Ihr Kult muß in der frühen Licchavi-Zeit in Nepal weite Verbreitung gehabt haben; es haben sich noch mehrere Bildnisse dieser Zeit erhalten. In Indien war sie ursprünglich eine kinderverschlingende Göttin, aber nach ihrer Konvertierung zum Buddhismus wurde sie zu deren Schutzgottheit, und, da Kinder in besonderem Maße anfällig sind für Pocken, wurde sie in einer späteren Zeit in Nepal mit der hinduistischen Göttin *Sitala,* der Schutzgöttin für Pocken, identifiziert. Es ist dies ein Beispiel dafür, wie durch ständig gleitende Bestimmung ein Kultbild seine überragende Bedeutung trotz veränderter religiöser Situation behalten kann.

In einer neu angelegten Nische hinter dem Tempel für Sitala steht die überlebensgroße Figur von *Buddha Shakyamuni,* des historischen Buddha (Abb. 86). Sein linker Arm ist erhoben und hält einen Gewandzipfel, seine rechte Hand ist nach unten gestreckt. Er steht in einer leicht bewegten Haltung und ist in zwei übereinanderliegende Gewänder gekleidet, die den Eindruck von Transparenz geben. Aus stilistischen Gründen neigt man dazu, die Figur ins 9. oder 10. Jahrhundert zu datieren. Es gibt aber eine Tradition, die besagt, daß das Bildnis erst nach 1619 entstanden sein kann. So dürfte es sich, ähnlich wie bei der Garuda-Figur vor Trailokya Mohan Mandir in Kathmandu (Abb. 19), um eine exakte Kopie nach einem noch nicht bekannten Vorbild der Zeit um 1000 handeln.

Diese Figur entspricht, wenngleich in den Maßen stark monumentalisiert, einem Typus, der in der Licchavi-Zeit und wohl auch später im Kathmandu-Tal weite Verbreitung gefunden hat. Davon zeugen das nur fragmentarisch erhaltene Bildnis in Chabahil (Abb. 105) und der halb in den Boden gesunkene Buddha in Pashupatinath (Abb. 113). Für Svayambhunath stellt sich aber noch ein weiteres Problem. Da der Platz im frühen 14. Jahrhundert durch moslemische Truppen gänzlich verwüstet worden sein soll, kann sich eine solche Monumentalfigur eigentlich nicht erhalten haben. Dies ist auch die Erklärung dafür, daß sich im Bereich des so überaus wichtigen Heiligtums von Svayambhunath kaum alte Skulptur erhalten hat.

Auch für den östlich davon stehenden sogenannten *Licchavi-Stupa* (Abb. 80) gilt diese Überlegung. Dieser Monolith besteht aus einem säulenartigen Schaft mit einer auf jeder Seite davorstehenden Figur eines Buddha. Zwei haben ihre linke Hand im Gestus der Furchtlosigkeit und ihre rechte Hand im Gestus der Segensgewährung erhoben. Der Handgestus der beiden anderen Buddhas ist nicht klar identifizierbar. Aus stilistischen Gründen wird dieses Bildnis entweder vor die Mitte des 5. Jahrhunderts oder ins 6. Jahrhundert datiert.

Gerade dieser Bereich des Plateaus (Abb. 80, 87) ist dicht besetzt mit einer Fülle von Votivstupas, die die verschiedensten Formen und Maße zeigen. Z. T. sind sie zum Gedächtnis an Verstorbene gestiftet worden. Besonders die späteren Votivstupas zeigen einen Zug, der ein bezeichnendes Licht auf den Zustand des nepalesischen Buddhismus wirft. Bei dem oben erwähnten sogen. Licchavi-Stupa stehen die vier Buddhafiguren vor einem säulenartigen Schaft (Abb. 80), der die Assoziation an ein Linga wecken kann. Daß diese Assoziation später zu einer tatsächlichen Identifikation geworden ist, beweisen einige Votivstupas, bei denen als Basis ein pfannenartiges Element mit einem Ausguß auftritt, das aus dem Shiva-Kult übernommen worden ist (Abb. 3). Es ist dies bei shivaitischen Kultbildern die Yoni (weibl. Geschlechtsteil), in dem das Linga (Phallus) steht (Abb. 119, 124). Durch die direkte Übernahme dieses Elementes und seine Verwendung unterhalb des Stupas, wird dieser mit dem Linga identifiziert.

Dies hat auch inschriftlich seinen Ausdruck gefunden, denn Pratapamalla bezeichnet einmal Svayambhu als eine Form von Shiva.

4. *Shantipur*

Nordwestlich des Plateaus von Svayambhunath liegt, etwas tiefer und über eine Treppe erreichbar, ein kleiner Hof, der im Norden von einem niedrigen, langgestreckten Gebäude abgeschlossen wird, *Shantipur* (Abb. 89). Es ist dies ein Bereich, der weniger ein visuelles Erlebnis bietet, als vielmehr Interesse wegen seiner Legenden verdient.

Im Jahre 1658 muß in Nepal eine große Trockenheit und in deren Gefolge eine Hungersnot geherrscht haben. *Pratapamalla* (1641–1674), der damalige König, erlernte deswegen von einem Vajracharya namens *Yamlu* bestimmte buddhistische Riten. Er ließ Shantipur wiederherstellen und errichtete dort eine Stele, in die er ein Gedicht, das er *Vrishtichintamani* nannte, eingravieren ließ. Dieses Gedicht, das er selbst verfaßt haben soll, ist eine Beschwörungsformel um Regen. Ferner besagt die Inschrift, Pratapa habe, um die Trockenheit abzuwenden, einen unterirdischen Raum unter Shantipur betreten, um nach einem Buch mit magischen Sprüchen und Bildern zu suchen. Darin waren, mit Schlangenblut gemalt, die Bildnisse der *Neun Nagas* enthalten. Die Abbilder der Neun Nagas verursachten, nachdem er das Buch glücklich herausgebracht hatte, sofortigen reichlichen Regenfall zur Freude der Bewohner Nepals.

Pratapamalla, der als der Wiederentdecker vieler merkwürdiger Kulte und Traditionen in Nepal gelten kann, bezieht sich auch hier auf einen alten Regenkult, der in Svayambhunath sein Zentrum hatte. Der Legende zufolge soll nämlich der Erbauer des Stupas von Svayambhunath in den vier Himmelsrichtungen Schreine für die vier Elemente Erde, Wasser, Wind und Feuer errichtet haben und zusätzlich einen fünften Bau mit neun unterirdischen Räumen, den er *Guhapur*, ›verborgene Stadt‹, nannte. Darin stellte er die Bildnisse von geheimen Gottheiten auf. Nachdem er über lange Zeit hin die priesterlichen Funktionen am Stupa von Svayambhunath ausgeführt hatte, entzog er sich in Guhapur dieser Welt. Dieser Tempel Guhapur hat heute nach seinem Erbauer den Namen *Shantipur*. Es wird angenommen, daß er den Eingang zu einer Höhle verbirgt, die zu der unterirdischen Flamme von Svayambu führt, und von da entlang des Lotosstengels zu dem Ort, wo dieser Stengel seine Wurzeln hat, nach *Guhyeshvari*.

Eine weitere Legende berichtet, daß das Land eines Königs namens *Gunakamadeva*, der Inzest begangen hatte, damit bestraft wurde, daß die Götter eine große Trockenheit schickten. Der König verehrte, um Abhilfe zu schaffen, zuerst Svayambhunath und ging danach zum Schrein von *Shantashri* und bekannte seine Sünde. Der dort lebende Guru (Priester) rief darauf die Neun Nagas (Schlangen) an, die sofort erschienen. Nachdem Gunakamadeva sie verehrt hatte, fiel sofort reichlich Regen im Land. Um aber ein solches Unheil zukünftig verhindern zu können, ließ Gunakama mit dem Blut jeder Schlange ihr Bildnis zeichnen. Diese Bildnisse wurden in Shantipur aufbewahrt.

Daß hier in Shantipur, bzw. in Svayambhunath, ein Zentrum des Regenkultes war, zeigt eine weitere Geschichte. *Matsyendranath,* die Gottheit, die in Patan höchste Verehrung genießt, ist in einem ihrer Aspekte auch eine Regengottheit. Sie wurde nach Nepal geholt, um eine bereits zwölf Jahre andauernde Trockenheit zu beenden. Der Guru, der dies durchgeführt haben soll, war *Bandhudatta Acharya.* Er kam von Svayambhunath und wird als Nachkomme von Shantashri bezeichnet. Es muß also hier eine Priesterschaft gegeben haben, die in fortlaufender Tradition magische Praktiken bewahrte, mit deren Hilfe Regen erzeugt werden konnte.

Shantipur ist ein unbedeutender langgestreckter Bau, dessen Vorraum mit Wandmalereien versehen ist und gelegentlich betreten werden kann. Davor befindet sich ein großes Bildnis von *Buddha Shakyamuni* (Abb. 89), das insofern ein kunsthistorisches Kuriosum darstellt, als Datierungen vom frühen 6., über das 9. bis zum 17. Jahrhundert für seine Entstehung publiziert worden sind. Die westlich davon stehende Sitzfigur des *Buddha Akshobhya* (Abb. 89), der in dieser Form und Qualität bereits sechsfach am Fuß der Treppe nach Svayambhu zu sehen war (Abb. 79), dürfte aus dem Ende des 18. Jahrhunderts stammen.

Changu Narayana

Legenden und Geschichte

Das Heiligtum von *Changu Narayana* liegt, wie auch Svayambhunath, auf einem Berge, und zwar am Ostrand des Tales, nördlich von Bhaktapur, und von dort aus über einen Fußweg zu erreichen. Der Tempel hat aufgrund seiner Lage eine bedeutende Fernwirkung. Nicht nur von Svayambhu aus, sondern von nahezu jedem Teil des Tales ist er sichtbar. Das Heiligtum ist *Narayana,* einer Form von *Vishnu,* geweiht. In der nepalesischen Geschichte spielt die Verehrung für Vishnu eine sicherlich ebenso große Rolle, wie die Verehrung für *Shiva* (Pashupatinath). Es wird vielfach angenommen, daß die hohe Bedeutung von Vishnu für Nepal derjenigen von Shiva vorausging und später durch diese abgelöst wurde. Daß der Vishnuismus in der frühen Zeit der nepalesischen Geschichte überaus wichtig gewesen sein muß, zeigt sich an den Namen der beiden Hauptflüsse des Kathmandu-Tales, *Bagmati* und *Vishnumati.*

Vor dem Changu Narayaṇa-Tempel steht eine Säule, die ehemals von einem Garuda gekrönt war, und die eine Inschrift König *Manadevas* (464–503) trägt (Abb. 95, 102). Es ist dies die älteste in Nepal überlieferte Inschrift. Die Säule selbst wird einem Vorgänger von König Manadeva, *Haridatta* (um 400) zugeschrieben. Haridatta soll es gewesen sein, der den Vishnuismus als einen königlichen Kult in Nepal eingeführt habe, orientiert am Vorbild der damaligen indischen Kaiser, die der *Gupta-Dynastie* angehörten. Das Emblem der Guptas war *Garuda,* der vogelartige Träger Vishnus. Dies war sowohl als religiöses, wie auch als politisches Bild gemeint, denn die Vertreter der Guptas in den einzelnen Landesteilen wurden als *Garudas* und die feindlichen Könige als *Nagas* (Schlangen) bezeichnet. Nun sind die Nagas die natürlichen Feinde von Garuda, die er ständig bekämpft. Daß hierbei ein mythologisches Bild im Dienst der Guptas in ein politisches umgemünzt wurde, ist offensichtlich. Die Säule vor dem Changu Narayana-Tempel kann nicht ohne diesen Zusammenhang gesehen werden; und es wird mit Recht vermutet, daß sie die Gupta-Oberhoheit über Nepal impliziere. Die Garuda-Säule ist ein Hoheitszeichen, das an der für das Herrscherhaus bedeutensten Kultstätte aufgepflanzt wurde. Damit ist auch die Übernahme des Vishnuismus nach Nepal als politischer Akt zu verstehen, denn zur gleichen Zeit wählten alle anderen, von den Guptas unabhängigen Länder den Shivaismus zu ihrer Staatsreligion.

Es wird berichtet, daß König Hardidatta täglich vier Narayana-Heiligtümer besucht habe, die, nach den vier Himmelsrichtungen ausgerichtet, sich am Rande des Tales befanden. Ein täglicher Besuch dieser Heiligtümer ist aufgrund der tatsächlichen Entfernungen nicht möglich; doch steht dahinter die Vorstellung, daß der König als kultische Handlung sein Reich zu umwandeln habe. Die Ausdehnung dieses Reiches wird durch die in einem kreuzartigen System angeordneten vier Narayana-Heiligtümer als Markierungspunkte angegeben. Das Zentrum des Reiches wird durch ein fünftes Heiligtum bezeichnet. Eines der Heiligtümer am Rande des Tales, das seine östliche Ausdehnung markierte, war Changu Narayana.

Wie die Geschichte des Vishnuismus in Nepal verlaufen ist, ist noch weitgehend unklar. Im 7./8. Jahrhundert dürfte ein Wiederaufleben stattgefunden haben, denn aus dieser Zeit stammen sehr viele und überaus großformatige Bildwerke. Neue Bedeutung bekam der Vishnuismus in seiner Funktion für das Königtum unter *Jayasthitimalla* (1382–1395), der sich selbst als eine Inkarnation von Narayana bezeichnet. Dieser Brauch hat sich gehalten und auch der heute regierende König gilt noch als eine Inkarnation Narayanas. Zu dieser neu gewonnenen Bedeutung Narayanas während der Malla-Zeit gehört auch, daß vor jedem Palast ein dieser Gottheit geweihter Tempel errichtet wurde. Dabei ist es interessant festzustellen, daß man nicht entsprechend den Pashupatinath-Tempeln, wo auch das Linga von Pashupati in Deopatan wiederholt wurde, auf das Kultbild von Changu Narayana als Vorbild zurückgriff. Man bediente sich stattdessen in den Tempeln vor den Palästen einer Kultbildform, die dem Linga von Pashupati angenähert ist. Offensichtlich war der Narayana-Kult der Malla-Zeit nicht in dem Maße an Changu Narayana gebunden, wie es der Pashupati-Kult an den Tempel in Deopatan ist. Ein Zug der Malla-Zeit ist auch, daß man alte Bildwerke ausgräbt, wie es die Aktivitäten von Pratapamalla zeigen, und sie in den neu errichteten Palast eingliedert. Solche Nachrichten existieren nur für Narayana-Bildwerke, nicht aber für solche, die Pashupati darstellen. Daß man bei diesen Versetzungen auch deutlich die Bildwerke des 7./8. Jahrhunderts bevorzugte, ist eine zusätzliche Merkwürdigkeit.

Über die erste Offenbarung der Gottheit an der Stelle des heutigen Tempels erzählt die Legende folgendes: Es war einmal ein Asket, der in einem Hain auf dem Berge lebte und eine einzige braune Kuh besaß, mit deren Milch er die Opfergaben und seinen eigenen Lebensunterhalt bestritt. Einmal ging dessen braune Kuh weidend zu einem Campaka-Baum. Da trat aus dem Campaka-Baum ein schöner Mann hervor, trank ihre Milch und ging wieder in das Innere des Baumes. So geschah es sieben Tage lang. Da wurde der Asket außerordentlich wütend und beschloß, dem Bösewicht, der die Milch trank, die eigentlich zum Opfer bestimmt war, den Kopf abzuschlagen. Also ging der Asket der braunen Kuh nach, und, während sie unter dem Baum unsichtbar war, trank der Mann, der aus dem Campaka-Stamm hervorgetreten war, ihre Milch. Sobald er getrunken hatte, schlug ihm der zornbebende Asket mit dem Schwert das Haupt ab. Als der Körper dieses Mannes vom Kopf getrennt war, erschien er dem Asketen vierarmig, versehen mit Muschel, Diskus, Keule und Lotos, sitzend auf einem Garuda. Der Asket war, als er diese Erscheinung Narayanas sah, völlig verzagt und bot an, daß er bereit sei, für seine Tat zu sterben. Narayana jedoch redete ihm zu und sagte, er solle sich nicht fürchten, denn es sei richtig gewesen, was er getan habe. Dann erzählte Narayana dem Asketen, warum er ihm den Kopf abgeschlagen habe. In einem Kampf, als sein Herz bereits von siebzig schrecklichen Pfeilen durchbohrt war und Garuda, von neunzig Pfeilen an den empfindlichen Stellen getroffen wie ein gefällter Baum zur Erde gefallen war, habe er, Narayana, seinen Diskus gegen seinen Gegner, einen Brahmanen, geschleudert und diesem damit den Kopf abgetrennt. Wegen dieses

Fig. 20 Changu Narayana, Plan des Tempelhofes (Die Nummern 1–11 erscheinen an der Textstelle in eckiger Klammer)

1 Garuda Narayana-Tempel
2 Tempel einer Devi
3 Säule
4 Garuda
5, 6 Garudasana Vishnu
7 Vishnu, Lakshmi, Garuda
8 Vishnu Vikrantha
9 Vishvarupa Vishnu
10 Narasimha
11 Bhupalendramalla-Schrein (nach Physical Development Plan)

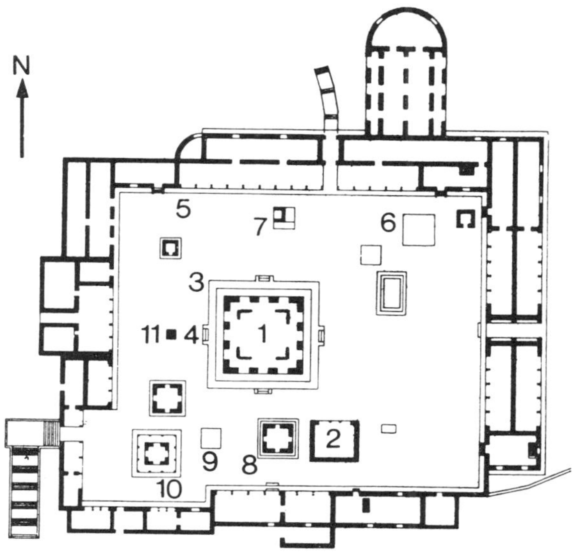

schrecklichen Brahmanenmordes sei er verflucht worden. Auch ihm würde ein aus dem Geschlecht des Ermordeten stammender Brahmane den Kopf abschlagen. Wegen der Übermacht des Brahmanenmordes habe er danach alle Länder durchstreift, aber nirgendwo Zuflucht gefunden. In der Mitte des Campaka-Baumes habe er dann darauf gewartet, daß ihm infolge der Verfluchung der Kopf abgeschlagen würde. Die Tat sei also nicht Schuld des Asketen. Jetzt, da der Fluch zerstört sei, habe er sich entschlossen, hier zu bleiben.

Der Tempel ist Narayana, sitzend auf Garuda, geweiht (Abb. 96). Die Darstellungsform des Kultbildes entspricht also der Erscheinungsform Narayanas vor dem Asketen in der Legende. Da niemand das Kultbild zu sehen bekommt, kann nicht entschieden werden, ob die dargestellte Erscheinungsform Narayanas, auch in bezug auf seinen abgeschlagenen Kopf, eine Beschreibung des Zustandes des Kultbildes ist.

Beschreibung

1. Garuda Narayana-Tempel

Der zweigeschossige Tempel *Garuda Narayanas* [1] steht innerhalb eines großen Hofgeviertes (Abb. 93). Die langgestreckten Trakte (Abb. 94, 95), die diesen Hof einschließen, enthalten Priesterwohnungen und Unterkünfte für Pilger und wurden nach dem Erdbeben von 1933 in einheitlicher Weise wieder aufgebaut. Allerdings zeigt bereits der Zustand dieser Baulichkeiten, daß dieser Tempelplatz nicht mehr in übermäßig hoher Verehrung bei der Bevölkerung steht. Dieses Heiligtum und seine Gottheit stehen vollständig im Schatten von Pashupatinath, und der Besucher findet sich oftmals in der Lage, der einzige Pilger an diesem Platz zu sein.

Der Typus des Tempels entspricht demjenigen von Pashupatinath (Abb. 108): ein zweigeschossiger Bau mit einem geschlossenen Umwandlungsgang und dreiteiligen mächtigen Portalen nach allen vier Himmelsrichtungen. Die erste Erwähnung eines Tempels an dieser Stelle stammt aus der Zeit um 600, jedoch muß die Geschichte eines Tempelbaues an dieser Stelle weiter zurückreichen, denn vor dem Westportal befindet sich die berühmte *Säule* mit einer Inschrift König *Manadevas* (2. H. d. 5. Jh.) (Abb. 95, 102). Erst für die späte Malla-Zeit liegen einige Baudaten vor. So errichtete König *Vishvamalla* von Bhaktapur (1547–1560), in dessen Herrschaftsbereich der Tempel damals lag, einen Neubau über den Ruinen des alten zusammengestürzten Tempels. Später fiel der Platz an das Königreich Kathmandu, und so ging die weitere Bautätigkeit von dort aus. Besonders in der Regierungszeit des unmündigen *Bhupalendramalla* (1687–1700) ließ dessen bauwütige Mutter *Riddhilakshmi* umfangreiche Erneuerungsarbeiten am Tempel vornehmen. Diese Frau war es auch, die in Kathmandu vor Trailokya Mohan Mandir im Jahre 1690 die Garuda-Figur (Abb. 19) als exakte Kopie desjenigen in Narayanhiti aufstellen ließ. Dies fällt mit ihrer Bautätigkeit in Changu

Narayana zusammen, wo die Arbeiten im Jahre 1694 beendet werden konnten. Jedoch wurde der Bau bereits im Jahre 1702 durch einen Brand vernichtet und mußte in den folgenden Jahren gänzlich neu errichtet werden. Zur Einweihung im Jahre 1708 versammelten sich alle drei Herrscher des Tales.

Die weiteren Beschädigungen durch Erdbeben im Jahre 1833 und 1933 dürften nicht weiter gravierend gewesen sein. So wie der Bau heute steht, ist er Resultat des Wiederaufbaus nach dem Brand von 1702. Dies gilt insbesondere für die Holzschnitzereien. Wie der ursprüngliche um 600 erwähnte Bau ausgesehen haben könnte, darüber gibt es keinerlei Hinweise, auch ist nicht bekannt, seit wann der Bau dem Typus des Tempels von Pashupatinath entspricht.

2. Die Skulpturen im Tempelhof

Für den kunstinteressierten Besucher ist der Bezirk von Changu-Narayana weniger wichtig wegen seines Tempels, der relativ neu ist, sondern wegen der Skulpturen, die sich im Tempelhof befinden und die Changu Narayana zu einem einzigartigen Museum nepalesischer vishnuitischer Kunst machen (Abb. 94–102). Im Westen des Tempels, links vom Eingang, steht die berühmte *Säule* [3] mit der Inschrift König *Manadevas,* die für die älteste in Nepal überlieferte Inschrift gehalten wird (Abb. 95, 102). In einem Teil der Inschrift ist ein Gespräch zwischen *Rajyavati,* der Gattin des gerade verstorbenen Königs, und ihrem Sohn, dem König Manadeva, wiedergegeben. Es ist dies ein ergreifendes Dokument einer menschlichen Situation von vor fünfzehnhundert Jahren: Die Königin erklärt ihrem Sohn, daß ihr Leben nun nutzlos geworden sei und daß sie ihrem Gatten in den Tod folgen wolle. Manadeva aber vermag sie umzustimmen und gemeinsam vollführen Mutter und tugendhafter Sohn die Totenriten für den verstorbenen König.

Zu einer unbestimmten Zeit muß die Säule, die ehemals die in der Nähe aufgestellte Figur Garudas ([4], Abb. 95, links u. 101) trug, umgestürzt sein. Gegen 1860 ließ der damalige königliche Arzt ein neues Kapitel anfertigen, das aus einem Lotos und einem Chakra (Diskus) bestand, und ließ die Säule neu aufstellen, indem er sie einfach ohne eigene Basis in den Boden pflanzte. Daher ist ein Teil der Inschrift heute in der Erde verborgen. Das Bildnis Garudas aber setzte er nicht wieder auf die Säule, sondern stellte es vor dem Eingang des Tempels auf (Abb. 101).

Nach dieser Tradition müßte das Bildnis Garudas gleichzeitig mit der Säule aufgestellt worden sein und damit etwa aus der Zeit um 400 stammen. Dagegen stehen neuere Datierungen aufgrund stilistischer Untersuchungen, die ein Datum für das 6./7. Jahrhundert ergeben. Neben dem Garuda von Narayanhiti, dessen Kopie sich vor Trailokya Mohan Mandir in Kathmandu befindet (Abb. 19), und dem zum Teil in die Erde versunkenen Bildnis nördlich von Taleju, ebenfalls in Kathmandu, stellt diese Figur Garudas in Changu Narayana sicherlich die großartigste Erfassung des vogelartigen Trägers von Gott Vishnu dar. In besonderem Maße drückt dieses Bildnis die heroischen Eigenschaften Garudas aus, das trotz der Schwere der Formen eleganten Charakter hat, wie die um den Hals Garudas geschlungene Schlange zeigt. Das Gesicht Garudas wiederum dürfte ein Porträt des damals regierenden Königs sein, der sich, mit Garuda identifiziert, als Träger der Gottheit und Ausführender seiner Wünsche darstellt (Abb. 101).

An der Nordseite des Hofes von Changu Narayana steht das Bildnis von *Garudasana Vishnu* [5], d. i. ein Vishnu auf Garuda sitzend (Abb. 96). Diese Figur, die aus stilistischen Gründen ins 9. Jahrhundert datiert wird, wiederholt hier im Tempelhof als Kopie das Kultbild im verschlossenen Inneren des Heiligtums. Die Gottheit hat ihre Füße fest auf die ausgebreiteten Flügel Garudas gestellt, der durch die Luft zu fliegen scheint. Der in königlicher Ruhe sitzende Vishnu hat zwei Arme auf seinen Schenkeln liegen, versehen mit den Attributen Muschel und Lotossame. Zwei Hände hält er erhoben, die eine mit einer Keule, die andere mit dem Diskus. Dahinter breitet Garuda mondorla-artig seine lodernden Schwanzfedern aus. In diesem wunderbaren Bildnis ist Vishnu in der Form dargestellt, in der er dem Brahmanen in der Entstehungslegende von Changu Narayana erschien, allerdings nicht mit abgeschlagenem Kopf, wie es dort der Fall war.

Eine spätere Version dieses Themas befindet sich im nordöstlichen Bereich des Tempelbezirkes unter einem Baum zusammen mit anderen Figuren ([6], Abb. 94). Auffällig ist, daß eigentlich keine einzige der vielen Figuren im Tempelhof von Changu Narayana sich an ihrem ursprünglichen Ort befindet, sondern alle in Art von Lapidarien auf Podesten neu plaziert sind. Zwischen der Zeit ihrer Entstehung und ihrer Zweitaufstellung, die eher einer Sicherstellung als einer kultischen Aktivierung gleichkommt, muß also eine Periode totaler Vernachlässigung des Heiligtums liegen. Der überaus große Bestand an schönsten Skulpturen wiederum zeigt, daß dieses Heiligtum zu bestimmten Zeiten eine überragende Bedeutung gehabt haben muß. Leider kann man im Moment von der heutigen Datierung der Figuren noch nicht auf die Blütezeiten des Heiligtums schließen, da die Datierungen selbst zu unsicher sind.

Nahe der Figur von Garudasana Vishnu befindet sich, in eine Mauer eingelassen, ein Relief [7], das *Vishnu* in Begleitung von *Lakshmi* und *Garuda* zeigt, die die vierarmig erscheinende Gottheit flankieren (Abb. 97). Lakshmi steht auf einer doppelten Lotosblüte und Garuda auf einem stilisierten Felsen. Vishnu hält wiederum in seinen vier Armen die Attribute Keule, Diskus, Muschel und Lotossamen. Dieser Bildtypus, hier möglicherweise aus dem 10. Jahrhundert, erfreute sich in Nepal großer Verehrung, und wurde bis ins 17. Jahrhundert in vielen Beispielen, nahezu unverändert tradiert.

Unter den Skulpturen, die im südwestlichen Bereich des Tempelhofes von Changu Narayana aufgestellt sind, verdienen drei höchste Beachtung, nämlich *Vishnu Vikranta, Vishvarupa Vishnu* und *Narasimha* (Abb. 98–100).

Das durchbrochen gearbeitete Relief von *Vishnu Vikranta* ([8], Abb. 99), das in das 9. Jahrhundert datiert wird, zeigt folgende Geschichte: Der König der Dämonen, *Bali*, entschloß sich, nachdem er die Herrschaft über die Erde errungen hatte, auch den Himmel zu erobern. Darüber gerieten die Götter in verständliche Aufregung. Sie fragten Brahma, den höchsten Gott, um Rat. Dieser schickte sie zu Vishnu, der den Göttern versprach, das drohende Unheil abzuwenden. Er kam deshalb auf die Erde und verwandelt sich hier in einen Zwerg. Als er hörte, daß der Dämonenkönig Bali das königliche Pferdeopfer feiern wollte, beschloß er, das Fest zu besuchen. Der stolze Bali bot dem Zwerg als Geschenk an, was immer er wolle, und der Zwerg erbat soviel Land von ihm, als er mit drei Schritten abmessen könnte. Als ihm dieser Wunsch gewährt wurde, verwandelte sich der Zwerg in einen kosmischen Giganten, für den zwei Schritte genügten, die Erde zu durchmessen. Mit dem dritten Schritt umfaßte er zur großen Erleichterung der Götter die Unterwelt.

Mehrere verschiedenzeitige Handlungen sind auf dem Relief durch eine übergreifende Komposition verbunden. Rechts unten wird das Pferd gezeigt, das der Anlaß des Festes ist. Links davon ist der Dämonenkönig Bali, begleitet von seiner Frau, dargestellt, wie er, zum Zeichen der Wunschgewährung, Wasser in eine Schüssel gießt, über die der Zwerg seine recht Hand streckt. Die Komposition wird dominiert von der Gestalt des schreitenden sechsarmigen Vishnu, die in raffinierter Weise vor einem ausgesparten Hintergrund gezeigt wird. Der frontal dargestellte, nach rechts schreitende kosmische Vishnu ist von Nebenfiguren umgeben, die sich auf diese Szene beziehen. Ein Naga (Schlange) verehrt seinen rechten Fuß, und gleichzeitig versucht ein Asura vergeblich, sein rechtes Bein festzuhalten, um den Gott so am Durchmessen der Erde zu hindern. Sein linker Fuß wird von Rahu verehrt. In den Wolken fliegen himmlische Wesen, und auf der linken Seite des Reliefs wohnen Lakshmi (auf einem Lotossockel) und daneben Garuda dem Ereignis bei.

Die zweite Stele dieser Südwestseite zeigt *Vishvarupa* (der Allgestaltige) *Vishnu* [9], ein Bildnis, das ins 9. Jahrhundert datiert wird (Abb. 98). Die Komposition wird beherrscht von Vishnu in einer zehnköpfigen und zehnarmigen Erscheinungsform, der, fest wie eine Säule, durch alle Zonen des Reliefs reicht und damit durch alle Zonen des Universums. Alle seine Köpfe sind ähnlich gekrönt und geschmückt und haben einen friedlichen Gesichtsausdruck. Eine Ausnahme bildet nur derjenige rechts unten, dessen Gesicht zornig verzerrt ist. Im unteren Bereich des Reliefs ist eine auf ineinanderverschlungenen Schlangenkörpern liegende männliche Gestalt dargestellt, die hier nicht, wie z. B. in Budhanilkantha oder im Garten des Palastes von Kathmandu, Jalasayana Narayana darstellt, sondern *Ananta*, der hier die Unterwelt in Form des kosmischen Ozeans symbolisiert. Allerdings ist Ananta auch eine Erscheinungsform von Vishnu. Darüber stützen drei Figuren die Füße von Vishnu, von denen die mittlere, weibliche, die Erde symbolisiert, und die beiden äußeren Nagas sind. In der gleichen Zone sind links und rechts je zwei Elefanten, die die vier Himmelsrichtungen der Erde darstellen. Das Relief ist weiter streng in Horizontalzonen gegliedert, die jeweils verschiedene Bereiche des Universums symbolisieren, und gipfelt links oben in dem vierarmigen mit Rosenkranz, Dreizack, Topf und Weltsamen ausgestatteten *Shiva*, der hier ebenfalls Zuschauer einer Erscheinung Vishnus wird, in der dieser als kosmische Säule Erde und Himmel verbindet und sich gleichzeitig als Zentrum des Universums zeigt.

Das dritte Relief, das ins 13. Jahrhundert datiert wird, zeigt Vishnu als *Narasimha* [10], eine hybride Erscheinungsform, halb Mensch, halb Löwe (Abb. 100). In der Mitte des Bildes ist Narasimha dargestellt, wie er einem Dämonenkönig die Eingeweide herausreißt. Dieser hatte seinen Sohn verfolgt, da er zum Anhänger Vishnus geworden war. Der Sohn, *Prahlada,* wohnt, auf der rechten Seite des Reliefs, in Verehrung der Szene bei, während auf der linken Seite *Lakshmi* und *Garuda* erscheinen. In der felsigen Sockelzone erscheinen zwei Nagas und daneben die heruntergefallene Krone des Dämonenkönigs. In der himmlischen Zone wohnen *Brahma, Indra* und *Shiva* dem Ereignis bei. – Der Kult für Narasimha fand im 17. Jahrhundert eine Wiederbelebung. In dieser Zeit wurde es üblich, vor dem Haupteingang zum Palast in den jeweiligen drei Hauptstädten ein Bildnis dieser Gottheit aufzustellen.

Auf der Westseite des Tempels steht ein kleiner Schrein [11], dessen Seiten von einem schön gearbeiteten, netzartigen Gitter gebildet werden. Er enthält die Stifterfiguren eines knienden Mannes mit einem Ehrenschirm und einer Frau. Es sind dies die Bildnisse von König *Bhupalendramalla* (1687–1700) und *Bhuvanalakshmi* (Abb. 92). Bhupalendra- für ihren unmündigen Sohn die Regierung, der ebenfalls bereits im Alter von achtzehn malla starb auf einer Pilgerfahrt nach Benares, und seine Frau Bhuvanalakshmi führte Jahren starb. 1704 ließ diese Königinwitwe die vergoldeten Statuen von sich und ihrem bereits verstorbenen Mann vor dem Tempel aufstellen.

Chabahil

Legenden und Geschichte

Chabahil ist heute ein unscheinbares Heiligtum mit einem kleineren Stupa (Abb. 104) auf dem Wege nach Bodhnath. Allerdings ist dieser Bereich von höchster religionsgeschichtlicher und kunsthistorischer Wichtigkeit, denn innerhalb des Tempelbezirkes befindet sich die reichste Überlieferung nepalesischer buddhistischer Skulptur. Dies ist um so merkwürdiger, als der Stupa optisch nicht sehr in Erscheinung tritt und auch kultisch gänzlich bedeutungslos ist. Jedoch entspricht dies durchaus nicht dem ehemaligen Rang des Tempelbezirkes.

Der Stupa (Abb. 104) liegt an einem für das historische Straßennetz des Kathmandu-Tales außerordentlich wichtigen Punkt, nämlich an der Kreuzung des von Indien über Kathmandu (Basarstraße) kommenden Handelsweges mit einer durch Patan (Nord-Süd-Achse) verlaufenden Straße. Daß ein solch wichtiger Verkehrsknotenpunkt auch seine architektonische bzw. kultische Zeichensetzung erhielt, zeigt dieser Stupa. Auch dürfte er ehemals nicht in freier Landschaft gestanden haben, sondern Zentrum eines größeren Stadtbereiches gewesen sein, der sich an dieser Stelle entwickelt hatte.

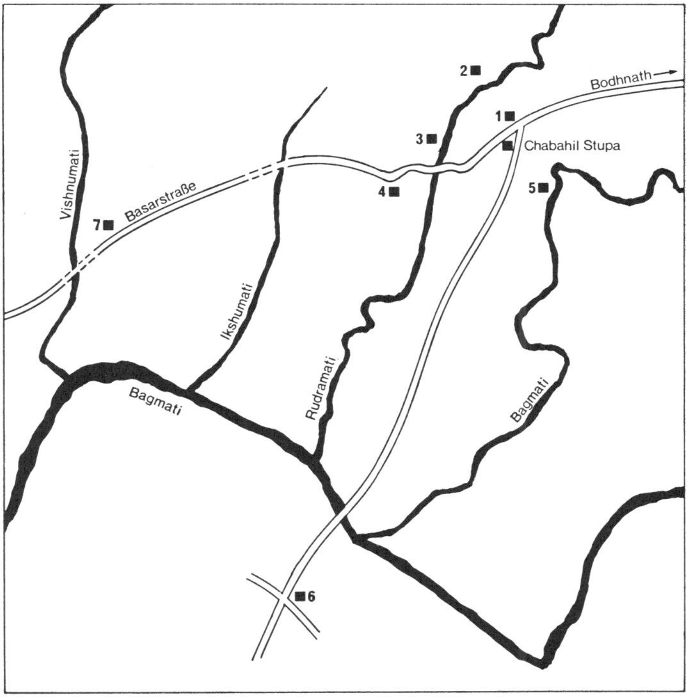

Fig. 21 Chabahil, Lage des Stupas am Schnittpunkt der alten Indien-Tibet-Straße (in west-östlicher Richtung) mit einer Straße von Patan (in nord-südlicher Richtung)

1 Chandra Vinayaha Ganesh
2 Dhumvarahi
3 Harigaon
4 Gyaneshvar
5 Pashupatinath
6 Patan, Palastbezirk
7 Kasthamandapa

Durch verschiedene Ereignisse ist dieser Stupa mit einem anderen buddhistischen Heiligtum weiter im Süden, in Deopatan, verbunden, das sich anstelle des in der Mitte des vorigen Jahrhunderts von *Sanaksingh,* einem Schwager von *Jung Bahadur Rana,* errichteten riesigen Tempels befunden hat. Das Kultbild dieses Vihars befindet sich heute in *Kwa Bahal,* nordwestlich vom Palast in Patan, wohin die Mönche von Deopatan aus umsiedelten. Ehemals aber bildete Chabahil zusammen mit dem Heiligtum in Deopatan das mönchische buddhistische Zentrum Nepals.

Chabahil soll, der Legende nach, von *Charumati,* einer Tochter Kaiser *Ashokas* von Indien, gegründet worden sein. Während einer Pilgerreise dieses Kaisers nach Nepal habe seine Tochter einmal gesehen, wie sich eine eiserne Pfeilspitze durch Einwirkung einer Gottheit in einen Stein verwandelt habe und daraus geschlossen, daß Nepal ein Land göttlicher Wunder sei. – Nach einer anderen Version habe dann *Guhyeshvari* diesen flachen Stein in ein Bildnis von *Shveta Vinayaka Ganesh* verwandelt. – Sie wollte daher in diesem Land bleiben, und Kaiser Ashoka gab sie einem gewissen *Devapala* zur Frau. Er schenkte beiden viel Land und alles, was sonst erforderlich war, und kehrte nach Indien zurück. Charumati und Devapala gründeten dann *Deo(deva)patan.* Sie wurden mit reicher Nachkommenschaft gesegnet, und, da sie ihr Leben in Zurückgezogenheit beschließen wollten, gründete jeder ein Vihar (Kloster). Aber nur dasjenige von Charumati konnte fertiggestellt werden. – In dieser Legende wird die Gründung von Deopatan mit der Gründung von Chabahil in Verbindung gebracht, und damit erhält Chahabil einen ganz eigenen Rang.

Eine weitere Legende schreibt die Gründung von Chabahil unter dem Namen *Dharmadatta Chaitya* einem König *Dharmadatta* aus Kanchi in Südindien zu: Er habe, nachdem er die Macht in Nepal errungen hatte, eine Stadt namens *Vishalnagar* gegründet, ferner den Pashupati-Tempel erbaut und im Nordwesten davon einen Stupa, den er nach seinem eigenen Namen benannte. Es handelt sich auch bei dieser Version um die Gründung von Stadt und Stupa, zusätzlich um die Erbauung des höchsten nepalesischen Heiligtums, Pashupatinath.

Die Verbindung von Stadtgründung und Aktivitäten in Chabahil wird auch in einer Legende betont, die sich auf einen König *Bhaskaravarma* bezieht, der als Eroberer vieler Länder geschildert wird. Er soll das von Devapala gegründete Dorf Deopatan zu einer Stadt ausgebaut und sie *Suvarnapuri* (Goldene Stadt) genannt haben. – Die tägliche Verehrung der Götter und die entsprechenden Zeremonien übertrug er buddhistischen verheirateten Priestern. Die Regeln und die Zeremonien, die beachtet werden sollten, ließ er auf einer Kupferplatte eingravieren und stellte sie im *Charumati Vihar* auf. – Offensichtlich wurde unter diesem König eine Neuorganisation des buddhistischen kultischen Lebens durchgeführt. Dabei zeigt den Rang von Charumati Vihar die Tatsache, daß die neuen Gesetze, in eine Bronzetafel graviert, hier niedergelegt wurden. Die Bronzetafel spielt in den späteren religiösen Auseinandersetzungen noch eine bedeutende Rolle. Denn im Zuge der Reformmaßnahmen unter *Shankaracharya,* die eine praktische Vernichtung des Buddhismus zufolge hatten, wurden für die buddhistischen Mönche neue Regeln erlassen. Die Tafel, die von Bhaskaravarma aufgestellt worden war, wurde beseitigt und, ebenfalls im Charumati Vihar, eine neue, mit den Regeln von Shankaracharya, angebracht. Hinzu kam der Befehl, Tieropfer durchzuführen. Auch diese Regel wurde auf die neue Tafel eingraviert. Die Mönche dieses Vihars gehörten zu denjenigen, die sich dem Bekenntnis von Shankaracharya anschlossen und entsprechend dessen neuer Ordnung heirateten. Allerdings weigerten sich einige Mönche, die nach der alten Ordnung weiter leben wollten. Sie verließen Charumati Vihar und schlossen sich den Mönchen von *Pingala Bahal Kot* an. In diesem südlich von Charumati und heute gänzlich zerstörten Vihar war die gesamte Gruppe der Mönche unverheiratet geblieben. Da sie sich offensichtlich nicht länger in Deopatan halten konnten, verließen sie ihren Vihar und gründeten in Patan einen neuen, *Kwa Bahal.* Dieser Vorgang scheint sich vielfach wiederholt zu haben, und die Gegend von Patan, auf der anderen Seite der Bagmati, wird als ein Rückzugsgebiet geschildert, wo die Buddhisten, die die alte Ordnung weiter praktizieren wollten, sich ansiedeln konnten. Viele Kultstätten in Patan haben Traditionen bewahrt, die ihre ursprüngliche Gründung im Bereich nördlich der Bagmati (also u. a. in Deopatan) lokalisiert.

104 CHABAHIL Stupa, von Nordosten

105 CHABAHIL Buddha Shakyamuni (vgl. Abb. 86, 89, 113)

106 CHABAHIL Votivstupa

107 CHABAHIL Votivstupa, Detail der 2. Stockwerkzone

108 PASHUPATINATH Blick in den unzugänglichen Tempelhof, von Osten

109 PASHUPATINATH Tempelbezirk an der Bagmati, von Nordosten

110 PASHUPATINATH Der Tempel mit dem Kailasha-Berg im Hintergrund, von Süden

111 PASHUPATINATH Verbrennungsplätze am westlichen Bagmati-Ufer
112 PASHUPATINATH Monumentales Linga vor Rajarajeshvari, von Süden

◁ 113 PASHUPATINATH
Buddha Shakyamuni vor Rajarajeshvari
(vgl. Abb. 86, 89, 105)

114 PASHUPATINATH
Westliches Bagmati-Ufer, von Süden

115 PASHUPATINATH
Lapidarium nahe Vatsala Devi

116 PASHUPATINATH
Lakshmi

117 PASHUPATINATH
Ananta Narayana

118 PASHUPATINATH
Vatsala Devi

119 PASHUPATINATH
Linga am Ostufer der Bagmati ▷

120 PASHUPATINATH
Plateau des Kailasha-Berges, Lingas ▷

121 PASHUPATINATH
Treppe zum Kailasha-Berg ▷

119

120

121

123 PASHUPATINATH Votivschreine am Ostufer der Bagmati

◁ 122 PASHUPATINATH Treppe am Ostufer der Bagmati

124 PASHUPATINATH Votivlingas

126 Landschaft bei DHULIKHEL

◁ 125 BODHNATH Stupa (vgl. Abb. 12)

127 Landschaft bei CHAPAGAON

128 Landschaft bei CHAPAGAON

129 Landschaft bei CHAPAGAON

130 Beim Pressen von Zuckerrohr

Im Zusammenhang mit dem Charumati Vihar läßt sich also ein Stück Geschichte des nepalesischen Buddhismus erfassen, die durchaus dramatischer verlaufen sein dürfte, als es die Legenden berichten.

Beschreibung

Der kleine offene Tempelbezirk (Abb. 104) liegt direkt an der Straße und besteht in der Mitte aus einem Stupa (Abb. 104), der umgeben wird von einer Fülle kleinerer Votivstupas (Abb. 106). Im Süden und Westen wird der Hof von einigen verfallenen Wohngebäuden eingefaßt. Von den ehemaligen sicherlich großzügigen Klostergebäuden, die hier einmal gestanden haben müssen, ist heute nichts mehr zu sehen. Der Stupa setzt sich zusammen aus einer einfachen Halbkugel über einer niedrigen Plinthe, auf der auch die fünf angefügten Schreine für die in die vier (fünf) Himmelsrichtungen sehenden mystischen Buddhas stehen, und einem unverhältnismäßig schweren turmartigen Aufsatz. Er entspricht damit dem gängigen Typus nepalesischer Stupas, so wie er auch in Svayambhunath vertreten ist. Abweichend jedoch vom Normaltypus ist die Gestaltung des turmartigen Aufsatzes, dessen Gliederung in dreizehn übereinanderliegende Ebenen nicht wie bei Svayambhunath (Abb. 80) durch Ringe erfolgt, sondern durch eine Folge von quadratischen, gemauerten Stufen. Bei dieser Lösung dürfte das Vorbild des nahegelegenen Bodhnath (Abb. 125) maßgebend gewesen sein.

Auf diesen turmartigen Aufsatz bezieht sich auch die einzige überlieferte Baunachricht des Stupas. Es wird berichtet, der Stupa sei im 17. Jahrhundert, um den Mast erneuern zu können, geöffnet worden, und man habe dabei eine Reihe von Figuren und Schriften im Inneren verborgen entdeckt, sie aber bei den folgenden Wiederherstellungsarbeiten belassen. Weitere Baudaten sind nicht überliefert und so bieten die Skulpturen an diesem Stupa die einzige Möglichkeit, Anhaltspunkte für seine Baugeschichte zu finden. Unterhalb der vier Schreine der mystischen Buddhas, die in die Haupthimmelsrichtungen orientiert sind, befinden sich auf der Plinthe Reliefs, die die wichtigsten Stationen des Lebens des historischen Buddhas symbolisieren. Z. B. steht das Rad mit den Rehen für seine erste Rede im Tierpark von Sarnath bei Benares. Die einzelnen Szenen werden jeweils begleitet von knienden Adoranten. Diese Reliefs werden aus stilistischen Gründen ins 7./8. Jahrhundert datiert. Damit muß der Stupa um diese Zeit bereits bestanden haben, unbeschadet der Tatsache, daß später seine Gestalt Veränderungen erfahren haben kann.

Hinzu kommt aber die Tatsache, daß im Hof verstreut eine Reihe von außerordentlich fein gearbeiteten Votivstupas stehen, die in ihren schönsten Beispielen aus dem 6. und 7. Jahrhundert stammen. Diese Votivstupas (chaityas), die aus einzeln gearbeiteten Platten bestehen, geben eine feine Stockwerkarchitektur wieder (Abb. 106, 107), die von einem großen kuppelartigen Stupa bekrönt wird, dessen Einfachheit in merkwürdigem Gegensatz zur reichen Gliederung der Fassaden steht. Gerade die Fenster und Portalrahmungen sind phantasievoll gestaltet, wobei pflanzliche Elemente oft in Tierleiber übergehen (Abb. 107). Ehemals enthielten diese Fensterrahmungen (Abb. 106, 107) kleine Figuren von Buddhas, die aber alle in späterer Zeit herausgemeißelt wurden. Da dies nicht nur bei den Votivstupas von Chabahil geschah, sondern überall im Kathmandu-Tal, kann man sich des Eindrucks nicht erwehren, als stünde dahinter eine systematisch durchgeführte Maßnahme. Die Stupa-Kuppeln waren ehemals von turmartigen Aufsätzen bekrönt, die jedoch, da sie als gesonderte Elemente gearbeitet waren, zumeist im Laufe der Zeit verlorengingen.

Ferner befindet sich in der Südwestecke des Hofes die nur fragmentarisch erhaltene Figur eines stehenden Buddha, die ins 6. Jahrhundert datiert wird (Abb. 105). Sie ist eines der frühesten Beispiele der bildlichen Darstellung Buddhas in Nepal und ist stark von der Bildhauerkunst Sarnaths (bei Benares) beeinflußt. Der Künstler hat eine Vorliebe für schwere Formen, wie das runde Gesicht, die breiten Schultern und die Brust zeigen. Dieser Typus des stehenden Buddha scheint mehrmals in Nepal gearbeitet worden zu sein, denn allein aus dem 6. Jahrhundert sind zwei weitere Beispiele überliefert, eines in *Harigaon*, nahe von Chabahil im Westen gelegen, und ein weiteres in *Bangemura*, im Norden des Stadtgebietes von Kathmandu. Weitere Beispiele späterer Zeit stehen in Pashupatinath (Abb. 103) und in Svayambhunath (Abb. 84). Bei dem Stück in Chabahil fehlen heute Mandorla und die beiden Arme.

Diese Figur eines Buddha, die Fülle der Votivstupas und die Reliefs an der Plinthe des Stupas zeigen eine auffallende Konzentration früher buddhistischer Skulptur in Chabahil, wie sie sonst nirgendwo im Kathmandu-Tal nachweisbar ist. Diese Erscheinung steht in deutlicher Parallelität zu der Aussage der Legenden über diesen Tempelplatz, nämlich, daß sich hier einmal ein wichtiges buddhistisches Zentrum befunden habe. Daß Chabahil vom 6. bis zum 8. Jahrhundert geblüht hat, davon zeugen die Skulpturen.

Pashupatinath

Legenden und Geschichte

Der Tempelbezirk von *Pashupatinath* (Abb. 108–124) hat sich an einer geographisch markanten Stelle entwickelt, denn hier durchbricht die von Norden kommende Bagmati in einer Schlucht ein Plateau. Diese Schlucht weitet sich nach Süden zu einem engen Tal, wo sich dicht gedrängt im Laufe der Jahrhunderte die verschiedensten Heiligtümer entwickelt haben (Abb. 109). – Zum Heiligtum von Pashupatinath gehören nicht nur die umfriedeten Bereiche, sondern auch der Fluß selbst und als heilige Haine die umliegenden lichten Waldungen, die sich bis auf das Plateau hinaufziehen. – Im Osten schließt sich die kleine Stadt *Deopatan* an den eigentlichen Tempelbezirk an. Der

Pashupatinath-Tempel selbst liegt auf etwa halber Höhe über dem Fluß und ist mit diesem durch eine steile Treppenanlage verbunden (Abb. 108). Gerade für ein Hinduheiligtum ist die Nähe zu einem Fluß oder einem Wasser notwendiger Bestandteil. Die verschiedenen Waschungen, denen sich der Gläubige unterziehen muß, sind weniger hygienisch als kultisch gemeint. Die Erbauung von Badeanlagen (ghats) an Flußufern galt immer als eine heilbringende Tat für einen König. Diese Ghats sind auch der Ort für die Totenriten (Abb. 111).

Die verschiedenen baulichen Anlagen im Bereich von Pashupatinath sind z. T. Tempel, zum großen Teil aber auch Unterkünfte für Pilger. Dem Besucher ist es nicht gestattet, die meisten dieser Tempelbezirke zu betreten, vornehmlich nicht den Bereich des Hauptheiligtums (Abb. 108). Von der terrassenförmig angelegten Bergwand östlich der Bagmati kann man aber sowohl die Vorgänge am Fluß selbst verfolgen, als auch, wenn

Fig. 22 Pashupatinath, Tempelbezirk an der Bagmati, Ansicht um 1880, von Nordosten (nach le Bon) (vgl. Abb. 109). Ein Vergleich mit der heutigen Situation zeigt einige zwischenzeitliche Veränderungen der Bebauung von Arya Ghat

man auf die oberste Terrasse geht, einen Blick in den eigentlichen Tempelbezirk tun (Abb. 108).

Der Bereich von Pashupatinath ist eine außerordentlich komplexe Tempelanlage, wobei die Teile in ihrem Zusammenwirken und in ihrer Einzelfunktion eigentlich nicht durchschaubar sind. Daß es gerade die Idyllik der Landschaft war, die *Shiva* (Pashupati) dazu bewogen hatte, sich hier anzusiedeln, davon erzählt folgende Legende: Als Shiva zusammen mit *Parvati* den ganz mit Blüten übersähten Shleshmantaka-Hain am Ufer der Bagmati erblickt hatte, wurde er erfreut und geriet in unvergleichliches Entzücken. Er nahm, von seiner Begleiterschar unbeobachtet, Gazellengestalt an und vergnügte sich zusammen mit dem Gazellenweibchen *Bhavani* (Parvati) voll Lust in diesem Hain. Doch die übrigen Götter begaben sich auf die Suche nach Shiva, und, nachdem sie überall herumgezogen und schon ganz ratlos waren, erblickten die Götter im lieblichen Shleshmantaka-Hain den einhörnigen, dreiäugigen, überaus schönen, fettgliedrigen Shiva in Gazellengestalt. Alle Götter waren erfüllt mit Freude und sie priesen ihn mit Lobgesängen. Aber Shiva wollte seine Gazellengestalt nicht aufgeben, und so planten die Götter *Indra, Vishnu* und *Brahma,* ihn zu überwältigen. Sie ergriffen das Horn des gazellengestaltigen Shiva und hielten es fest. Da aber Shiva, während sie ihn festhielten, jäh aufsprang, zersplitterte das Horn vierfach. Er schwamm auf das gegenüberliegende schöne Ufer der Bagmati, und daher bekam dieses den Namen *Pashupati* (Herr der Tiere).

Dann sprach Shiva zu den versammelten Göttern: »Ich werde hier in diesem lieblichen Hain bleiben und werde an keinen anderen Ort gehen. Weil ich hier im Shleshmantaka-Hain in Tiergestalt verweilte, deshalb wird mein Name auf der Erde Pashupati sein. Für alle Götter oder Menschen auf der Erde, die mich, Pashupati, sehen werden, für diese soll es keine tierische Wiedergeburt auf Grund meiner Gnade mehr geben. Mein Horn, das von Indra, Vishnu und Brahma festgehalten worden war, das soll als mein Linga an einem von mir erwünschten Platz aufgestellt werden.«

Interessant ist an dieser Geschichte, wie sich ein Symbol, nämlich das Einhorn, unversehens in ein anderes verwandelt, das *Linga* (Phallus). Shiva (Pashupati) wird in der Form des Lingas verehrt, und im Bereich von Pashupatinath finden sich viele Hunderte dieser Kultbilder, oftmals als Votiv-Lingas zum Gedächtnis an verstorbene Familienmitglieder aufgestellt (Abb. 112, 119, 120, 124). Die weitere Legende bezieht sich auf die Einrichtung des Tempelplatzes selbst mit seinen verschiedenen Gottheiten, *Guhyeshvari* und *Vatsala,* beides Formen von Parvati, und dem Linga im Pashupatinath-Tempel.

Nachdem Shiva den Göttern erklärt hatte, daß er hier bleiben wolle, erklärt ihm Parvati, daß sie am Ufer der Bagmati immer in seiner Nähe stehen wolle. Daraufhin erzählte ihr Shiva ein Ereignis aus einer ihrer früheren Existenzen, daß sie nämlich, aus Verachtung für ihren Vater, ihr Leben aufgegeben habe, und er, Shiva, in Liebe zu ihr, ihren Leichnam um seinen Hals gelegt, von Kummer überwältigt, die Erde durchstreift habe. Da habe Vishnu, aus Liebe zu ihm, die Glieder des Leichnams mit seinem

Diskus in die jeweiligen Teile gespalten. Weil ihr geheimer Körperteil an eine bestimmte Stelle des Ufers der Bagmati (jetziger Guhyeshvari-Tempel) gefallen sei, sei dieser Platz der vorzüglichste. Aber da sie in seiner Nähe bleiben wolle, so solle sie immer als Vatsala südöstlich von ihm stehen. Darauf stellte Vishnu das aus den Fesseln einer tierischen Wiedergeburt lösende Horn als Linga, das von allen Sünden befreit, am lieblichen, steilen, linken Ufer der Bagmati auf.

Die Götter, die sich im weiteren Umkreis um Pashupatinath ansiedelten, waren *Kalik* aus Radha, unter dem Namen *Jayavagishvari, Rajarajeshvari* aus Tripura, *Vasuki*, der Höchste der Nagas, *Janardana*, der in Gestalt eines Buddha aus Saurashtra gekommen war, und *Gorija*, unter dem Namen *Vajrayogini*.

Pashupati ist eine Form von Shiva und erlangte in der Geschichte Nepals eine einmalige und alles beeinflussende Stellung als Staatsgottheit. Ursprünglich scheint Pashupati eine Art von Patronatsgottheit nepalesischer Herrscher gewesen zu sein. Diese Stellung hatte er sicherlich seit der Zeit von Amshuvarman zu Anfang des 7. Jahrhunderts inne. Im Jahre 879 wurde an seinem Tempel eine neue, heute noch gültige Ära begründet, die auch nach dieser Gottheit benannt wurde. Bereits zu dieser Zeit also muß Pashupati eine zentrale Stellung gehabt haben, und in vielen Inschriften wird er als Oberherr Nepals angeredet. Da die nepalesischen Chroniken meist erst in späterer Zeit entstanden sind, spiegeln sie in ihrer Geschichtsschreibung diese letztere Funktion als Staatsgottheit wider und identifizieren das gesamte nationale Leben der Vergangenheit mit dieser Gottheit bzw. der Geschichte seines Tempels. Von den vielen schemenhaften Königsgestalten der frühen Zeit wird oftmals als einzige geschichtswürdige Tat eine Donation (Schenkung) an den Tempel berichtet.

Seit der Zeit von *Yakshamalla* (1428–1482) genügte es nicht mehr, die Gottheit Pashupati, die zur Manifestation des Staates geworden war, an ihrem originalen Ort in Deopatan anzubeten. Zur Legitimation der Macht der herrschenden Könige wurde es notwendig, in jeder der drei Hauptstädte des Tales einen eigenen Pashupati-Tempel als Kopie des ursprünglichen vorweisen zu können, und so errichtete im Jahre 1460 in Bhaktapur gegenüber seinem Palast Yakshamalla den dortigen *Pashupatinath (Yaksheshvara)-Tempel*. Bald folgte *Mahendramalla* von Kathmandu (1560–1574) mit einem eigenen, heute zerstörten Tempel vor dem Palast in Kathmandu, und in Patan wurde ein bereits bestehendes Shiva-Heiligtum mit Pashupati identifiziert, der *Kumbheshvara-Tempel* im Norden der Stadt. Für wie wichtig auch eine optische Verdeutlichung der direkten Verbindung von Königspalast zum Pashupatinath in Deopatan gehalten wurde, zeigt eine für verschiedene Könige berichtete Geschichte, daß nämlich vom Palast in Kathmandu bis zum Pashupatinath eine Fahne (wahrscheinlich eine Folge von Fahnen an einer Leine) angebracht wurde, die die Spitzen beider Gebäude miteinander verband. *Pratapamalla* (1641–1674), der den Pilgerweg nach Svayambhu ausgebaut hatte, legte auch von Kathmandu aus einen Pilgerweg nach Deopatan an und errichtete entlang dieses Weges eine Vielzahl von Tempeln.

Tatsächlich ist dieser Tempelbezirk ein Kristallisationspunkt früher nepalesischer Geschichte. Es haben sich hier in Bereichen, die dem Besucher allerdings nicht zugänglich sind, Skulpturen erhalten, die zu den ältesten in Nepal überlieferten gehören. Sicherlich war es ursprünglich auch nicht nur ein Tempelbezirk, sondern hier müssen die zum Teil namentlich überlieferten Paläste der Könige des Tales gelegen haben. Gerade der Berg *Kailasha* (Abb. 110) nördlich des Pashupati-Tempels bietet sich für einen solchen Palast an. Es führt heute eine Treppenanlage hinauf, für deren einzelne Stufen Steinsäulen verschiedener Bauten verwendet wurden (Abb. 121). Auf dem abgeräumten Plateau von Kailasha befinden sich nur noch wenige Lingas (Abb. 120) und ein schönes Säulenfragment der Licchavi-Zeit.

Die Fülle der aus allen Epochen nepalesischer Geschichte stammenden überlieferten Monumente im Bereich von Pashupatinath dokumentieren eine weitgehend ununterbrochene Geschichte dieses Tempelbezirkes in einer Weise, wie dies bei keinem anderen Heiligtum im Kathmandu-Tal der Fall ist. Daß diese Geschichte nicht gänzlich ohne Störungen verlaufen ist, zeigen die wenigen Informationen, die über das Priesteramt am Pashupatinath tradiert worden sind. Über die ursprüngliche brahmanische Priesterschaft ist nichts bekannt. Nachdem jedoch unter einem gewissen König *Vrikshadevavarman* im Zusammenhang mit religiösen Auseinandersetzungen die Buddhisten mächtiger geworden waren als die Hindus, stellten anstatt von Brahmanen die Buddhisten die Priester an diesem Shiva (Pashupati) geweihten Tempel. Auch war es in dieser Zeit üblich, von einem Kloster namens *Punya Vihar* aus die täglich anfallenden Speisereste auf das Kultbild im Tempel zu werfen.

Diese Situation änderte sich, als unter der 7. Inkarnation von *Shankaracharya* der Buddhismus praktisch vernichtet wurde. Da dieser religiöse Reformer offensichtlich keine einheimische brahmanische Priesterschaft mehr vorfand, der er hätte den Pashupatinath-Tempel übergeben können, holte er Brahmanen aus Südindien. Seit dieser Zeit wurden, mit Unterbrechungen, über viele Jahrhunderte die priesterlichen Funktionen an Pashupati zum Monopol von südindischen Brahmanen. Es hat sich sogar die Überlieferung gehalten, daß am Pashupatinath-Tempel eine Inkarnationsfolge von Shankaracharyas als Priester bestanden hätte.

Die durch Shankaracharya eingeleitete kultische Verbindung des Pashupatinath zu Südindien dürfte nicht ununterbrochen bestanden haben, zumal in die folgende Zeit auch der Sieg des Islam in Nordindien fällt. Erst König *Yakshamalla* (1428–1482) besann sich auf die von Shankaracharya niedergelegten Regeln und nahm diese Tradition wieder auf, indem er Bhatta-Brahmanen aus Südindien mit dem Priesteramt betraute. – Das Recht, einen Priester zu ernennen, lag immer bei dem König, in dessen Herrschaftsbereich der Pashupatinath-Tempel sich befand, und so fiel diese Aufgabe später den jeweiligen Königen von Kathmandu zu.

Unter König *Ratnamalla* (1482–1520) wurde ein Vertreter des Khodhanyasa namens *Someshvarananda*, der aus Südindien geholt wurde, zum Priester ernannt. Da der Kult dieser Sekte sehr umfangreiche Zeremonien hatte, ernannte der König zwei

Newars aus Bandepur zu Assistenten, die Bhandaris genannt wurden. Zwei weitere Newars aus Kathmandu wurden als Bisetas, Verwalter der Besitztümer und Tempelschätze, eingesetzt. Unter *Shivasimhamalla* (1578–1620) wurde ein weiterer Vertreter der Khodhanyasa, ebenfalls aus Südindien, berufen. Über diesen Mann namens *Nityananda* ist eine merkwürdige, schwer zu deutende Geschichte überliefert: Neider berichteten dem regierenden König über diesen Priester, daß er sein Haupt niemals vor einer der Gottheiten im Tempelbezirk beuge und daß er ungläubig sei. Der König begab sich deshalb nach Pashupati, um diesen Vorwurf zu prüfen. Aber Nityananda hatte die Absicht seines Kommens durchschaut. Nachdem er seine Zeremonien vor der Göttin *Chandeshvari* beendet hatte, begab er sich vor die Kultbilder verschiedener anderer Gottheiten, die, als er sich vor ihnen verbeugte, zersprangen. Daraufhin wollte sich Nityananda auch in den Tempel Pashupatis begeben, um sich vor dem Linga zu verbeugen, wurde daran aber vom König gehindert. Bald darauf soll Nityananda gestorben und in den Himmel eingegangen sein.

Wenn das Amt des Priesters am Pashupatinath vakant wurde, so mußte nicht etwa der König in Südindien suchen lassen, sondern vielfach wird berichtet, daß dann ein Brahmane aus Südindien auftauchte, sich in der Gegend von Deopatan niederließ und, da sich der Ruf seiner Heiligkeit sofort verbreitete und auch den König erreichte, kam dieser dann und ernannte ihn zum Priester am Pashupatinath. Unter König *Pratapamalla* wurde *Jnananda* Priester und, nachdem dieser in sein Land zurückgekehrt war, *Vimalananda.* Letzterer übertrug in der Regierungszeit von *Bhupalendramalla* (1687–1690) sein Amt auf *Raghavananda* und ging nach Benares, wo er sich lebendig begraben ließ. Als auch Raghavananda sich einige Zeit später am Ufer der Bagmati lebendig begraben ließ, wurde kein Priester mehr aus der Khodhanyasa-Sekte ernannt. – Die über viele Jahrhunderte andauernde Praxis, Brahmanen aus Südindien an den Pashupatinath zu berufen, garantierte eine enge religiöse Verbindung, und für viele Priester ist belegt, daß sie neue Kulte und deren Feste am Pashupatinath begründeten.

Das wichtigste Fest am Pashupatinath ist *Shivaratri* (die Nacht, die Shiva geweiht ist). Dieses findet im Frühjahr, oft im Februar, am 14. Tag des abnehmenden Mondes statt, und Tausende von Pilgern aus Indien kommen aus diesem Anlaß nach Nepal.

Beschreibung

1. Pashupatinath-Tempel, Arya Ghat, Kailasha-Berg

Der Tempel von *Pashupatinath* (Abb. 109, 110) liegt auf halber Höhe über der Bagmati auf einem Plateau, das nach Westen durch eine auf gleicher Höhe liegende Straße mit dem Ort Deopatan verbunden ist. Nach Osten verbindet eine steile Treppenanlage den Tempelhof mit Arya Ghat und der Bagmati (Abb. 108). Für den Besucher ist dieser Bereich nicht zugänglich, jedoch kann er vom gegenüberliegenden Bagmati-Ufer aus in den Tempelhof hineinsehen (Abb. 108).

Die Gründung des Tempels geht wahrscheinlich auf König *Pashupreksha* zurück, der im 3. Jahrhundert n. Chr. gelebt haben soll. Offensichtlich errichtete Pashupreksha diesen Tempel seiner Schutzgottheit Shiva unter dem Namen Pashupati in Anlehnung an seinen eigenen Namen. Bis zum 14. Jahrhundert sind keine Baudaten bekannt, es wird nur stereotyp von nahezu jedem König berichtet, er habe die Dächer erneuern und vergolden lassen oder aber eine neue vergoldete Tempelspitze gestiftet. Im Jahre 1349 zerschlugen die marodierenden Truppen von Sultan *Shams ud-din Ilyas* von Bengalen, deren Aktivitäten auch für den Svayambhunath belegt sind, das Linga von Pashupati in drei Stücke. Dabei dürfte auch der Tempel selbst zerstört worden sein, zumal überliefert ist, sämtliche Städte des Tales seien niedergebrannt worden. 1360 wurde das zerstörte Linga Pashupatis durch eine genaue Kopie ersetzt.

Spätestens seit dem 15. Jahrhundert wurde die Bauform von Pashupatinath zur vorbildhaften Form, die verbindlich wurde für alle Tempel, die dem Staatskult dienten (Pashupati, Narayana, Matsyendranath), und für die Hausgottheiten der Mallas (Degutale und Taleju in Kathmandu). Der erste Tempel, der in den Formen von Pashupatinath errichtet wurde, war der Yaksheshvara-Tempel in Bhaktapur im Jahre 1460. Dabei ist es interessant festzustellen, daß auch der Pashupatinath-Tempel, ebenso wie Taleju (Abb. 14) und Degutale (Abb. 18), zeitweilig dreigeschossig gewesen sein muß, denn 1585, nachdem der Priester Nityananda seine Erlaubnis dazu gegeben hatte, wurde das dritte Geschoß wieder abgenommen.

1696 wurden umfangreiche Erneuerungsarbeiten unter der Königin-Witwe *Riddhilakshmi* durchgeführt, da Termiten einen Teil der Holzrahmungen zerfressen hatten. Zuerst wurde die Tempelspitze herausgenommen und dann der Tempel auseinandergenommen. Dann begann der Neubau und fünf Tage später wurden die Portalrahmungen aufgestellt. Danach wurden die Wände aufgeführt und die Dächer gesetzt. Der Wiederaufbau, der nur sieben Monate gedauert hatte, wurde mit der Einfügung der Tempelspitze in das oberste Dach beendet. Die Erdbeben von 1810, 1833 und 1933 überstand der Tempel ohne Schaden. Seine heutige prunkvolle Ausgestaltung durch Marmorvertäfelung der Wände sowie durch Gold- und Silberverkleidung der Portalrahmungen geht wesentlich auf die überschwengliche Verehrung der Nationalgottheit im vorigen Jahrhundert zurück. Ein Beispiel dafür ist auch das monströse, große Bildnis des liegenden *Nandi* (Stier), des Trägers Shivas, der die Westseite des Tempels beherrscht.

Nördlich hinter dem Tempel erhebt sich ein Hügel (Abb. 110), der wahrscheinlich ehemals einen berühmten Palast getragen hat. Bei einer Treppe die dorthin führt, wurden für die Stufen verschiedene Säulen ehemaliger Gebäude wiederverwendet (Abb. 121). – Zur Bagmati führt vom eigentlichen Tempelbezirk eine Treppe hinunter. Die Uferanlagen unterhalb des Tempels bilden *Arya Ghat* (Abb. 108, 109). Zwar geht dieses Ghat in seiner heutigen Form auf Pratapamalla zurück, doch haben sich hier in den kleinen Schreinen an der Bergwand sehr alte Skulpturen erhalten, die zu den frühesten in Nepal überhaupt überlieferten zählen, und es wird vermutet, daß einige von ihnen Porträts von Königen darstellen und Teil einer Art von Ahnengalerie bilden, die sich die frühen Herrscher in Nepal hier angelegt hatten.

2. Bereich von Vatsala Devi

Eng mit Pashupatinath verbunden ist die Göttin *Vatsala* (Abb. 118), die hier als eine Form von *Parvati* gilt. In den Legenden wird der Gläubige immer wieder aufgefordert, in der Bagmati zu baden, dann die Göttin Vatsala zu besuchen und danach erst sich zum Heiligtum von Pashupatinath zu begeben. Ferner wird berichtet, Pashupati selbst habe diesen Ort südöstlich seines Lingas als Wohnsitz für Parvati bestimmt, die hier den Namen Vatsala (Zarte, wörtlich: Kälbchen) tragen solle. Auch die nordöstlich befindliche *Guhyeshvari* gilt als Form von Parvati, und die gleiche Legende betont, daß Guhyeshvari das ältere Heiligtum sei, älter noch als Pashupatinath selbst.

Jedoch scheint die Göttin Vatsala im Laufe ihrer Geschichte durchaus nicht nur zärtliche Eigenschaften gehabt zu haben. Ein Wiederaufleben ihres Kultes hat unter einem König *Shivadevavarman* stattgefunden, wo sie als höchste Gottheit Nepals betrachtet wurde. Dieser König legte südlich ihres Tempels Verbrennungsplätze an (Abb. 111), die heute dort noch in Benutzung sind. Auch baute er eine besondere Straße, auf der die Toten dorthin getragen werden konnten. Dieser König führte den Brauch ein, nachdem er alle Götter Nepals eingeladen und verehrt hatte, daß Vatsala jährlich Menschenopfer dargebracht würden und zwar durch die Hände buddhistischer Priester (Acharyas). Um zu zeigen, daß dies in Übereinstimmung mit den bisherigen Glaubensvorstellungen geschehe, wurde eingeführt, daß an großen Festen eine Fahne an der Spitze des Tempels von Pashupatinath befestigt wurde, die mit ihrem anderen Ende bis zum Tempel der Vatsala reichte. Einer der Nachfolger von Shivadeva namens *Vishvadeva* versuchte zwar, den Brauch, Menschenopfer darzubringen, abzuschaffen, stieß dabei aber auf Widerstand, wahrscheinlich seitens der Priesterschaft.

Bis ins vorige Jahrhundert hat ein Vatsala-Tempel nahe der Brücke über die Bagmati existiert, und er war, wie ein Bericht dieser Zeit vermerkt, mit »horribly indecent figures« ausgestattet. Etwa an dieser Stelle steht heute ein kleiner offener, dachloser Schrein, in dem sich ein Kultbild der Vatsala befindet (Abb. 118), das aus stilistischen Gründen ins 12. Jahrhundert datiert wird. Es zeigt eine sechsarmige Göttin, die auf einem doppelten Lotos sitzt, offensichtlich vor einer Höhle, denn die Struktur der Rückwand ist eine stilisierte Felszeichnung. Sie wird auf jeder Seite begleitet von je zwei weiblichen Gottheiten, die in zwei Registern übereinander angeordnet sind.

In diesem Schrein befindet sich auch das große Bildnis einer stehenden weiblichen Gottheit (Abb. 116), die zwar als *Lakshmi* gilt, die aber bisher ikonographisch noch nicht näher bestimmt werden konnte. Sie wird ins 7. Jahrhundert datiert und gehört sicherlich zu den schönsten Schöpfungen nepalesischer Skulptur. Die Schildkröte, normalerweise die Trägerin der Flußgöttin *Yamuna*, gehörte ursprünglich nicht zu dieser Figur. Es wird angenommen, daß diese Figur zusammen mit einer heute nicht mehr vorhandenen Shiva-Figur das Hauptkultbild eines großen Tempels der Licchavi-Periode darstellte.

Daß die Architekturlandschaft dieser Gegend sich im Laufe der Jahrhunderte geändert hat und heute nur noch einen geringen Abglanz ehemaliger Pracht darstellt, davon zeugen die vielen verstreut aufgestellten Architekturfragmente der Licchavi-Periode, die gerade in diesem Bereich zu sehen sind. Einige Säulenstümpfe (Abb. 115) stehen etwas nördlich vom Schrein der Vatsala. Ein weiteres Fragment einer Portalwange ist in die Sockelzone eines neueren Gebäudes auf der Südseite des Hofes eingelassen. Diese Fragmente zeigen auch, daß es ehemals eine Steinarchitektur in Nepal gegeben haben muß, die nur wenig mit der Architektur in Ziegel und Holz der Malla-Zeit gemein hatte. – Aus dem 7. Jahrhundert stammen die beiden Säulenstümpfe, die in ihrer Basiszone die Darstellung eines zusammengekauerten Zwerges haben, die ganz stark in der Gupta-Tradition Nordindiens steht. Solche Säulenfragmente haben sich im Bereich von Pashupatinath mehrfach erhalten.

In der Regierungszeit von *Amaramalla* von Kathmandu (1530–1538) kamen Töpfer und baten den König, ein Bildnis von *Ananta Narayana* (Abb. 117) im Heiligtum von Pashupatinath aufstellen zu dürfen, der König aber gab ihnen keine Erlaubnis. Daher stellten sie eines Nachts heimlich im Bereich des Vatsala-Tempels, der außerhalb des eigentlichen Tempelbezirkes von Pashupatinath liegt, das große Bildnis von Ananta Narayana auf. Dieses besteht aus einzelnen, getrennt gebrannten Platten, die nur zusammengesetzt werden brauchten. Was die Töpfer zu dieser Demonstration veranlaßte, wird, wie in Legenden üblich, nicht gesagt.

3. Bereich von Rajarajeshvari

Der für Besucher verschlossene Bezirk der Göttin *Rajarajeshvari* liegt am westlichen Ufer der Bagmati, südlich von Vatsala und bildet in dieser Richtung den Abschluß des Bereiches von Pashupatinath. Die Gebäude selbst befinden sich in einem stark vernachlässigten Zustand. Die Göttin soll zu einer unbestimmten Zeit aus Tirhut hierhin gekommen sein und wird als gütig bezeichnet. Sicherlich kann man ihre Überführung nach Nepal mit einer Einwanderungswelle in Verbindung bringen. Über die Geschichte der Gottheit ist wenig bekannt. Jedoch ereignete sich unter König *Ratnamalla* von Kathmandu (1482–1520) eine leider nur schwer zu deutende Begebenheit. Die *Thakuris* aus Nawakot (westlich des Kathmandu-Tales) hätten das Bildnis der Göttin ohne Erlaubnis des Königs angemalt. Darüber wurde Ratnamalla zornig und eroberte im Jahre 1491 deren Land. Dann brachte er eine große Menge an Früchten und Blüten aus Nawakot und opferte sie Pashupatinath. Seit dieser Zeit existiere der Brauch, Früchte und Blüten als Opfer aus Nawakot zu bringen. Da die Thakuris aus Nawakot einige Zeit in Nepal geherrscht haben, erscheint es nicht unmöglich, daß sie Rajarajeshvari als ihre Hausgöttin betrachteten, und somit die Bemalung des Bildnisses eine Art von Hoheitsanspruch darstellte, den der regierende König nicht zulassen konnte. Jedoch gibt es eine weitere Version dieses Ereignisses, wonach König Ratnamalla die Thakuris von Nawakot, die gar nicht in seinem Herrschaftsbereich lagen, zu *Chitrakaras* (Malern) bestimmt hätte. Als diese daraufhin Widerstand leisteten, sei der König im Jahre 1491 in ihr Land eingefallen, habe es erobert und geplündert. Ob die Bestimmung König Ratnamallas, daß die Thakuris von Nawakot Chitrakaras werden sollten, in Verbindung damit zu sehen ist, daß diese das Bildnis von Rajarajeshvari angemalt hatten, und damit als Strafe, muß vorerst unklar bleiben.

Zwischen dem eigentlichen Tempelbezirk von Rajarajeshvari und der Bagmati steht ein riesiges Linga auf einer Yoni (Abb. 112). Über dieses unverhältnismäßig große Linga gibt es folgende Entstehungslegende: Vor dem Tempel von Rajarajeshvari befand sich ehemals ein Brunnen, in dem man, wenn man hineinsah, die Gestalt von sich sah, die man bei der nächsten Wiedergeburt annehmen würde. Da ein gewisser König glaubte, daß dies bei der Bevölkerung großes Leid verursachen würde, so ließ er den Brunnen zuschütten und darüber ein großes Emblem von Shiva errichten, das er *Anahavrateshvara* nannte. Sicherlich handelte der König nicht aus Sorge um das seelische Gleichgewicht der Bewohner Nepals, sondern in der Absicht, einen Kult, der sich um diesen Brunnen konzentrierte, zu zerstören, und als Zeichen des von ihm selbst propagierten Kultes stellte er das Linga auf.

Es gibt merkwürdig häufig Erzählungen, wo von Brunnen, die vor Tempeln mit weiblichen Gottheiten liegen, die Rede ist. Ein Beispiel wird in der Zerstörungslegende von *Vishalnagar* erzählt, wo das Feuer aus dem Brunnen vor dem Tempel der Göttin herausbricht. Ein weiterer Brunnen hat vor Guhyeshvari gelegen, wurde aber von Pratapamalla nach der Wiederentdeckung dieses Heiligtums sofort zwar nicht zugeschüttet aber zugedeckt.

An der Nordseite der Umfassungsmauer von Rajarajeshvari steht, halb in die Erde gesunken, die Figur von *Buddha Shakyamuni* (Abb. 113), in einer ähnlichen Form, wie sie z. B. in Chabahil (Abb. 105) und auch in Svayambhunath (Abb. 86) überliefert ist. Das Standbild hier wird ins 11. Jahrhundert datiert und zeigt als eines der wenigen erhaltenen Stücke die starke Verbindung, die der heute eminent hinduistische Bezirk von Pashupatinath während bestimmter Perioden der Geschichte auch zum Buddhismus gehabt haben muß, eine Tatsache, die sonst nur noch durch die Legenden überliefert ist.

4. Bereich östlich der Bagmati

Im Bereich von Vatsala führen zwei Brücken an das andere Ufer der Bagmati, und von da führt eine breite Treppe auf den bewaldeten Hügel, *Mrigasthali,* der in der Entstehungslegende von Pashupatinath eine Rolle als der Platz spielte, wo sich Shiva und Parvati in Gestalt von Gazellen vergnügten. Noch heute hat sich dieser heilige Hain etwas von der in der Legende überlieferten Idyllik und Schönheit bewahrt. Mrigasthali war immer auch der geeignete Ort, wo sich Einsiedler niederlassen und hier ihr heiliges und auch sonderbares Leben führen konnten (Abb. 122). Man braucht sich nicht zu wundern, wenn einige der Schreine auch gleichzeitig als Klause dienen. Bis in die Mitte des 19. Jahrhunderts hinein befanden sich im Hang am östlichen Ufer der Bagmati, direkt gegenüber dem Tempel von Pashupatinath, eine Fülle von Höhlen, in denen solche Einsiedler hausten. Später wurde dieser Abhang terrassiert und mit militärisch streng aufgereihten, gleich aussehenden Votivschreinen versehen (Abb. 109). Auf der obersten Terrasse hat man in den letzten Jahren ein kleines Lapidarium alter Steinskulpturen geschaffen, die hier zusammengetragen und neu aufgestellt wurden. Nur das schöne eingesichtige Linga (Abb. 119) am Ende dieser Galerie scheint sich schon immer hier befunden zu haben. Er wird in die Zeit um 500 datiert.

Die große Treppenanlage wurde wohl im Zusammenhang mit einem Tempel erbaut, den *Jung Bahadur Rana*, Premierminister und Diktator Nepals, um die Mitte des 19. Jahrhunderts gestiftet hatte, der aber heute schon wieder weitgehend ruinös ist. Südlich dieser Treppe, entlang dem östlichen Ufer der Bagmati befinden sich auf verschiedenen Ebenen eine Reihe von Schreinen (Abb. 123), ebenfalls neueren Datums, in deren umfriedeten Bereichen sich aber eine erstaunliche Fülle alter Skulpturen erhalten hat, die z. T. unbeachtet herumliegen.

In einem der Schreine südlich der Treppe befindet sich eine Trias, die als *Rama* mit seinen beiden Söhnen *Lava* und *Kusha* verehrt wird. Erst kürzlich wurden diese Figuren als eine Stiftung von *Vishnugupta* aus der Mitte des 7. Jahrhunderts identifiziert. Jedoch ist noch unklar, wo Vishnugupta diese Standbilder ursprünglich errichten ließ. Eine Tradition berichtet, daß erst König *Jayasthitimalla* (1382–1395) diese Figuren als Rama, Lava und Kusha hier aufrichten ließ und sie als Patronatsgottheiten verehrte. So scheinen diese Figuren, die durch ihr Alter und womöglich auch den Ort, wo sie gefunden wurden, geheiligt waren, unter Jayasthiti neu für den Herrscherkult adaptiert worden zu sein.

Nordöstlich von Mrigasthali liegt, in einem Tal versteckt, das unzugängliche Heiligtum von *Guhyeshvari*, das neben Svayambhunath für den ältesten Kultplatz des Kathmandu-Tales gehalten wird. Über lange Zeit scheint es vollständig in Vergessenheit geraten zu sein. Erst unter König *Pratapamalla* von Kathmandu (1641–1674) entdeckte ein Brahmane, der ein Verehrer von Narasimha war, die Stelle, wo sich das Heiligtum befunden hatte. Nachdem der König dann den Brunnen von Guhyeshvari gefunden hatte, ließ er ihn nicht etwa wiederherstellen, sondern mit Eisenträgern überdecken und darauf ein magisches Diagramm in der Form von acht Lotosblättern anbringen. Ferner errichtete er die Bildnisse folgender Gottheiten: die *Neun Durgas, Ganesh, Bhairava* und *Narasimha,* und umgab alles mit einer Mauer. Auch errichtete er zwei Steinsäulen, eine mit einem Löwen und die andere mit der Gestalt eines Mannes. Unter den beiden letzten Malla-Königen von Kathmandu, *Jagatjayamalla* (1722–1736) und *Jayaprakashamalla* (1736–1768) erlangte Guhyeshvari kurzfristig die Stellung einer Patronatsgottheit, die sonst in dieser Zeit eigentlich nur Taleju oder Degutale zustand. Entsprechend machten beide Könige bedeutende Stiftungen an den Tempel. So errichtete Jayaprakasha eine neue Badeanlage beim Guhyeshvari-Tempel am Ufer der Bagmati. Aufgrund des Rates eines Einwohners von Bhaktapur begradigte dabei Jayaprakasha auch den Verlauf des Flusses, der früher, von Osten kommend, an dieser Stelle noch ein Stück nach Norden geflossen war. Dies wurde von den Bewohnern als eine unglückverheißende Tat angesehen.

Bodhnath

Legenden und Geschichte

Bodhnath ist eine riesige Stupaanlage auf einer Hochebene im Nordosten von Pashupati (Farbt. 7, Abb. 12, 125). Sie hat sich in den letzten Jahren immer mehr zu einem bedeutenden tibetischen religiösen Zentrum entwickelt, und in der Umgebung haben sich viele Tibeter angesiedelt, die dort vornehmlich Teppichweberei betreiben. Diese Werkstätten und die Klosteranlagen der Umgebung, die ebenfalls Neugründungen der

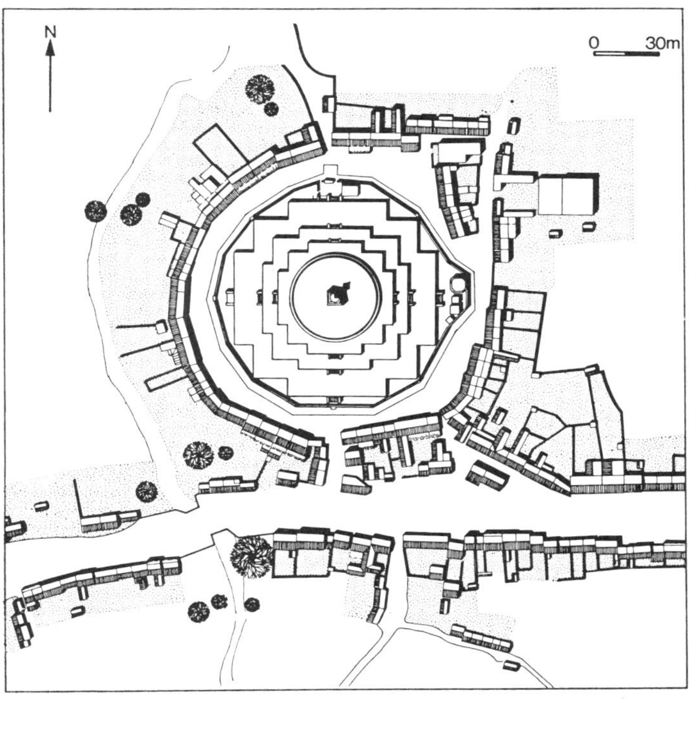

Fig. 23 Bodhnath, Plan des Stupas (nach Kathmandu Valley)

letzten Jahre darstellen, bieten die Möglichkeit, in Nepal ein Stück tibetischer Kultur zu studieren. Der *Stupa* von Bodhnath, der an dem alten Handelsweg nach Tibet liegt, gilt bereits seit vielen Jahrhunderten als tibetisches buddhistisches Heiligtum, und es verbinden sich eine Reihe von tibetischen Vorstellungen mit seiner Entstehung. Eine Tradition besagt, daß der Stupa Reliquien des *Buddha Kashyapa* enthält. Aus dieser Annahme wird auch der Name des Stupas, *Khasti,* erklärt.

Eine andere tibetische Tradition besagt, daß der Stupa als Reliquienschrein über einem Grab errichtet wurde, das die Asche eines bedeutenden tibetischen Lamas aus Lhasa enthält, der auf einer Pilgerfahrt nach Nepal kam und hier starb. Merkwürdigerweise wird Bodhnath nur von tibetischen Buddhisten verehrt und nicht etwa von newarischen. Dies ist eine gänzlich andere Situation als bei dem von Tibetern ebenfalls verehrten Heiligtum von Svayambhu, das aber in gleicher Weise auch von newarischen Buddhisten verehrt wird. Die Renovierungen am Bodhnath wurden meist von der Regierung in Lhasa getragen, und nur ganz selten beteiligten sich nepalesische Könige an Stiftungen. Eine der wenigen Ausnahmen bildet *Pratapamalla* (1641–1674). Die Sonderstellung des Bodhnath im Zusammenhang mit anderen Heiligtümern im Kathmandu-Tal zeigt die Tatsache, daß sich keines der vielen Feste der Newaris mit diesem Tempel verbindet, ganz im Gegensatz z. B. von Svayambhu. Dennoch erscheint es als sehr unwahrscheinlich, daß diese riesige Anlage gänzlich eine Bauleistung der Tibeter in einem fremden Land darstellen soll. Dazu sind die tibetischen Traditionen, die sich mit diesem Stupa verknüpfen, zu wenig konkret. Eher erscheint es als möglich, daß dieses Heiligtum erst nach dem Verfall des von Newars getragenen Buddhismus von Tibetern übernommen wurde. Und so gibt es auch eine Tradition, die die Errichtung des Stupas als die Sühneleistung eines nepalesischen Königs beschreibt.

König *Vikramakeshari* errichtete einen Palast von neun Stockwerken und ließ seine Stadt mit Gartenanlagen und einem weiten Verteidigungsgraben versehen. Eines Tages bemerkte er, daß der Brunnen von *Narayanhiti* (vor dem heutigen Königspalast) ausgetrocknet war. Deshalb ging er nach Budhanilkantha, um bei *Narayana* Rat zu holen, der ihm sagte, er solle Astrologen konsultieren. Die Astrologen teilten Vikramakeshari nach einiger Überlegung mit, daß das Opfer eines Menschen, der die 33 Attribute (die Attribute eines Königs) besäße, erforderlich sei. Da diese königlichen Attribute nur Vikramakeshari selbst und dessen Sohn besaßen und der König glaubte, daß es eine Grausamkeit wäre, seinen eigenen Sohn zu töten, so beschloß er, sich selbst zu opfern. Er rief daher seinen Sohn *Bhupakeshari* und befahl ihm, am vierten kommenden Tage nach Narayanhiti zu gehen und dort einen Mann, den er am Brunnen vollständig bedeckt liegend finden würde, zu töten. Er solle nicht auf dessen Gesicht sehen. Am genannten Tage ging der Prinz dorthin und schlug dem Mann, den er, wie es sein Vater beschrieben hatte, am Brunnen vorfand, den Kopf ab. Anstelle von Wasser floß Blut in den Brunnen, und der Prinz ging zur nahe gelegenen *Ikshumati,* um dort seine Hände zu waschen, fand aber, daß dort Schwärme von Würmern im Wasser waren. Als er nach Hause kam, hörte er, wie die Leute riefen, daß er seinen Vater getötet habe. Nachdem der Sohn die Totenriten für seinen Vater vollzogen hatte, übergab er die Regierung an seine Mutter und ging zum Heiligtum von *Mani Yogini*, um für seine Sünde zu büßen.

Da die Göttin Mitleid hatte, sagte sie ihm, er solle einen großen buddhistischen Tempel mit in vier Rängen angeordneten Bildnissen von Gottheiten erbauen. Der Platz, wo er den Tempel errichten solle, würde ihm durch einen Kranich angezeigt werden. Entsprechend erhob sich ein Kranich und ließ sich an der Stelle nieder, wo heute der Tempel steht. – Eine andere Version berichtet, daß, als der Sohn dem Vater das Haupt abschlug, sich dieses an die Hand des Vatermörders heftete, und so sei er zu Mani Yogini gegangen. Noch heute sei ein Bildnis dieses Kopfes beim Heiligtum von Mani Yogini zu sehen.

Als Bhupakeshari mit den Bauarbeiten am Stupa begann, herrschte große Trockenheit, so daß die Arbeiter, die Ziegel formten, nur dadurch genügend Wasser erhielten, daß sie Kleider in das Flußbett legten und danach die angesaugte Feuchtigkeit auswrangen. Als die Ziegel fertig waren, kam die Göttin *Varahi Devi* in Form eines Schweines, um auf sie zu treten und festzustellen, ob sie genug Festigkeit hätten. Da sich dieser Besuch wiederholte, und Bhupakeshari es befragte, enthüllte sich die Göttin in ihrer wahren Form. Um seine Dankbarkeit zu zeigen, stellte der König ihr Bildnis am Eingang des Tempels auf. Nachdem das Bauwerk fertiggestellt war, begab sich der Prinz wieder zu Mani Yogini, und die Göttin zeigte sich erfreut, daß er ihre Anweisungen richtig ausgeführt habe. Sie erklärte ihm, daß er nun von seiner Schuld gereinigt sei.

Diese Legende stellt den Stupa in ein gänzlich anderes Bezugssystem. Wenngleich dieses noch nicht historisch gedeutet werden kann, so ist doch auffällig, daß eine so starke örtliche Beziehung zu *Narayanhiti* und der *Ikshumati* betont wird, wo sich tatsächlich einmal ein Regierungszentrum befunden hat. Durch diese Beziehungen und die Rolle von *Budhanilkantha* kommt zusätzlich das Element des Narayana-Kultes in diese Legende.

Beschreibung

Die riesige *Stupa-Anlage* ist von einem Kranz kleiner Häuser umgeben (Abb. 12), in denen früher Silberschmiede, heute zumeist Curio-Händler, ihre Geschäfte betreiben. Eine schmale Stichstraße führt von der Hauptstraße aus auf diesen Platz. Die Stupaanlage ist heute eingefaßt von einer unregelmäßig geführten Mauer, in deren Nischen Gebetsmühlen eingelassen sind und die, da sie nur einen Durchlaß hat, den Besucher zwingt, die Terrassen, auf denen sich der Stupa erhebt, von Norden aus zu betreten.

Der Stupa von Bodhnath unterscheidet sich vom Normaltypus eines nepalesischen Stupas in mehreren Zügen. Der auffallendste Unterschied ist die ausgedehnte, dreiterrassige Sockelanlage, auf der sich der Stupa erhebt. Die Terrassen sind nach den Himmelsrichtungen hin angelegt und von jeder Seite aus über eine Treppe zugänglich. Nur die nördliche Treppe wird durch zwei flankierende Reiter auf Elefanten betont. Solche Terrassenanlagen sind in Nepal eigentlich nicht üblich – der überaus wichtige Stupa von Svayambhu hat keine solche Sockelzone, lediglich der relativ späte Bau in

Kirtipur steht auf einem hohen Sockel. Merkwürdigerweise sind hohe Stufensockel auch bei Hindu-Tempeln ein relativ neuer Zug, der zuerst beim Taleju-Tempel in Kathmandu, der aus dem 16. Jahrhundert stammt, nachweisbar ist. Es ist nicht gänzlich undenkbar, daß die Anlage von Bodhnath für den Taleju-Tempel vorbildhaft wurde.

Der zweite wesentliche Unterschied zum Schema nepalesischer Stupas ist das Fehlen der Schreine für die fünf mystischen Buddhas, die zum festen Programm eines jeden Stupas im Kathmandu-Tal gehören. Dazu kommt, daß mit Ausnahme von *Buddha Amitabha*-Figuren, die sich in ständiger Wiederholung in Nischen befinden, die den Stupa in einem Band umlaufen, eigentlich keinerlei Skulptur bzw. Kultbilder am Bodhnath vorhanden sind, ganz im Gegensatz zum Heiligtum von Svayambhu. Für den Besucher, der sich nach Bodhnath begibt, ist eigentlich neben Folklore nichts außer der reinen Architektur des Stupas mit seinem Unterbau zu sehen.

Der Bodhnath ist ein abstraktes Kunstwerk, bei dem unter Verwendung einfachster Architekturformen eine umfassende religiöse Idee verwirklicht wurde. Jedes Glied dieser Anlage ist Teil eines einheitlichen Maßsystems. Der Stupa selbst ist eine Halbkugel, wobei der Durchmesser die doppelte Höhe mißt. Wiederum ist die Höhe der drei übereinanderliegenden Terrassen gleich der Höhe des Stupas. Vervollständigte man den Stupa zu einer Kugel, so würde ihr Scheitel den Boden berühren.

Hinzu kommt folgendes: Der Durchmesser des Sockels ist doppelt so lang wie derjenige des Stupas. Dieses Maß findet sich nicht nur in den beiden Hauptachsen von Norden nach Süden und von Osten nach Westen, sondern, da die Terrasse nicht quadratisch ist und auf jeder Seite in einem bestimmten Verhältnis zweimal nach hinten versetzt ist, ergibt sich die Erscheinung, daß statt zwei sechs Achsen vorhanden sind, die alle die gleiche Länge haben. Verbindet man deren Endpunkte, so erhält man einen Kreis, über dem man eine Halbkugel errichten kann. Der Scheitel dieser Halbkugel ist identisch mit dem Scheitel des Stupas selbst. Die Anlage ist also so berechnet, daß sich eine zweite, allerdings unsichtbare Halbkugel bzw. ein Stupa darüber wölbt. So wie man sich die Halbkugel des Stupas nach unten vervollständigt als Kugel denken kann, so läßt es das einheitliche Maßsystem auch zu, die drei Terrassen der Sockelanlage nach oben hin zu vervollständigen, und man erhält dann drei weitere sich nach oben verjüngende Terrassen von jeweils gleicher Höhe wie die drei tatsächlich vorhandenen Terrassen. Auf diesem Stufenberg, den man damit erhält, sitzt der turmartige Aufbau des Stupas, der sich in einen Kubus und eine Stufenpyramide gliedert. Den Kubus könnte man als siebte Stufe der durchgehenden Terrassenanlage verstehen.

Daß in der Architektur von Bodhnath versucht wurde, zwei verschiedene kosmische Modelle, den stufenförmig gegliederten Berg und dann die Halbkugel, zu vereinigen, ist deutlich. Beide haben ihr Zentrum in einer einzigen durchlaufenden Achse, die identisch ist mit dem zentralen Mast des Stupas. In diesem Bauwerk haben kosmisch-theologische Vorstellungen einen vollendeten architektonischen Ausdruck erhalten. In der Komplexität seines Programms ist der Bodhnath mit keinem anderen Bauwerk Nepals vergleichbar.

Praktische Reisehinweise

Weitere Monumente in den drei Hauptstädten und außerhalb

Balaju

Balaju dürfte ein historisch außerordentlich wichtiger Ort sein. Heute ein Industrievorort von Kathmandu. Dort großes parkartiges Gelände, *Balaju Water Gardens,* dort Wasserbecken, daß mit Quellwasser aus zweiundzwanzig Wasserspeiern gespeist wird. Diese Anlage geht entweder auf Pratapamalla (1641–1674) oder (und) auf Rana Bahadur Shah (1777–1805) zurück. Ein Gehege beherbergt Rotwild und verschiedene Vogelarten. In Balaju eines der zwei öffentlich zugänglichen Schwimmbäder des Kathmandu-Tales.

Bandegaon

Vishankhu Narayana, eines der vier großen Narayana(Vishnu)-Heiligtümer in einer natürlichen Höhle hoch an einer Bergwand östlich vom Dorf Bandegaon gelegen.
Im Zentrum des Ortes ein buddhistisches Heiligtum.

Banepa

Zentrum des gleichnamigen Tales im Südosten des Kathmandu-Tales, durch das die wichtige Straße nach Tibet verläuft. Banepa stand meist unter der Herrschaft von Bhaktapur. Innerhalb der Stadt zwei kleinere *Narayana-Schreine* aus dem Jahr 1552, auf einem erhöhten Plateau gelegen. Außerhalb der Stadt der *Candeshvari-Tempel.*
Der umschlossene Tempelbezirk liegt in landschaftlich schöner Lage vor einer bewaldeten Bergwand über einer von einem Bach durchflossenen Schlucht. Der große dreigeschossige Tempel hat gute Holzschnitzereien an den Dachstreben, ferner an seiner Westseite ein riesiges Bhairava darstellendes Wandgemälde. Im Tempelbezirk ferner ein *Shiva-Schrein* des 19. Jahrhunderts.

Bhaktapur (Bhadgaon)

(siehe auch Hauptteil des Buches)
Candi Bhagavati-Schrein [2], kleines offenes Heiligtum neueren Datums östlich vom Bhairava-Tempel gelegen. Allerdings muß dieses Heiligtum im 14. Jahrhundert eine bedeutende Rolle gespielt haben, denn aus diesem Jahrhundert hat sich hier bedeutende Skulptur erhalten, so das Relief von Durga (Bhagavati), die Candi und Munda tötet, als Hauptkultbild, ferner eine Uma Maheshvara-Stele und ein tanzender Ganesh aus dieser Zeit.
Caturvarnamahavihara [1] gehört eigentlich noch zum Palastbereich. Eines der wenigen buddhistischen Monumente in Bhaktapur, wurde in der Regierungszeit von Rayamalla (1482–1505) gegründet. Seine heutige Gestalt erhielt die geschlossene einheitliche Anlage mit schönen Holzschnitzereien unter König Jagatprakashamalla (1644–1673). Unter König Ra-

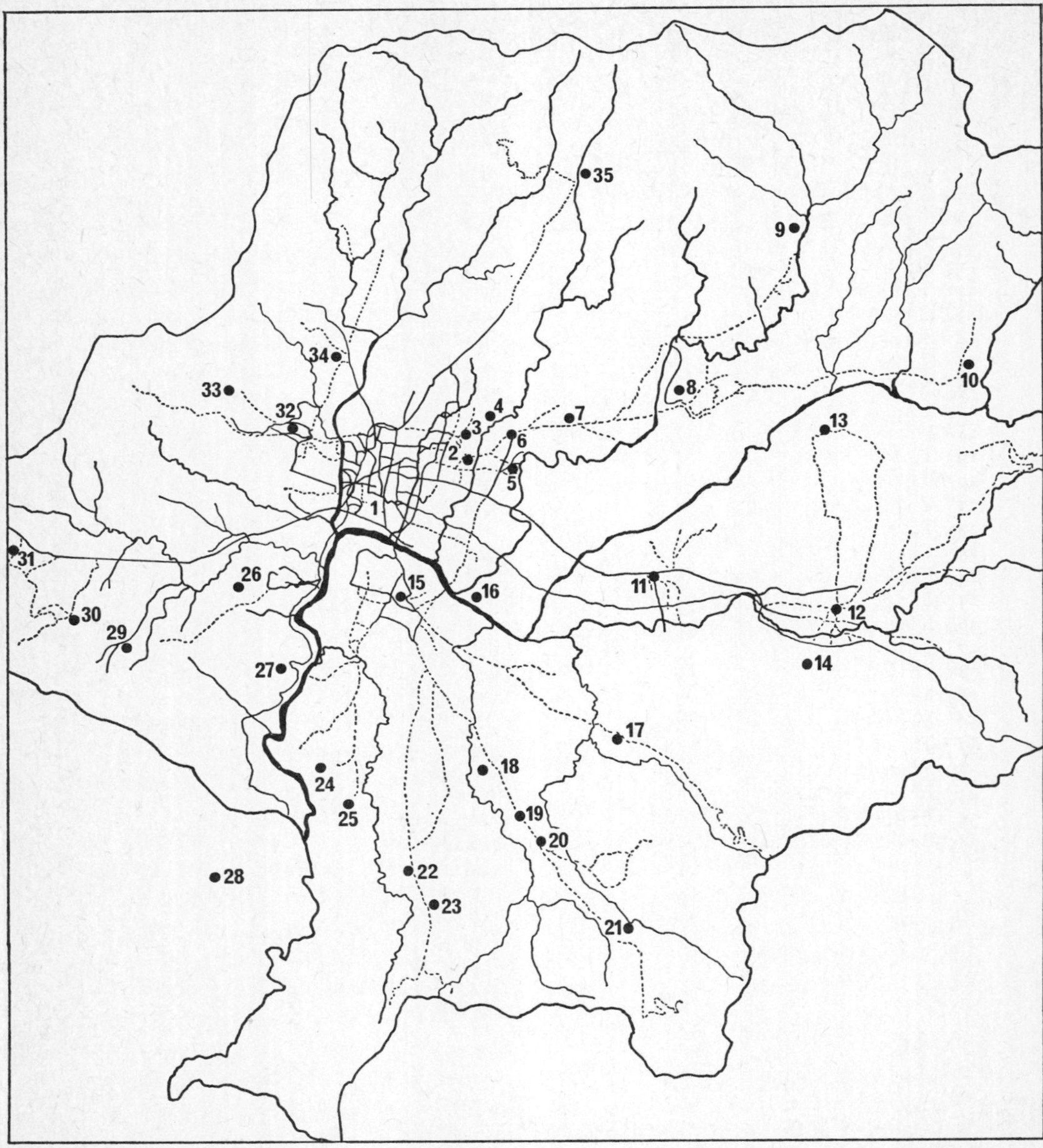

Fig. 24 Weitere Monumente in den drei Hauptstädten und außerhalb

1 Kathmandu
2 Gyaneshvara
3 Harigaon
4 Dhumvarahi
5 Deopatan (Pashupatinath)
6 Chabahil
7 Bodhnath
8 Gokarna
9 Sundarijal
10 Sankhu
11 Thimi
12 Bhaktapur (Bhadgaon)
13 Changu Narayana
14 Surya Vinayaka
15 Patan
16 Koteshvar Mahadev
17 Lubhu
18 Harisiddhi
19 Thaibo
20 Bandegaon
21 Godavari
22 Tchecho
23 Chapagaon
24 Khokana
25 Bungamati
26 Kirtipur
27 Chobar
28 Pharping
29 Macchegaon
30 Matatirtha
31 Thankot
32 Svayambhunath
33 Ichangu Narayana
34 Balaju
35 Budhanilkantha

Balaju 34
Bandegaon 20
Banepa (im Tal von Banepa; nicht auf der Karte)
Bhaktapur (Bhadgaon) 12
Bodhnath 7
Budhanilkantha 35
Bungamati 25
Chabahil 6
Changu Narayana 13
Chapagaon 23
Chobar 27
Deopatan 5
Dhulikhel (im Tal von Banepa; nicht auf der Karte)
Dhumvarahi 4
Godavari 21
Gokarna 8
Gyaneshvara 2
Harigaon 3
Harisiddhi 18
Ichangu Narayana 33
Kathmandu 1
Khokana 24
Kirtipur 26
Koteshvar Mahadev 16
Lubhu 17
Macchegaon 29
Matatirtha 30
Nala (im Tal von Banepa; nicht auf der Karte)
Panauti (im Tal von Banepa; nicht auf der Karte)
Patan 15
Pharping 28
Sankhu 10
Sundarijal 9
Surya Vinayaka 14
Svayambhunath 32
Thaibo 19
Thankot 31
Thecho 22
Thimi 11

Im Tal von Banepa liegen folgende Orte:
Banepa, Dhulikhel, Nala, Panauti; sie sind auf dieser Karte nicht verzeichnet

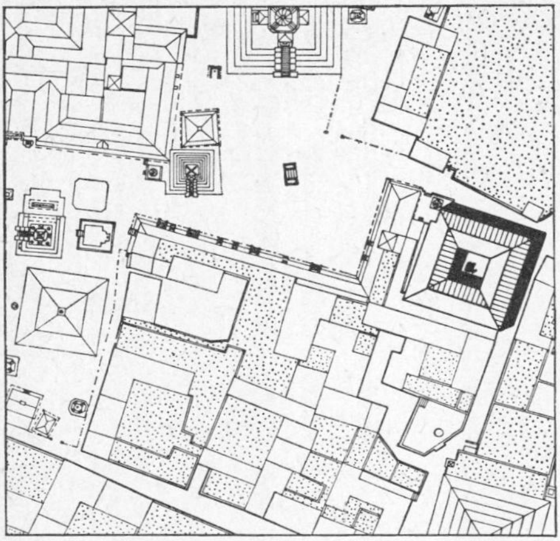

Fig. 25 Bhaktapur (Bhadgaon), Caturvarnamahavihara (nach Kathmandu Valley)

najitamalla (1722–1768) wurde hier, nach dem Vorbild von Kathmandu, der Kult einer lebenden Kumari eingerichtet.

Chupin Ghat [3], Uferanlage am Hanumante-Fluß, südlich von Taumadhi Tole, dürfte zu den ältesten Kultstätten Bhaktapurs zählen, obwohl die dort stehenden Tempel erst aus dem 19. Jahrhundert stammen. Dort hat sich ein monumentales Bildnis von Uma Maheshvara aus dem 9. Jahrhundert erhalten.

Dattatreya-Tempel [4], mächtiger dreigeschossiger Bau von archaischem im Kathmandu-Tal sonst ungewöhnlichem Typus. Erbaut von König Yakshamalla (1428–1482), unter Vishvamalla (1547–1560) restauriert. Der im Westen angefügte Vorbau stammt aus dem Jahr 1860, ebenso die beiden Ringergestalten Jai Malla und Patta.

Der Dattatreya-Tempel beherrscht *Tachapal Tole,* eine ausgedehnte Platzanlage, die im Gegensatz zum Palastbezirk noch weitgehend ihre ehemalige Gestalt bewahrt hat.

Das leicht nach Westen abfallende Gelände wird aufgefangen durch den *Bhimsen-Tempel* [5], gestiftet 1655, der einerseits Abschluß des Platzes, dann aber auch Durchgangsbau zu einer westlich anschließenden Brunnenanlage ist.

Südöstlich hinter dem Dattatreya-Tempel liegt *Pujari Math* [6] in den Formen eines Wohnbaues; die heutige Gestalt aus der Zeit von König Vishvamalla. Feine Holzschnitzereien an der Ostfront und im schönen Hof. Vor einigen Jahren grundlegende Restaurierung.

Hanumante Ghat [9], Badeanlage und Kultplatz am Hanumante, ausgebaut von König Jagatprakashamalla (1644–1673), der dort eine Fülle von Monumenten errichten ließ. Das Bildnis Hanumans soll von Trailokyamalla (1560–1613) gestiftet

Fig. 26 Bhaktapur (Bhadgaon), Dattatreya-Tempelbereich (nach Kathmandu Valley)

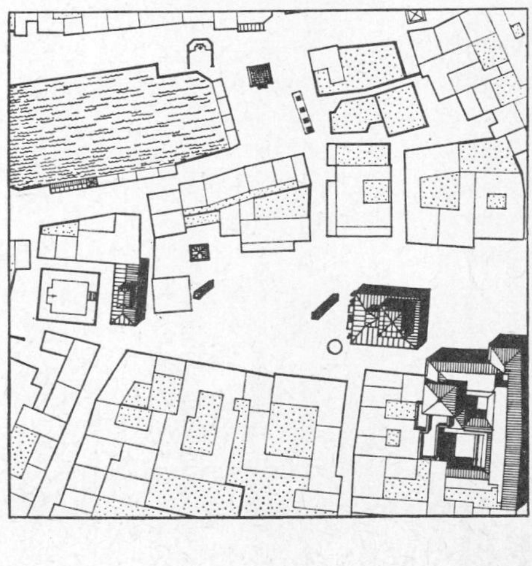

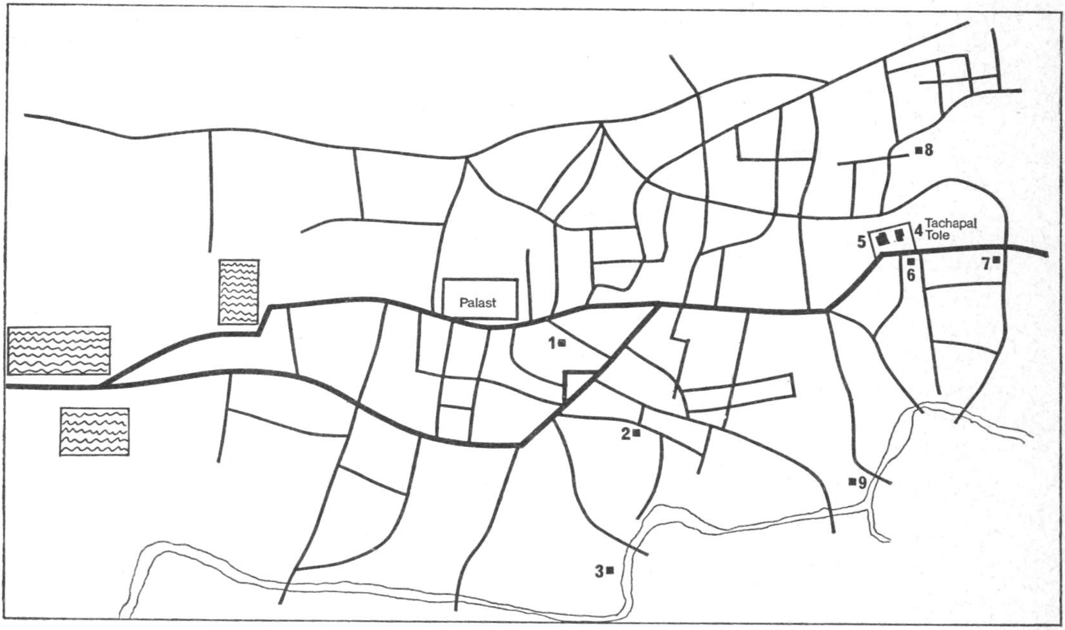

Fig. 27 Bhaktapur (Bhadgaon) 1 Caturvarnamahavihara 2 Candi Bhagavati-Schrein 3 Chupin Ghat 4 Dattatreya-Tempel 5 Bhimsen-Tempel 6 Pujari Math 7 Vakupati Narayana-Tempel 8 Nava Durga-Tempel 9 Hanumante Ghat

worden sein. Hanumante Ghat wahrscheinlich jünger als Chupin Ghat.

Nava Durga-Tempel [8], wichtigstes Heiligtum der Neun Durgas, Muttergottheiten, in Bhaktapur. Zweigeschossiger, breitgelagerter Trakt, an den sich ein umbauter Hof anschließt. Dieser Tempel vertritt einen Bautypus, der hauptsächlich in Bhaktapur verwendet worden ist.

Vakupati Narayana-Tempel [7], kleiner zweigeschossiger, wegen seiner Metallarbeiten berühmter Vishnu-Tempel innerhalb eines Hofes. Der heutige Bau wurde 1638 errichtet, eine Garuda-Säule 1408.

Bodhnath

(siehe Hauptteil des Buches)

Budhanilkantha

Am Fuße des Berges Shivapuri; gehört zu den vier wichtigen Narayana-Heiligtümern im Kathmandu-Tal. In einem Wasserbecken befindet sich das monumentale Bildnis von Jalashayananarayana, Vishnu ruhend auf Schlangen im kosmischen Ozean. Es wurde im Jahre 642 geschaffen, etwa gleichzeitig mit einem ähnlichen Bildnis in Balaju und einem weiteren, das sich heute im Hanuman Dhoka-

Palast in Kathmandu befindet (s. Farbt. 5).

Bungamati

Vornehmlich berühmt wegen seines Matsyentranath-Kultes, von dem der Ort z. T. heute noch lebt.

Matsyendranath-Tempel, neuerer Shikhara-Tempel, steht in enger Verbindung mit dem Heiligtum gleichen Namens im Süden von Patan. Der ursprüngliche Sitz der Gottheit war Bungamati. Der heutige mächtige Bau in Anlehnung an bengalisch-burmesische Vorbilder im 19. Jahrhundert errichtet.

Karya Vinayaka-Schrein, außerhalb der Ortschaft gelegenes wichtiges Ganesh-Heiligtum auf einem Hügel zwischen Bungamati und Khokana in sehr schöner Landschaft.

Chabahil

(siehe Hauptteil des Buches)

Changu Narayana

(siehe Hauptteil des Buches)

Chapagaon

Die Ortschaft stammt aus der Vor-Malla-Zeit und hatte eine wichtige Stellung an der Straße nach Patan inne. In Chapagaon befindet sich neben mehreren kleinen Schreinen noch die dreiköpfige Statue Brahmas (ca. 500–550).

Vajra Varahi-Tempel, außerhalb der Ortschaft in einem Wald gelegener zweigeschossiger Bau aus dem Jahre 1665. Die Geschichte von Chapagaon ist eng mit diesem Heiligtum der dreiköpfig dargestellten Göttin verbunden.

Chobar

Ortschaft auf einem Berg über der berühmten Bagmati-Schlucht, aus der alles Wasser aus dem Kathmandu-Tal ausfließt und die der Bodhisattva Manjushri mit seinem Schwert in den Felsen geschlagen haben soll.

Adinath, buddhistisches Heiligtum inmitten der Ortschaft auf dem Berg. In dem dreigeschossigen Schrein an einer Seite eines Klosterhofes, dessen Front mit Töp-

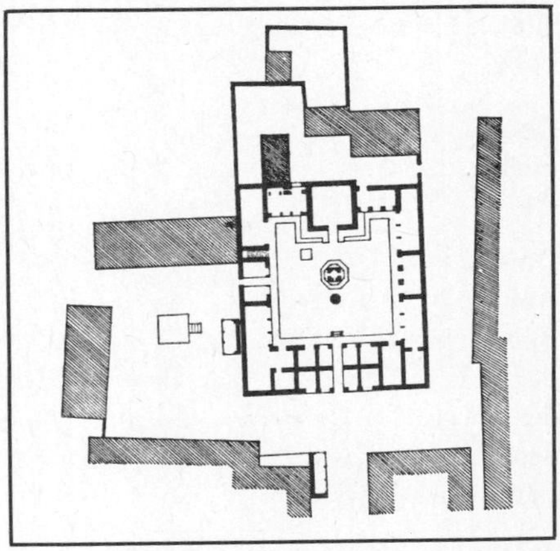

Fig. 28 Chobar, Adinath-Tempel (nach Physical Development Plan)

fen, Pfannen und Wassergefäßen bedeckt ist, wird Adinath als einer Form des Bodhisattva Avalokiteshvara verehrt. Der Tempelplatz war schon in der Licchavi-Zeit in Benutzung. Aus dieser Zeit stammen eine Reihe von kleinen Votivstupas im Tempelhof. Früher muß sich hier auch die Figur des kleineren Matsyendranath befunden haben, die aber von Bhotiyas gestohlen und nach Kerang gebracht wurde, wo man ihr einen großen Tempel errichtete. Vor dem Adinath-Tempel steht ein Shikkara-Schrein, der den Zugang zu einer Höhle bilden soll, welche durch den Berg zur Chobar-Schlucht führen soll.

Jal Vinayaka-Tempel, der dreigeschossige Bau aus dem Jahre 1602 am Ufer der Bagmati in einer großartigen Landschaft mit der Schlucht von Chobar als Hintergrund, enthält eines der vier berühmten Ganesh-Heiligtümer. Als Kultbild dient ein einfacher Stein, der an bestimmten Wochentagen mit einer Krone versehen wird. Vor dem Tempel steht eine Säule mit der Statue einer Ratte, dem Träger von Ganesh.

Deopatan

(siehe unter Pashupatinath im Hauptteil des Buches)

Dhulikhel

Auf einer Paßhöhe gelegen. Herrlicher Blick auf die Bergkette des Himalaya. In der Stadt selbst auf einem Sockelgeschoß der dreigeschossige *Bhagavati-Tempel*, von dem man einen schönen Blick in das Tal von Banepa hat.

Dhumvarahi

Varaha-Schrein, Heiligtum in idyllischer Landschaft westlich des Dhobi Kola (Rudramati), gegenüber von Chabahil gelegen. Kleiner offener Schrein über dem ein Baum wächst, mit einer großartigen Monumentalskulptur des 7. Jahrhunderts. Varaha (Vishnu als Eber) hat seinen linken Fuß auf eine Schlange als Symbol der Unterwelt gesetzt und hält auf seinem linken Ellenbogen eine kleine weibliche Gestalt als Symbol der Erde.

Godavari

Der Ort hat große historische Bedeutung als der erste Sitz der Somavamshi Rajputs, die mit den Licchavis identifiziert werden. Bei Godavari befindet sich eine 1890 gegründete Marmorfabrik, ferner der *Königlich Botanische Garten*, dessen parkartige Anlagen besichtigt werden können. *Phulchoki Mai Nau Dhara*, wichtiges Heiligtum in Godavari, wenngleich in einem Zustand starken Verfalls. *Godavari Kunda*, kein Tempel oder Kultbild, sondern neun Quellen, die in einen Teich (Kunda) fließen. Alle zwölf Jahre findet hier ein großes Fest statt.

Gokarna

Königliches Wildreservat, etwa 8 Quadratmeilen groß. Dort viele Arten von heimischem Wild, die man von Terrassen aus beobachten kann. Historisch wichtig, da sich hier die Festung der Kiratis befunden haben soll und König Mahendra hier einige seiner schönsten Gedichte verfaßte.

Fig. 29 Gokarna, Gokarneshvara-Tempel (nach Physical Development Plan)

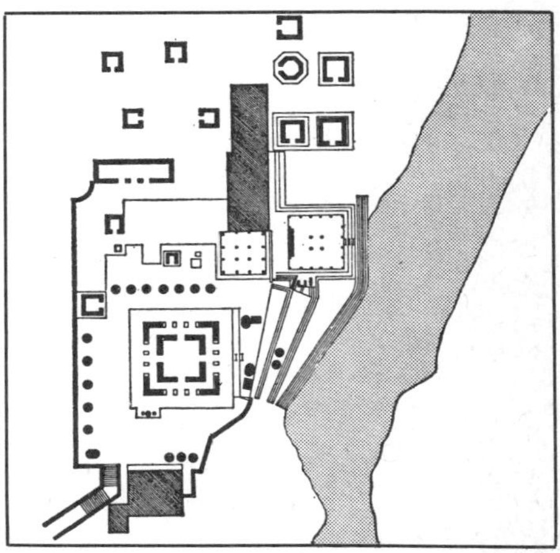

Gokarneshvara-Tempel, altes Shiva-Heiligtum, an einer Stelle gelegen, wo die Bagmati eine Schlucht durchfließt. Großer, dreigeschossiger Tempel, nach Brand im 19. Jahrhundert wieder aufgebaut; in dieser Zeit erhielt auch der beeindrukkende Tempelbezirk seine heutige Gestalt. Einer der ältesten Tempelplätze des Kathmandu-Tales.

Gyaneshvara

Jnaneshvar Mahadeva-Tempel, Panchalinga-Tempel, altes Shiva-Heiligtum nahe der Residenz des deutschen Botschafters. Heute ein kleinerer zweigeschossiger Schrein innerhalb eines Hofes. An der Südseite dieses Hofes das *Panchalinga Bhairava-Heiligtum.* Dieser Bhairava spielte eine Rolle im Zusammenhang mit Gunakamadeva, der den Kultus erneuerte und in Bezug auf seine Hauptstadt setzte. Eine weitere Erneuerung des Kultus von Panchalinga Bhairava fand unter König Pratapamalla statt, der das Heiligtum wiederherstellen ließ und einige Teile des Kultbildes, die ihm unanständig erschienen, bedecken ließ. Auch soll die von Pratapamalla in den Hanuman Dhoka-Palast überführte Statue von Jalasaya Narayana hierher stammen. Hier in Gyaneshvara dürfte also ein wichtiges politisches und religöses Zentrum der Licchavi-Zeit gelegen haben. Davon zeugen auch die vielen alten Skulpturen, die überall in der Umgebung verstreut sich noch befinden.

Harigaon

Vishnuheiligtum in der Flußniederung der Rudramati, Dobhi Kola, mit bedeutender Garuda-Statue auf Säule vor dem Tempel; die Säule trägt Inschrift aus dem 5. Jahrhundert. Im Hof an den Mauern aufgestellte Fragmente alter schöner Skulpturen.

Harisiddhi

Das Heiligtum für die überaus wichtige Göttin Harisiddhi Bhavani liegt inmitten einer Ortschaft und ist eines der beiden einzigen Tempel im Kathmandu-Tal mit vier Geschossen (s. Nala). Uneinheitlich wirkender Bau des 17., 18. Jahrhunderts.

Ichangu Narayana

Das westliche der vier wichtigen Narayana-Heiligtümer des Kathmandu-Tales in schöner Landschaft am Ende des Ichangu-Tales gelegen. Nahe bei Ichangu der *Bhagavati-Tempel* auf einem grasbedeckten Hügel, von dort eine herrliche Aussicht über das Tal.

Kathmandu (Kantipur)

(siehe auch Hauptteil des Buches)

Akasha Bhairava-Tempel [17], breitgelagerter Bau am Indra Chowk. Im oberen Geschoß eine riesige Bhairava-Maske als Kultbild, die auf den davorliegenden Platz (nach Osten) sieht. Dieser Bhairava wird mit einer Gestalt des Mahabharata, dem Kirati-König Akalabhya (Akasha) identifiziert und spielt, besonders während des Festes Indra Yatra, eine bedeutende Rolle. Das Heiligtum dürfte wohl zusammen mit Tana Deval zu einem ehemaligen Stadtzentrum gehört haben.

Annapurna-Tempel [15], kleiner dreigeschossiger, überaus reich geschmückter Schrein in Asan Tole; markiert eine wichtige Straßenkreuzung. Die Göttin stammt aus Varanasi (Benares); sie wird durch eine silberne Vase (Kalasha), die von einer Schlange (Naga) umringelt wird, dargestellt. Vornehmlich im 19. und beginnenden 20. Jahrhundert erfreute sie sich großer Verehrung durch die Shah-Könige und durch Rana-Premierminister. Sie ist als Yogambara, als Inayaneshvari und als Assan Maju Ajima (Große Mutter von Assan) bekannt. Ehemals muß der Tempel ein Baumheiligtum gewesen sein. Der Baumstumpf ist im Inneren noch sichtbar.

Bahadur Bhavan [7], (südlich von Kaisher Mahal), eine große von Bir Shamsher 1889 errichtete Anlage mit islamischen Reminiszenzen. Diente in den fünfziger Jahren als Royal Hotel, das erste Hotel in westlichem Stil in Nepal.

Bhadrakali-Schrein [2], die Gründung dieses Heiligtums geht auf König Gunakamadeva zurück, der das Bildnis von Nilakali unter dem Namen Lomri Devi im Osten seiner Hauptstadt aufstellen ließ. Bhadrakali ist eine Form von Vaishnavi und wird in einem offenen Schrein innerhalb eines Hofes, der auf einer Erhebung auf halbem Weg zwischen der Stadt und Singha Durbar liegt, verehrt.

Bhimsen-Tempel [23], breitgelagerter dreigeschossiger Bau an der Handelsstraße von Kasthamandapa zur Brücke über die Vishnumati. Das Heiligtum im oberen Geschoß. König Pratapamalla war ein Förderer des Bhimsen-Kultes. Wahrscheinlich geht der Tempel auf ihn zurück.

Dharahara [4], minarettartiger hoher schlanker Turm, ehemals direkt am Tundikhel gelegen, heute durch Bauten der Post verstellt. Errichtet unter Premierminister Bhimsen Thapa 1832 als militärischer Beobachtungsturm. Beim Erdbeben von 1934 vollständig zusammengestürzt, danach Wiederaufbau. Gleichzeitig stiftete Königin Tripurasundari gegenüber die große Brunnenanlage *Sundhara* [3].

Dhoka-baha [14], Henakaramahavihara; wichtig wegen seines Votivstupas, der aus dem 7. Jahrhundert stammt und zu den bedeutendsten buddhistischen Plastiken Nepals gehört.

Itum-baha [18], Keshcandramahavihara; westlich von Akasha Bhairava gelegen, dürfte zu den ältesten buddhistischen Klostergründungen in Kathmandu zählen. Steht in enger Verbindung zum Mahakala-Tempel (s. S. 232) und zu Tundikhel insofern, als eine schreckliche und zerstörerische Gottheit, die ehemals in Itumbaha ansässig war, vor der Stadt angesiedelt wurde und ihr Tundikhel als riesiges Gebiet, daß nicht bebaut werden durfte, gestiftet wurde.

Fig. 30 Kathmandu, Itum-baha (nach Kathmandu Valley)

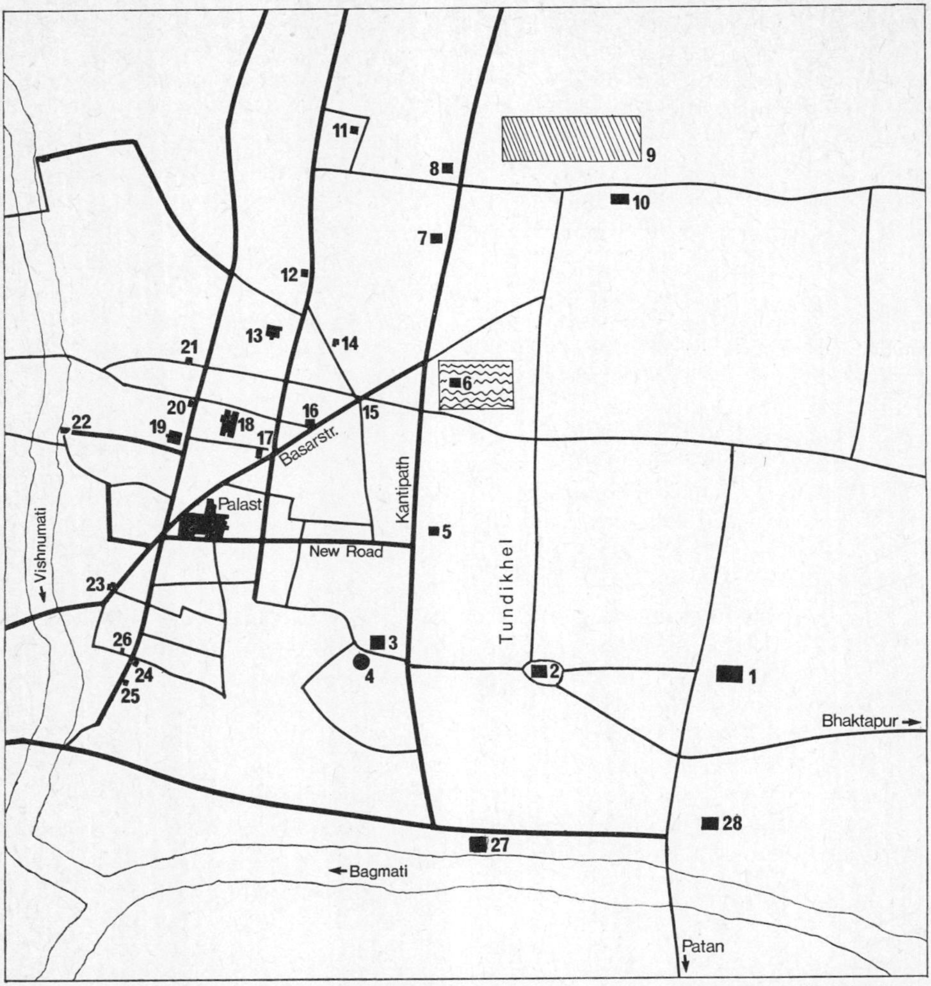

Fig. 31 Kathmandu

1 Singha Durbar
2 Bhadrakali-Schrein
3 Sundhara
4 Dharahara
5 Mahakala
6 Rani Pokhari
7 Bahadur Bhavan
8 Kaisher Mahal
9 Narayanhiti Durbar
10 Narayanhiti Dhara
11 Tham baha
12 Kwa baha
13 Kathesimbhu-Stupa
14 Dhoka baha
15 Annapurna-Tempel
16 Matsyendranath-Tempel
17 Akasha Bhairava-Tempel
18 Itum baha
19 Yathka baha
20 Shevtakali Naradevi
21 Raktakali
22 Kankeshvari
23 Bhimsen-Tempel
24 Jaisi deval
25 Tukan baha
26 Kohiti
27 Tripureshvara-Tempel
28 Singha Mahal

In einem Hof des umfangreichen und relativ verfallenen Komplexes befinden sich außerordentlich schöne Dachstreben, die aus der frühen Malla-Zeit stammen. *Jaisi Deval* [24], mächtiger dreigeschossiger Bau auf hohem Stufensockel. Dieses Shiva-Heiligtum als Gedächtnistempel von Premierminister Lakshminarayana

Fig. 32 Kathmandu, Jaisi Deval mit Brunnenanlage im Westen und Tukan-baha (s. d.) im Süden (nach Kathmandu Valley)

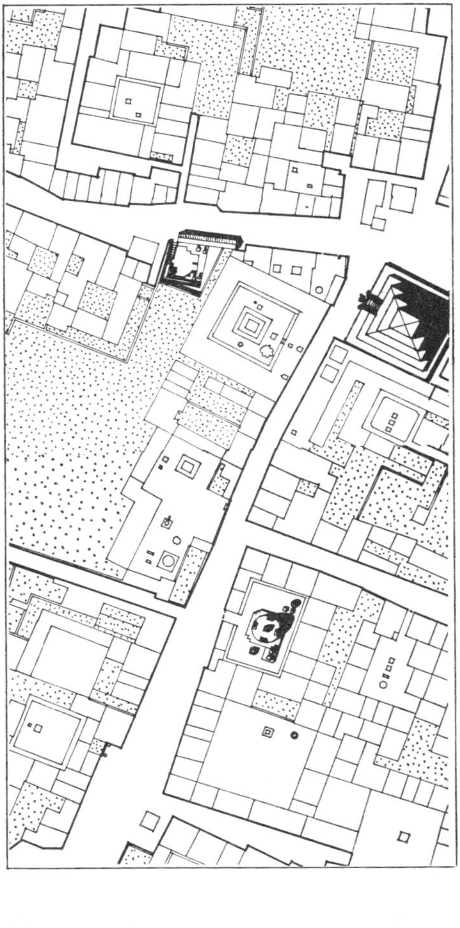

Joshi um 1695 gestiftet. Liegt an der Kreuzung wichtiger Straßen im Süden Kathmandus. Hinter dem Tempel (im Osten) Stele mit Licchavi-Inschrift; im Westen, etwas tiefer gelegen, alte Brunnenanlage, Kohiti [26]. Wohl ehemaliges Stadtzentrum.

Kaisher Mahal [8], erste Teile errichtet im Jahre 1895, seit 1908 ausgebaut von Field Marshall Kaisher, einem Schwager von König Tribhuvan, der in diesem Palast eine der größten Privatbibliotheken Asiens aufbaute, die heute der Regierung gehört.

Kankeshvari-Tempel [22], dreigeschossiger Bau am Ufer der Vishnumati an einem alten Flußübergang gelegen. Dort richtete König Gunakamadeva ein jährliches Fest ein, wo sich Knaben, wohl als Vertreter verschiedener Stadtbezirke, mit Steinen bewarfen. Die Gefangenen jeder Gruppe wurden der Göttin geopfert. Erst unter Premierminister Jung Bahadur Rana wurde das Fest abgeschafft, als ein Stein versehentlich den britischen Residenten Mr. Collins traf.

Nahe beim Tempel ein Relief des 7./8. Jh.

Kathesimbhu-Stupa [13], bedeutender Stupa als Kopie desjenigen von Svayambhunath (der Kathmandu-Svayambhu) im Saghahbaha, Shrighatamahavihara. Soll im Jahre 1450 begonnen worden sein, blieb unvollendet. Pratapamalla förderte den Bau seit 1647, starb aber darüber. Im Hof schöne Stele mit Bildnis Avalokiteshvaras aus dem 9. Jh. Der Stupa ist heute Zentrum einer tibetanischen Kolonie.

Kwa-baha [12], Maitripuramahavihara; heutige Gestalt des Klosters und des breit gelagerten zweigeschossigen Schreines geht auf das 17. Jahrhundert zurück. Jedoch

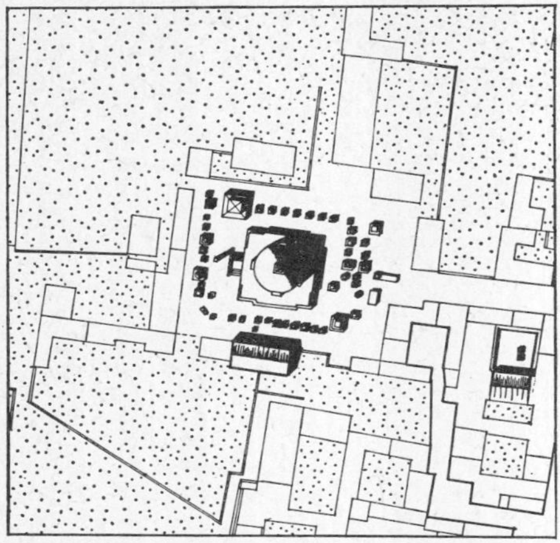

Fig. 33 Kathmandu, Kathesimbhu-Stupa (nach Kathmandu Valley)

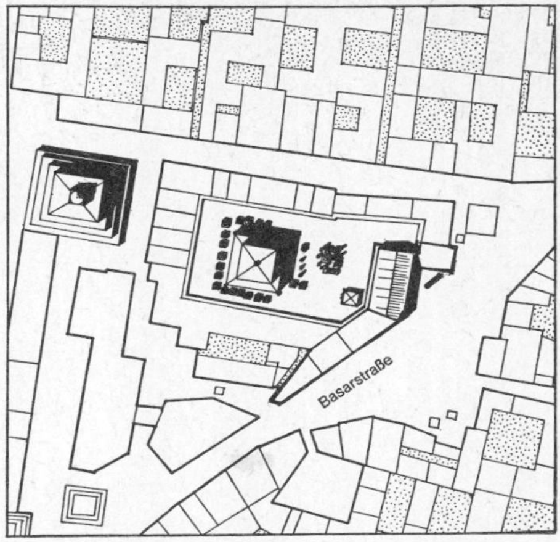

Fig. 34 Kathmandu, Matsyendranath-Tempel mit Shiva-Tempel im Westen (nach Kathmandu Valley)

dürfte es sich um eine sehr alte Gründung handeln.

Mahakala Bhairava-Tempel [5], dreigeschossiger Schrein auf einem Sockel mit einem umbauten Hof am Westrand von Tundikhel gelegen, gegenüber dem Military Hospital am Kantipath. Wie bei vielen anderen Tempeln geht die Gründung auf König Gunakamadeva zurück, der hier die Gottheit zum Schutz des Landes am Rande seiner Hauptstadt ansiedelte. Eine andere Version der Gründungslegende siehe unter Itumbaha. Die Gottheit wird gleichermaßen von Buddhisten und Hindus verehrt. Es ist ein riesiges, vermutlich sehr altes Kultbild aus schwarzem Stein mit einer hohen Krone. Die heutige Umbauung der Plattform erst nach 1934. Gegenüber, auf der anderen Straßenseite einige Votivstupas der Licchavizeit, die von dem sehr hohen Alter des Kultplatzes zeugen.

Matsyendranath-Tempel [16], zwischen Indra Chowk und Assan Tole in Janabaha, Kanakacaityamahavihara, gelegener zweigeschossiger Tempel, dessen Kultbild nach Osten sieht. Gründung des Heiligtums erfolgte unter Gunakamadeva in Nachahmung des Matsyendranath-Kultes in Patan als Shveta(Weiß)Matsyendranath bzw. Kashyapa Lokeshvara. Ursprünglich in Yamala (Kantipath, gegenüber Amerikanische Botschaft) wurde das Kultbild unter Yakshamalla im 15. Jahrhundert an seinen gegenwärtigen Ort transferiert. Der prächtige Tempel seit dieser Zeit. Möglicherweise handelt es sich bei der Gründung durch Gunakamadeva um die Umdeutung eines Bhairavas.

Narayanhiti Dhara [10], historisch wichtige Brunnenanlage gegenüber dem heutigen Königspalast (siehe Entstehungslegende Bodhnath). Gegenüber führt eine Treppe in einen Tempelhof, der, öffentlich zugänglich, schon innerhalb der Palastmauern liegt und wo eine Garuda-Sta-

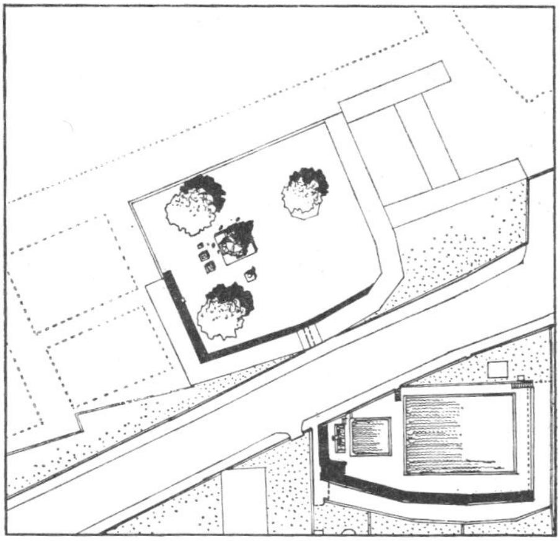

Fig. 35 Kathmandu, Narayanhiti Dhara (nach Kathmandu Valley)

tue des 8. Jahrhunderts steht, die hier von Pratapamalla aufgestellt wurde.

Narayanhiti Durbar [9], heutiger Königspalast, aus einem Palast der Rana-Zeit hervorgegangen, innerhalb eines großen parkartigen Geländes.

Raktakali [21], die Göttin soll von Gunakamadeva aus Dakshinkali hierhin überführt worden sein. Kleiner Schrein.

Rani Pokhari [6], künstlicher See am Austritt der Basarstraße aus dem alten Stadtbereich von Kathmandu gelegen. Wurde in der Regierungszeit von Pratapamalla (1641–1674) angelegt. Das Bildnis des Königs am Südufer von Rani Pokhari stellt ihn auf einem Elefanten reitend dar. In der Mitte des Sees ein Shivaheiligtum. Der ursprüngliche Tempel Pratapamallas von Premierminister Jung Bahadur Rana abgerissen. Im Osten und Westen ist der See eingefaßt von Bauten der Zeit um 1900, die heute Bildungseinrichtungen beherbergen.

Shvetakali Naradevi [20], großer dreigeschossiger Tempel an der alten Nord-Süd-Achse Kathmandus gelegen. Er soll eine Gründung König Gunakamadevas sein. Auf König Amaramalla (1530–1538) geht die Stiftung eines alle zwölf Jahre stattfindenden Festes zurück, wo die Göttin und ihre Begleitung auf der gegenüberliegenden Plattform tanzend dargestellt werden.

Singha Durbar [1], riesige Palastanlage, unter Premierminister Chandra Shamsher als persönlicher Wohnsitz im Jahre 1903 von den nepalesischen Architekten Kumar und Kishor Narshing errichtet. Der Hauptbau umfaßte etwa 1000 Räume, die um mehrere Höfe lagen. Seit 1930 Sitz der nepalesischen Regierung. 1973 bis auf den Hauptflügel abgebrannt.

Singha Mahal [28], großer Palast auf einer Höhe über der Bagmati, 1919 von Kishor Narshing errichtet, später erweitert.

Sundhara, siehe unter Dharahara

Tham-baha [11], Vikramashilamahavihara; in Thamel, einer ehemals selbständigen Ortschaft gelegen, nördlich von Kathmandu. Unter König Gunakamadeva wurde das Bildnis der Gottheit, das in der Zwischenzeit, wahrscheinlich bei Religionsstreitigkeiten, zerstört worden war, erneuert. Gehört zu den ältesten buddhistischen Klostergründungen des Kathmandu-Tales. Im Hof ein Votivstupa aus dem 10./11. Jahrhundert. Im Kloster eine kostbare Manuskriptsammlung, die gegen ein Entgelt besichtigt werden kann.

Tripureshvara-Tempel [27], riesiger dreigeschossiger Bau auf hohem Stufensockel mit vier begleitenden Schreinen an den Ecken inmitten eines regelmäßig umbauten Hofes mit angeschlossenen Badanlagen am Ufer der Bagmati. Dieses Shiva geweihte Heiligtum wurde im Jahre 1818 von Königin Tripurasindari zum Gedächtnis an den verstorbenen König Rana Bahadur Shah errichtet. Beeindruckende Anlage.

Tukan-baha [25], kleiner Hof im Süden Kathmandus nahe Jaisi Deval mit einem Stupa, an dem sich in der Sockelzone schöne Reliefs des 8. Jh.s erhalten haben.

Yatkha-baha [19], Dharmacakramahavihara; die Dachstreben in diesem Kloster gehören zu den wichtigsten erhaltenen Holzskulpturen, wahrscheinlich aus dem 14. Jahrhundert.

Khokana

Shikhali Devi-Tempel, großer, die Landschaft beherrschender dreigeschossiger Bau in der Ortschaft. Shikhali Devi wird vornehmlich in Zeiten von Epidemien aufgesucht.

Im Norden, außerhalb der Stadt befindet sich ein weiterer Tempel für die Göttin.

Kirtipur

Möglicherweise eine der ältesten Siedlungen im Tal; mit seiner einzigartigen Lage auf einem hohen schmalen Bergrücken in einer natürlichen strategischen Position, von der aus die nach Süden, nach Indien führende Straße beherrscht werden konnte. Für die Stadtorganisation wichtig sind eine Reihe von großen Wasserreservoirs. Die Stadt ist noch gänzlich mittelalterlich und vornehmlich durch den Bau der Tribhuvan University am Fuße des Bergrückens, unterhalb von Kirtipur, gänzlich verarmt. Sie ist nicht an das Straßensystem angeschlossen.

Uma Maheshvara-Tempel. Der dreigeschossige Shiva und Parvati geweihte Bau

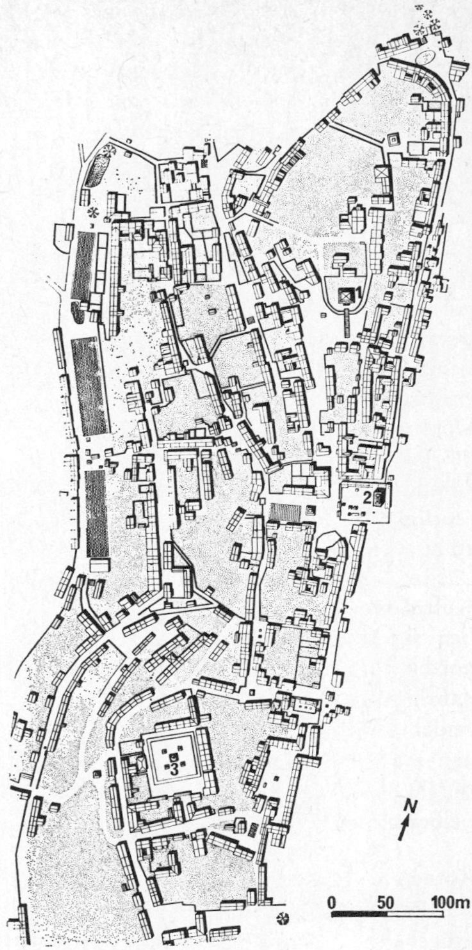

Fig. 36 Kirtipur
1 Uma Maheshvara-Tempel 2 Bagh Bhairava-Tempel 3 Cilandeo-Stupa (nach Physikal Development Plan)

steht an der höchsten Stelle der Stadt. Erbaut 1673, wurde er beim Erdbeben von 1934 stark beschädigt und inzwischen nur notdürftig wiederhergestellt. Schöner Ausblick.

Cilandeo Stupa. Im Jahre 1509 in seiner heutigen Gestalt errichtete große Stupaanlage, nach dem Vorbild der gleichnamigen Anlage im Westen von Patan gestaltet. Für beide wird gelegentlich Kaiser Ashoka als Gründer genannt.

Bagh Bhairava-Tempel. In dem breitgelagerten dreigeschossigen Tempel wird Bhairava in einer Form als Tiger ohne Zunge verehrt. Nach einer Tradition habe ein Tier die Stadt bedroht, und um die Stadt zu schützen habe ein König das Bildnis dieses furchterregendes Tigers errichtet und es als eine Inkarnation des Gottes Bhairava erklärt. Der aus dem 16. Jahrhundert stammende Tempel bestimmt das Stadtbild von Kirtipur wesentlich. Der Bau hat vorzügliche Holzschnitzereien, auch Wandmalereien. Es dürfte sich hier um einen der ältesten Kultplätze des Tales handeln. Hier haben sich die Figuren der acht Muttergottheiten erhalten, die ins 3. oder 4. Jahrhundert datiert werden; ferner befindet sich vor dem Tempel eine der seltenen ikonischen Darstellungen von Shiva (6. Jh.). So dürfte die Geschichte des Tempelbezirkes überaus vielschichtig sein.

Koteshvar Mahadev

Für Patan wichtiges Heiligtum auf einem Hügel am Zusammenfluß von Bagmati und Manohara und durch diese Flüsse vom eigentlichen Stadtgebiet getrennt. Hier hatten sich die von Tibet heimkehrenden Reisenden Reinigungsriten zu unterziehen, bevor sie die Stadt betraten. In dem Shiva (Mahadeva) geweihten Heiligtum befinden sich auch Kultbilder anderer Gottheiten, so Narayana (Vishnu) auf Garuda.

Lubhu

Mahalakshmi wird in Lubhu in zwei Schreinen verehrt, einmal innerhalb, einmal außerhalb der Ortschaft. Interessanter ist der in den Feldern, außerhalb von Lubhu gelegene Schrein mit schönen Holzschnitzereien. Ein großes Fest zu Ehren der Göttin findet im Juni statt.

Der in der Stadt gelegene dreigeschossige Tempel stammt aus dem 17. Jahrhundert.

Macchegaon

Kleine Ortschaft, in deren Mitte sich ein See befindet.

Macche Narayana-Schrein in einzigartiger Lage auf einer Insel in dem See inmitten der Ortschaft. Von dort hat man einen wunderbaren Blick auf Kirtipur und die Schneeberge des Himalaya.

Matatirtha

Historisch wichtig als Sitz einer der ersten Dynastien im Kathmandu-Tal. Das Heiligtum wird gebildet durch mehrere Brunnenanlagen.

Nala

Kleine Ortschaft im Tal von Banepa, zeitweilig Hauptstadt, beherbergt zwei bedeutende Heiligtümer.

Bhagavati-Tempel, in einem Hof an der höchsten Stelle der Stadt gelegener viergeschossiger Bau, der seine heutige Gestalt der Bautätigkeit von König Jagatprakashamalla im Jahre 1647 verdankt. Der einzige weitere viergeschossige Bau ist der Harisiddhi Bhavani-Tempel in Harisiddhi (s. S. 228). Die Fassade des Tempels ist bedeckt mit Opfergaben von Gegenständen des häuslichen Gebrauchs.

Unterhalb des Hofes eine Brunnenanlage.
Lokeshvara-Schrein, außerhalb von Nala gelegenes buddhistisches Heiligtum.

Panauti

Kleine Ortschaft nahe Banepa, mit unverhältnismäßig großen und wichtigen Heiligtümern.
Indreshvara-Tempel, dreigeschossiges Shiva-Heiligtum. Der heutige Bau stammt aus dem 15. Jahrhundert, als eine Kopie von Pashupatinath errichtet, später ein drittes Geschoß hinzugefügt. Die beiden unteren Geschosse mit sehr schön gearbeiteten Dachstreben der Erbauungszeit.

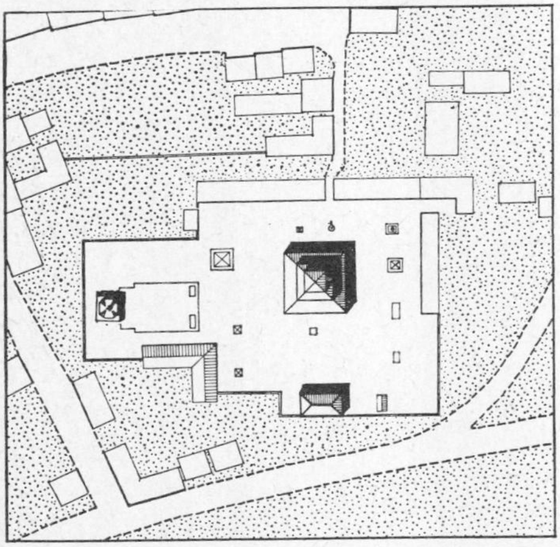

Fig. 37 Panauti, Indreshvara-Tempel (nach Kathmandu Valley)

Im Tempelhof von Indreshvara ein interessanter *Bhairava-Schrein*, dessen Gründung auf das 16. Jahrhundert zurückgeht. Ferner ein kleines *Narayana-Heiligtum*.
Am Zusammenfluß des Panauti-Flusses mit der Punyavati zwei weitere große Heiligtümer.

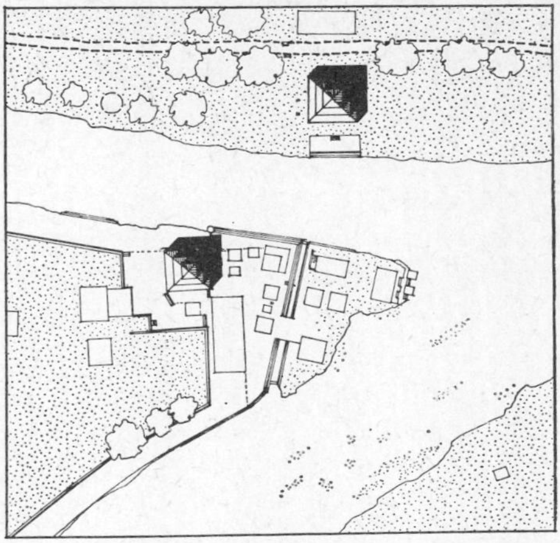

Fig. 38 Panauti, Krishna-Tempel und Brahmayani-Tempel (nach Kathmandu Valley)

Auf der Halbinsel zwischen den beiden Flüssen der dreigeschossige *Krishna-Tempel* aus dem Jahre 1663.
Gegenüber liegt der *Brahmayani-Tempel*, ebenfalls dreigeschossig, aus dem Jahre 1617. Der ehemals offene Umgang heute vermauert. Im Inneren, oberhalb der Kultbildzelle, bedeutende Reste von Wandmalereien.

Patan (Lalitpur)

(siehe auch Hauptteil des Buches)
Ashoka-Stupas [1]. Patan wird in monumentaler Weise in den vier Himmelsrichtungen eingefaßt von vier großen Stupa-Anlagen, deren Alter unbestimmt ist, deren Gründung die Legende aber Kaiser Ashoka (3. Jh. v. Chr.) zuschreibt (s. Abb. 4). Der am besten erhaltene ist der nördliche, der zugleich ein Schatzhaus alter buddhistischer Skulptur ist.
Bal Kumari-Tempel [4], außerhalb der Stadt gelegener dreigeschossiger Bau inmit-

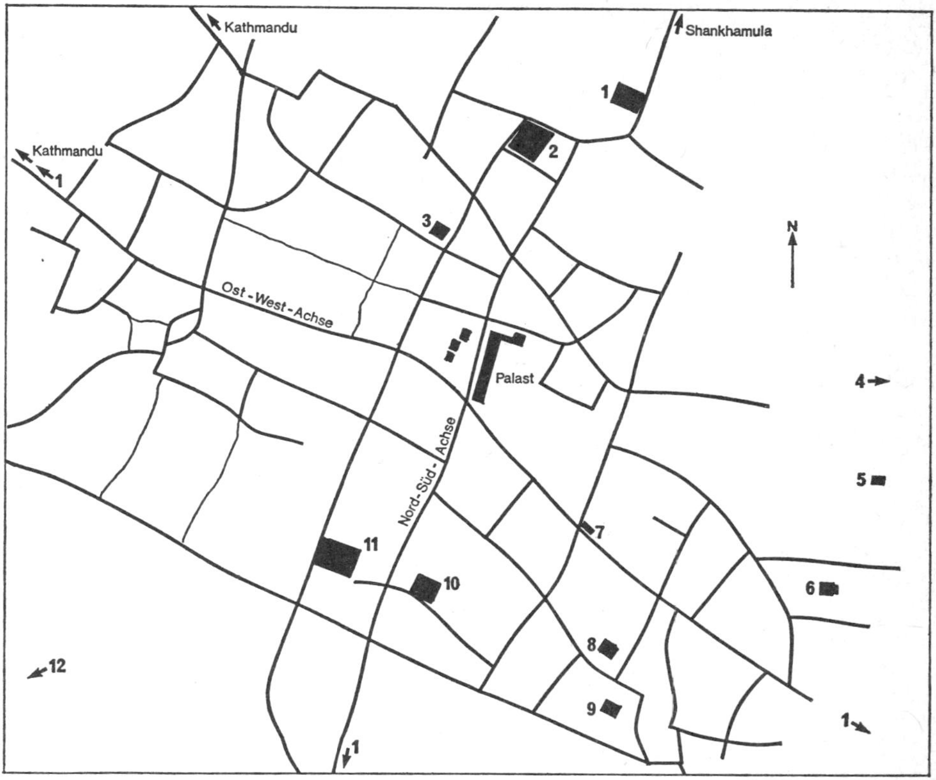

Fig. 39 Patan 1 Ashoka-Stupas 2 Kumbheshvara-Tempel 3 Kwa baha 4 Bal Kumari-Tempel 5 Guita baha 6 Bhimchen baha 7 Saugal Tole 8 Mahabuddha-Tempel 9 Woku baha 10 Minanath-Tempel 11 Matsyendranath-Tempel 12 Jawalakhel

ten eines regelmäßig gestalteten Hofes. Vor dem Tempel eine Säule mit der Stutue eines Pfaues, des Trägers der Göttin Kumari. Als einer der vier wichtigen Kumari-Heiligtümer im Kathmandu-Tal wurde der Bau unter König Siddhinarasimha 1622 für die Schutzgöttin der Könige Patans errichtet. Nahe dem Tempel war ursprünglich der Zusammenfluß von Bagmati und Manimati, jedoch verlagerten die Flüsse im 14. Jahrhundert, in der Regierungszeit von Ashokamalla, durch die Macht der Göttin ihren Lauf. König Ashokamalla, der seinen Palast (daher auch der Name Kwatacha Bal Kumari) neben dem Heiligtum hatte, errang mit Hilfe der Göttin die Herrschaft über die Stadt.

Bhimche baha (Mayuravarnamahavihara) [6], der Legende nach soll das Kloster von einem Mönch gegründet worden sein, der vor den Verfolgungen des Buddhismus nördlich der Bagmati floh und sich hier niederließ, um seinem alten Glauben treu bleiben zu können. Ein Pfau habe ihm diese Stelle gezeigt und danach wurde das Kloster auch benannt (Mayura = Pfau). Dreigeschossiger freistehender Schrein im Klosterhof. Schöne Licchavi-Skulpturen wahrscheinlich des 7. Jahrhunderts im Klosterhof.

Guita baha [5], an der Nordostecke von Patan gelegen mit zwei Stupas in der Nähe, deren Gründung Kaiser Ashoka zugeschrieben wird.

Kumbheshvara-Tempel [2], wichtigstes Shiva-Heiligtum in Patan, gleichzeitig einer der ältesten Kultplätze. Im Tempelbezirk haben sich eine Vasuki-Stele und eine Vishnu-Stele, beide 4. Jh., erhalten. Der hohe fünfgeschossige Schrein wurde auf der Nord-Süd-Achse Patans in Korrespondenz zum Degutale-Tempel im Palastbereich und zum Matsyendranath-Tempel im Süden errichtet. Das Sarveshvara (Herr von Allem) – Linga im Zentrum soll der Fixpunkt gewesen sein, von dem aus die Gründung Patans erfolgte. Ein zweigeschossiger Neubau wurde unter Jayasthitimalla 1392 errichtet und un-

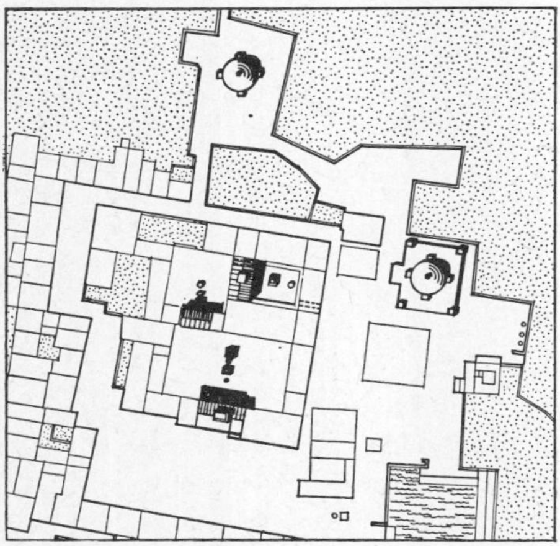

Fig. 40 Patan, Guita baha (nach Kathmandu Valley)

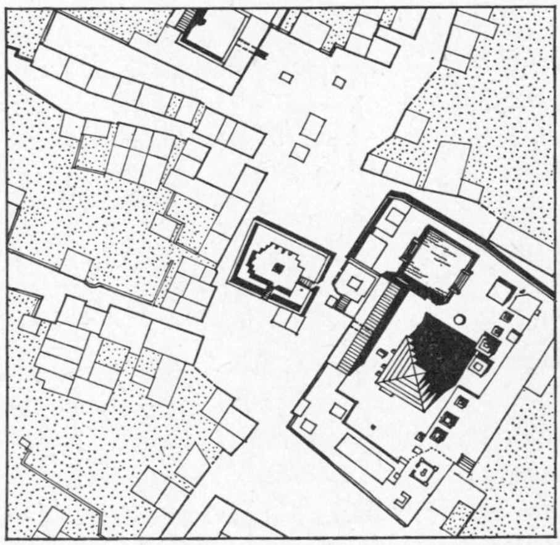

Fig. 41 Patan, Kumbheshvara-Tempel mit Konti baha und Konti hiti (nach Kathmandu Valley)

Jawalakhel [12], Vorort im Südosten von Patan; dort eine Reihe von großen Palästen der Rana-Zeit, ferner der sehenswerte Zoo. In jüngster Zeit hat sich dort ein tibetisches Zentrum gebildet mit einer großen Teppichweberei und einer Reihe von Teppichhändlern.

ter Yoganarendramalla (1684–1705) auf fünf Geschosse erhöht. Bei verschiedenen Erdbeben jeweils schwer beschädigt und wiederaufgebaut. Der Brunnen im Tempelhof soll eine direkte Verbindung zu Gosainkunda haben.

Kwabaha(Hiranyavarnamahavihara)[3],

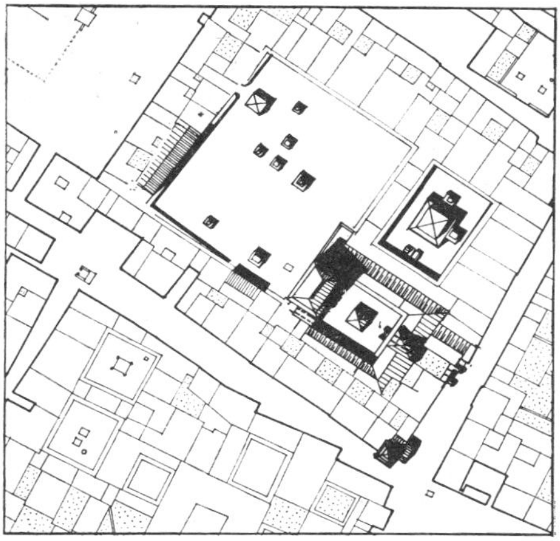

Fig. 42 Patan, Kwa baha (n. Kath. Valley)

reichstes Kloster Patans, auf das sich vornehmlich der Tibethandel konzentrierte, nur wenige Schritte vom Palastbereich entfernt gelegen. Soll von Mönchen gegründet worden sein, die ursprünglich in Pingala bahal kot in der Gegend von Deopatan ansässig gewesen waren, und auch das Kultbild mitbrachten. Die Anlage wird von Osten her betreten durch zwei kleine Vorhöfe. Dreigeschossiger breitgelagerter Schrein im Westen; überaus prächtige und kostbare Ausstattung. Im Obergeschoß des Nordflügels ein Kultraum im tibetischen Stil, der betreten werden kann. In Kwa bahal wichtige alte Skulpturen, so eine Hariti aus dem 3. Jahrhundert, ferner Bronzeskulpturen ab dem 9. Jahrhundert. Hinter dem dreigeschossigen Schrein weiterer großer Hof, der Wohnzwecken dient.

Mahabuddha-Tempel [8], eine der vielen Kopien des originalen Mahabodhi-Tempels in Bodh Gaya (Bihar), wurde von Jivaraja unter König Sadashivamalla

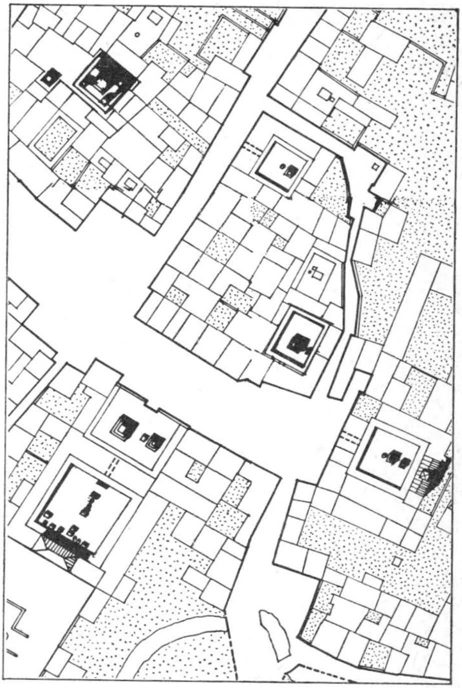

Fig. 43 Patan, Mahabuddha-Tempel (links oben), Woku baha (links unten) und weitere Viharas (nach Kathmandu Valley)

(1570–85) von Kathmandu errichtet, angeblich im Zusammenhang mit einer Reform des Buddhismus in Nepal. Das zugehörige Kloster wurde vom Großvater Jivarajas, Abhayaraja, unter König Amaramalla (1530–1538) gegründet. Eine Kopie des Pataner Mahabodhi-Tempels wurde wiederum in Sikkim errichtet.

Der Bau ist ganz mit Terrakottareliefs verkleidet. Beim Erdbeben von 1934 stürzte er vollständig zusammen, wurde danach aber wieder aufgebaut (Abb. 6).

Matsyendranath-Tempel [11], hoher dreigeschossiger Bau innerhalb von Tah baha

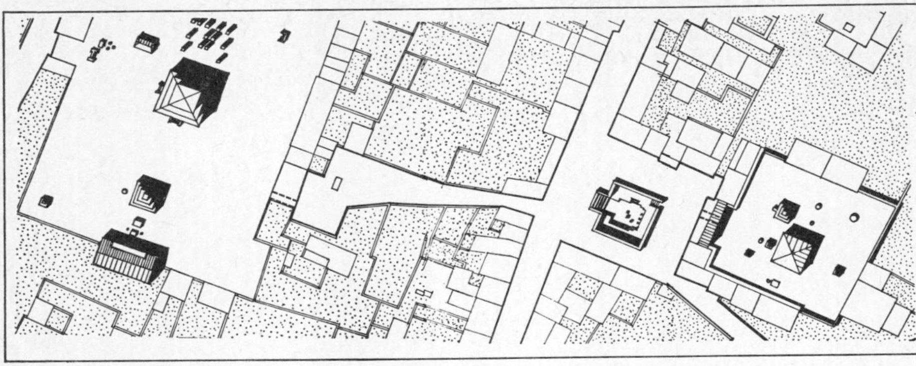

Fig. 44 Patan, Matsyendranath- und Minanath-Tempel (nach Kathmandu Valley)

(Dharmakirtamahavihara). Rato (Roter) Matsyendranath wird von Buddhisten als auch von Hindus verehrt. Der heutige dreigeschossige Bau wurde von König Siddhinarasimhamalla (1620–1661) errichtet (siehe Abb. 4). Ursprünglich befand sich in Tah baha auch ein Bildnis von Bhairava, das aber nach Palpa verschleppt wurde.

Minanath-Tempel [10], in der Nähe von Matsyendranath gelegener zweigeschossiger Schrein; wird als »kleiner Bruder von Matsyendranath« bezeichnet, innerhalb von Tamgah baha (Jyeshthavarnamahavihara). Der Tempel soll von König Yakshamalla (1428–1480) errichtet worden sein. In der Umgebung des Brunnens vor dem Tempel eine Reihe von Votivstupas der Licchavi-Zeit, die eine Auskunft über das hohe Alter des Kultplatzes geben.

Saugal Tole [7], kleiner Platz an Patans Ostwestachse mit unbedeutend erscheinendem zweigeschossigen Narayana-Schrein, der ein Bildnis von Shankara Narayana aus dem 5. oder 6. Jahrhundert enthält, ferner eine Stele des Sonnengottes Surya aus dem Jahre 1082.

Woku baha (Rudravarnamahavihara) [9], hat seinen Namen nach seiner Lage an der Ostecke Patans und dürfte eines der ältesten Klöster der Stadt sein. Unter den Ranas erfreute sich das Kloster einer letzten Blüte, eine Statue von Juddha Shamsher Rana befindet sich im Klosterhof. An der Rückseite des Osttraktes befinden sich schön gearbeitete Dachstreben aus dem 13. Jahrhundert. Das Kloster dürfte eine Gründung des 5. oder 6. Jahrhunderts sein. In diesem Stadtbereich Patans liegt das traditionelle Zentrum der Bronzegießerei.

Pharping

Alte Ortschaft mit in der Umgebung liegenden historisch und kultisch überaus wichtigen Heiligtümern.

Vajra Yogini-Tempel, dreigeschossiger Bau auf einer Seite einer Hofanlage in Form eines buddhistischen Viharas am Rande von Pharping, auf halber Höhe eines bewaldeten Berges. Von dort schöner Ausblick auf Pharping und Umgebung. Während im unteren Geschoß des Tempels Vasundhara, Shakyamuni und Matsyendranath verehrt werden, befindet sich das Bildnis der Göttin Vajra Yogini im oberen Geschoß. Gehört zu einer Gruppe von vier Yogini-Heiligtümern.

Gorakhnath, ein Höhlenheiligtum oberhalb von Vajra Yogini, das zumindestens seit der frühen Malla-Zeit kultische Bedeutung hatte und Gorakhnath geweiht ist.

Dakshin Kali-Schrein, wichtigstes einer Gruppe von vier Kali-Heiligtümern, nach seiner Lage im Süden (Dakshin) benannt. Liegt an einem Steilabfall zur Bagmati hin, auf einer Landzunge, die von zwei Flüssen gebildet wird. Der Tradition nach ließ König Pratapamalla (1641–1674), der dazu in einem Traum aufgefordert worden war, ein Kultbild der Göttin anfertigen, da dieses aber eine böse Wirkung hatte, wurde es im Palast in Kathmandu aufbewahrt und ein weiteres nach den Vorschriften seines Priesters

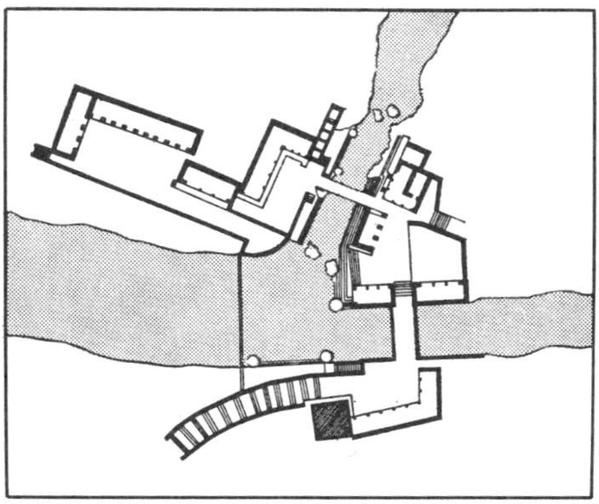

Fig. 45 Pharping, Dakshin Kali-Schrein (nach Physical Development Plan)

Lambarkarna Bhatta angefertigt. Jedoch dürfte der Kultplatz selbst wesentlich älteren Datums sein. Ursprünglich wurden der Göttin wohl Menschenopfer dargebracht, heute hat der Tempel eine gewisse Berühmtheit wegen der dort regelmäßig stattfindenden Tieropfer.

Shikha Narayana-Schrein, zwischen Chobar und Pharping gelegen, am Fuße einer Felswand mit einer Fülle klarer Bergquellen in der Umgebung. Gehört zu einer Gruppe von vier Narayana(Vishnu)-Heiligtümern. Dort eine Reihe wichtiger Skulpturen aus dem 13. Jahrhundert. Das Haupttheiligtum ist eine Höhle, deren Zugang von einem vorgesetzten Schrein gebildet wird.

Sankhu

Alte Siedlung in der Nordostecke des Kathmandu-Tales, an der Straße nach Tibet gelegen. Meist unter der Herrschaft von Kathmandu und daher von dort mehr beeinflußt als vom nähergelegenen Bhaktapur.

Vajra Yogini-Tempel, außerhalb der Ortschaft gelegen, mit dieser durch eine 1,6 km lange Treppenanlage verbunden. Das Heiligtum, das zur Gruppe der vier Yoginis gehört, nimmt innerhalb der religiösen Geschichte Nepals eine Schlüsselstellung ein. Der heutige dreigeschossige Bau 1665 errichtet. Daneben ein kleinerer zweigeschossiger buddhistischer Tempel, der einen Svayambhu-Stupa als Hauptkultbild enthält. Nördlich von diesem Tempelplatz, über eine Treppenanlage verbunden, befindet sich ein weiterer Hof, dessen Gebäude zwar alle erst aus dem beginnenden 20. Jahrhundert stammen, dessen südlicher Trakt aber einige

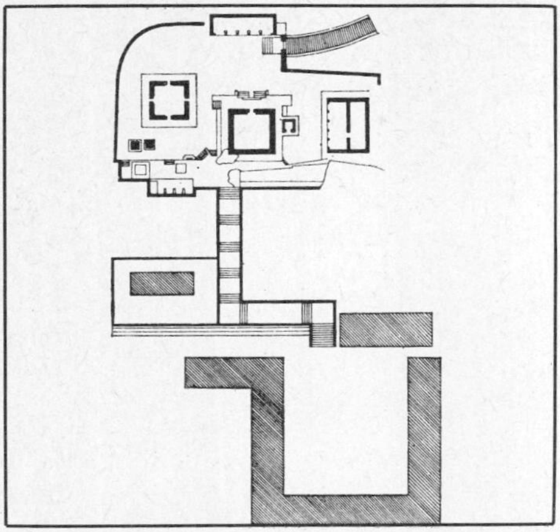

Fig. 46 Sankhu, Vajra Yogini-Tempel (nach Physical Development Plan)

der schönsten Bronzeskulpturen enthält. Vom Heiligtum der Vajra Yogini hat man einen ausgezeichneten Blick auf das Kathmandu-Tal und auf Sankhu.

Sundarijal (Schönes Wasser)
Beliebte Ausflugsgegend mit rauschenden Bächen und Wasserfällen. Am Fuße des Berges eine kleine Höhle mit Steinen als Kultbilder, die als Muttergottheiten verehrt werden, ferner ein Relief des 13. Jahrhunderts und ein Shiva-Schrein.

Surya Vinayaka
Surya Vinayaka-Tempel, Shikhara-Bau in bewaldeter bergiger Gegend, südlich des Hanumante. Bedeutendstes einer Gruppe von vier Ganesh-Heiligtümern im Kathmandu-Tal. Nach lokaler Tradition soll Ganesh den Namen Surya Vinayaka deshalb tragen, weil die Strahlen der aufgehenden Sonne zuerst auf dieses Heiligtum fallen und somit der Sonnengott Surya bei seiner täglichen ›Runde‹ um das Tal (offensichtlich im Sinne einer kultischen Umwandlung) zuerst diesem Platz Verehrung erweist.

Svayambhunath
(siehe Hauptteil des Buches)

Thaibo
Sanataneshvara Mahadeva, das Shiva geweihte Heiligtum auf einem Berg über dem Dorf Thaibo wird von Gläubigen aufgesucht, die um Fruchtbarkeit bitten. Der Berg selbst, von dem man einen guten Blick über das Kathmandu-Tal hat, wird als Linga verehrt.
Im Ort ein kleines dreigeschossiges Ganesh-Heiligtum.

Thankot
Die Ortschaft liegt an einer historisch wichtigen Straße, die das Kathmandu-Tal über den Chandragiri-Paß mit Indien verbindet. Es ist die erste bzw. letzte Ortschaft an dieser Straße im Kathmandu-Tal.
Mahalakshmi-Tempel, das Hauptheiligtum dieser Stadt, 1690 errichtet, in schöner mit Bäumen bestandener Umgebung am Fuße eines Hügels gelegen.

Thecho
Balkumari-Tempel, breitgelagerter dreigeschossiger Bau aus dem Jahre 1666.
Ferner ein zweigeschossiger ebenfalls breitgelagerter *Brahmayani-Tempel* aus dem 17. Jahrhundert.

Thimi
Wegen seiner vielen Töpfer bekannte Stadt zwischen Kathmandu und Bhaktapur. An einem schönen Platz inmitten

von Thimi liegt der dreigeschossige *Bal Kumari-Tempel*, ein Bau des 17. Jahrhunderts, dessen Gründung allerdings früher erfolgt sein dürfte. Es ist eines der vier wichtigen Kumari-Heiligtümer im Kathmandu-Tal.

In den Feldern, jenseits des Hanumante-Flusses, mit Thimi durch eine Brücke verbunden, liegt der *Dakshin Varahi-Schrein*, eines der vier wichtigen, Varahi geweihten Heiligtümer.

Fig. 47 Bodhnath, Ansicht der Stupaanlage um 1880 (nach le Bon)

Monumente außerhalb des Kathmandu-Tales

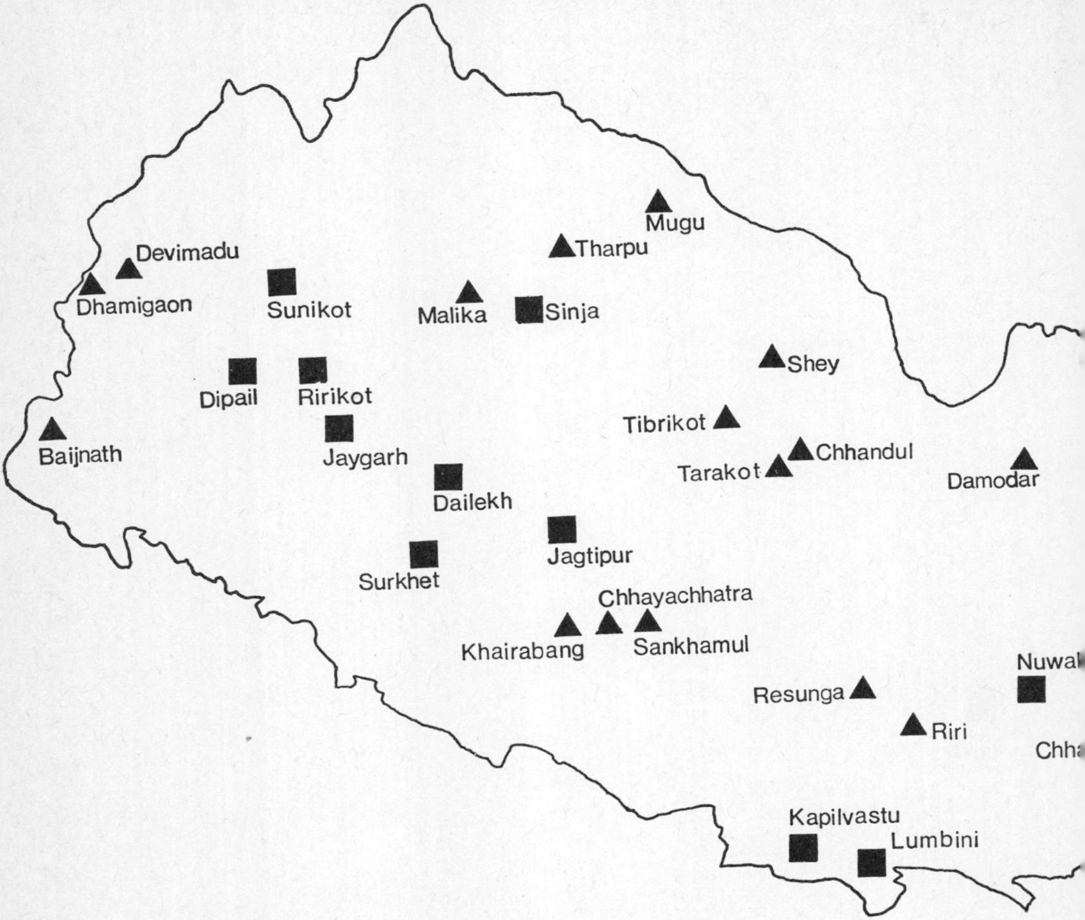

Fig. 48 Monumente in Nepal außerhalb des Kathmandu-Tales
■ Historische Stätten ▲ Tempelplätze (nach Kathmandu Valley)

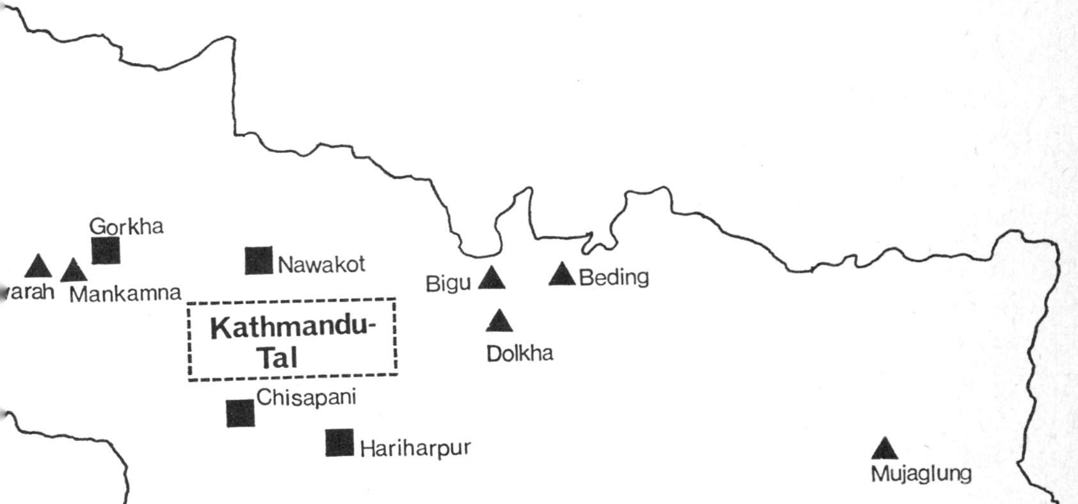
Gorkha
Nawakot
arah
Mankamna
Kathmandu-Tal
Bigu
Beding
Dolkha
Chisapani
Hariharpur
Mujaglung
Bhojpur
Janakpur

Feste im Kathmandu-Tal

Eine große Attraktion beim Besuch des Kathmandu-Tales können die vielen Feste bilden, die dort heute noch wie vor Jahrhunderten gefeiert werden. Einige haben nur lokale Bedeutung, andere werden im ganzen Tal gefeiert, wieder andere auch in Indien. Da die Tage, an denen sie begangen werden, sich nach dem *Mondkalender* richten, müssen die genauen Termine jeweils erfragt werden. Auch kann in der folgenden Liste nur ein Teil der bedeutendsten aufgeführt werden. Man gewinnt aber den Eindruck, daß an jedem Tag an irgendeiner Stelle im Tal sicherlich ein Fest begangen wird. Solche Ereignisse sollten vom Reisenden ebenfalls an Ort und Stelle erfragt werden.

1 Shripanchami oder Vasant

ein Ende Januar, Anfang Februar im ganzen Kathmandu-Tal zu Ehren von Sarasvati, der Göttin der Bildung, begangenes Fest. Zentren sind die Heiligtümer von Sarasvati in Svayambhunath, Lazimpath, Lele u. a. Besonders Studenten besuchen den Schrein in Svayambhunath.
Gleichzeitig ist es aber auch das Fest des Frühlings(Vasant)-beginns. Dieses wird eingeleitet durch eine Staatszeremonie im Hanuman Dhoka-Palast in Kathmandu, wo der königliche Priester vor den wichtigsten Beamten des Staates, oft in Gegenwart des Königs, den Frühlingsbeginn verkündet.

2 Shivaratri

ein manchmal im Februar begangenes Fest zu Ehren Shivas. Shivaratri, die Nacht, die Gott Shiva geweiht ist, erinnert an die Hochzeit von Shiva und Parvati und ist eines der bedeutendsten Feste im Hinduismus. Aus allen Teilen Nepals, aber auch aus Indien, kommen Abertausende von Pilgern, aber auch viele Sadhus und Fakire, die schon viele Tage vorher das Straßenbild bestimmen, zum Pashupatinath-Tempel. In der Nacht und am Morgen gehen die Pilger zum Pashupatinath, baden in der Bagmati, besonders an deren Ostseite bei Arya Ghat, fasten den ganzen Tag und verehren Shiva, indem sie Blumen, Girlanden, Früchte u. a. opfern und dabei Gebete und Hymnen rezitieren. Am Nachmittag findet auf dem Paradefeld Kathmandus in Anwesenheit des Königs ein Salutschießen zu Ehren des Gottes statt.

3 Holi

ein Ende Februar oder Anfang April gefeiertes Frühlingsfest, das in Indien durchaus orgiastische Züge annehmen kann. Im Kathmandu-Tal färben vornehmlich Jugendliche ihre Gesichter mit Zinnoberpuder und bespritzen sich und Vorübergehende mit gefärbtem Wasser.
Das einwöchige Fest wird eingeleitet mit der Errichtung eines Mastes vor Basantapur Durbar in Kathmandu, und es endet mit der Verbrennung dieses Mastes am Flußufer. Dieser Mast, der mit farbigen Bändern geschmückt ist, soll den Baum symbolisieren, wo Krishna die Kleider von Gopinis, Kuhhirtinnen, die er beim Baden überrascht hatte, versteckt hielt. Das Verbrennen des Baumes soll auch das Ende des nepalesischen alten Jahres verdeutlichen, da im nächsten Monat das neue beginnt.

4 Pancare

ein viertägiges Fest, das in Kathmandu und Patan etwa Mitte März von Newars begangen wird. Es ist ein Fest der Freude und zeichnet sich durch Essen, Trinken und andere Lustbarkeiten aus. Am Morgen des ersten Tages gehen die Gläubigen zu den Kali-Heiligtümern Bhadrakali, Svetakali, Kankeshvari u. a., am Abend verehren sie Luku Mahadyo, den verborgenen Mahadeva (Shiva). Am nächsten Tag finden auf Tundikhel Pferderennen und andere sportliche Vorführungen des Militärs in Anwesenheit des Königs statt. Am dritten und am letzten Tag des Festes werden die Bildnisse von Kalis u. a. Gottheiten in tragbaren Schreinen durch die Stadt geführt. Am Nachmittag versammeln sich Kankeshvari, Bhadrakali und Tebaha Bhadrakali in Asan Tole. Teil des Festes bildet auch die Bewirtung des Dämons Gurumapa in Tundikhel.

5 Matsyendranath Yatra in Kathmandu

wird im März begangen. Die Wagenprozession, in der der Weiße Matsyendranath durch einen Teil von Kathmandu gezogen wird, dauert vier Tage. Sie beginnt in Janabahal und endet in Lagan Tole, wo der Wagen wieder auseinandergenommen und die Gottheit in ihren Tempel zurückgebracht wird.

6 Bisket Yatra

fällt meist in den April, und zwar auf den ersten Tag des neuen Jahres der Vikram-Ära. Dieses Fest wird im ganzen Tal begangen, von höchster Bedeutung aber ist es in Bhaktapur und in Thimi. In Bhaktapur wird an zwei verschiedenen Stellen in der Stadt je ein Mast aufgerichtet. Dann werden Bhairava, Bhadrakali und die Muttergottheiten in Tempelwagen durch die Stadt gezogen. Das Fest erreicht seinen Höhepunkt mit der Ankunft des Wagens von Bhairava an Bhaktapurs heiligem Fluß.

7 Matri Aunsi

eine Art von Muttertag, meist im April. Diejenigen, deren Mutter gestorben ist, pilgern nach Matatirtha nahe Thankot, um dort in deren Gedächtnis zu baden.

8 Matsyendranath Yatra in Patan

dauert etwa zwei Monate und ist das höchste Fest in Patan. Es wird eingeleitet durch Akshaya Tritiya, einer Art Ahnenfest. Am folgenden Tag beginnt die große Wagenprozession von Matsyendranath in Pulchowk, westlich von Patan. Sie verläuft über eine vorgeschriebene Route durch einen Teil von Patan. Matsyendranath wird als Schutzgottheit Nepals, besonders Patans betrachtet. Die Prozession endet in Jawalakhel mit der Bhoto Dekaume-Zeremonie, bei der ein juwelenbesticktes Tuch, das vom König der Schlangen Matsyendranath gestiftet wurde, dem Volk gezeigt wird. Dies zeigt die Nähe dieser hinduistisch-buddhistischen Gottheit zum Wasserkult. Zusammen mit dem Wagen des Matsyendranath wird ein kleinerer, der des Minanath, geführt. Das Fest beginnt etwa im Mai und endet zu Beginn der Regenzeit.

9 Buddha Jayanti

Das Geburtsfest Buddhas wird etwa im Mai begangen, gleichzeitig wird damit aber auch seiner Erleuchtung und seiner Erlösung gedacht. Das Zentrum dieses Festes ist der Svayambhunath, aber auch in ihren Häusern verehren die Buddhisten an diesem Tag Bildnisse von Buddha.

10 Harishayani Ekadasi

ein vishnuitisches Fest, das meist in den Juli fällt. An diesem Tag soll Vishnu für vier Monate in tiefen Schlaf verfallen. Die Hindus besuchen an diesem Tag alle vishnuitischen Heiligtümer, besonders aber Pashupatinath.

11 Ghantakarna

fällt ebenfalls in den Juli und wird im ganzen Land begangen. Das Fest stellt eine Art von Dämonenaustreibung bzw. -besiegung dar. Während des Tages werden an Straßenkreuzungen Strohpuppen, die den Dämon Ghantakarna symbolisieren, aufgestellt, am Abend aber zum Flußufer geschleppt und dort verbrannt.

12 Guriadharma

eine einen Monat dauernde Zeit der Pilgerfahrt zum Heiligtum von Svayambhunath, die etwa Ende Juli oder Anfang August beginnt. Die Buddhisten unternehmen sie einzeln oder in Gruppen unter Begleitung von z. T. ekstatischer Musik. Es ist dies die Zeit, wo zu Beginn des Monsuns die Feldarbeiten des Versetzens der Reispflanzen beendet sind.

13 Nagpanchami

fällt ebenfalls an das Juliende und damit an den Beginn der Regenzeit. Es ist ein Fest, das im ganzen Tal begangen wird und die Verehrung der Nagas, Schlangen, d. h. Wassergottheiten, zum Inhalt hat. An jedem Hauseingang werden kleine Votivbilder, geschmückt mit dem Bildnis einer Naga, angebracht.

14 Panchadan

ein Fest, das nur von der buddhistischen Bevölkerung Kathmandus und Patans gefeiert wird und meist in den August fällt. An diesem Tag gehen Vajracharyas (buddh. Priester) und Shakyas, die beide als Nachfolger Buddhas angesehen werden, während einer Woche durch die Straßen und betteln in der Tradition der Mönche der Vergangenheit um Almosen.

15 Gaiyatra

eine Art Gedächtnisfest für diejenigen Verwandten, die während des vergangenen Jahres gestorben sind. Es dauert eine Woche. Familien, die einen Toten zu beklagen haben, senden am ersten Tag entweder wirkliche Kühe oder maskierte Jungen auf einem vorgeschriebenen Weg durch die alte Stadt Kathmandu in dem Glauben, daß dies den Verstorbenen Frieden bringe. Am Nachmittag schlägt die Stimmung des Festes um in eine Art von Fasching, wo soziale, wirtschaftliche und politische Mißstände karikiert werden können, dies in der Vergangenheit auch in Zeiten schlimmster Diktatur. Gleichzeitig werden die sonst verborgenen Schätze von Klöstern und Tempeln wie Statuen, Handschriften (in Thamel) und Reliquien (z. B. Reiskörner u. ä.) öffentlich ausgestellt. Ferner ist dies neben Indrayatra das Fest, wo an bestimmten Plätzen von Tanzgruppen traditionelle Tänze aufgeführt werden.
Der zweite Tag wird als eines der wichtigsten buddhistischen Feste vornehmlich

in Patan begangen. Die Gläubigen besuchen alle Viharas der Stadt, und entlang der Prozessionswege werden Butterlampen aufgestellt.

16 Krishna Janmastami

ein mehrtägiges in Patan begangenes Fest zum Gedächtnis an die Geburt Krishnas, das meist in den August fällt. Überall in der Stadt werden Bilderserien aufgehängt, die das Leben von Krishna erzählen. Das Zentrum des Festes aber bildet der Krishna-Tempel vor dem Palast in Patan. Das Fest wird abgeschlossen mit einem Tanz, bei dem Lakhe, ein Dämon, der von Krishna getötet wurde, vorgeführt wird.

17 Gokarna Aunsi

findet im August statt. Es ist eine Art Vatertag. Diejenigen, deren Vater bereits gestorben ist, pilgern zum Gokarneshvara-Tempel in Gokarna und baden dort in der Bagmati.

18 Indrayatra

ist eines der größten Feste in Nepal und wird meist im September gefeiert. Das einwöchige Fest wird eingeleitet durch die Errichtung eines Mastes vor Hanuman Dhoka. Der Mast wird aus Nala gebracht, an seinem Fuß wird ein Bildnis von Indra, sitzend auf einem Elefanten, aufgestellt. Am Abend werden entlang der Prozessionsstrecke vor den verschiedenen Schreinen Lampen aufgestellt. Dies wiederholt sich auch an den folgenden Abenden. Den Höhepunkt des Festes bildet der Wagenumzug von Kumari, der lebenden Göttin, begleitet von Ganesh und Bhairava, die durch zwei Jungen repräsentiert werden, in je gesonderten Tempelwagen. Am ersten Tag geht die Prozession durch den südlichen, am folgenden Tag durch den nördlichen Teil von Kathmandu.

19 Durga Puja oder Dasain

dieses wichtigste nationale Fest dauert zehn Tage und findet im September oder Oktober statt.

Die ersten neun Tage, auch Navaratri, neun Nächte, genannt, gelten der Göttin Durga oder Bhagavati. Die Bewohner stehen früh am Morgen auf, besuchen verschiedene Schreine von Gottheiten und baden in den heiligen Flüssen. Am siebten Tag beginnt das hauptsächliche Fest mit einer Staatsprozession, angeführt von den königlichen Priestern, die im Hanuman Dhoka-Palast beginnt, in die Gegend von Tundikhel und wieder zurück führt. Bei Anbruch der Nacht werden acht Büffel in einem inneren Hof von Hanuman Dhoka geopfert und etwa gegen Mitternacht nochmals 108 Büffel, dazu Ziegen. Am 9. Tag findet eine regelrechte Blutorgie im Kot, nahe Hanuman Dhoka, statt, wo die verschiedenen Regimenter Ziegen und Büffel schlachten. Am 10. Tag gehen die Bewohner zu ihren älteren Verwandten, um deren Segen zu empfangen, die Regierungsbeamten aber begeben sich zum König.

20 Tihar oder Dipavali

fällt ebenfalls in den September oder Oktober und dauert fünf Tage. Am ersten Tag werden von den Bewohnern Krähen, am zweiten Hunde, jeweils als Inkarnationen von Gottheiten, verehrt. Am dritten Tag werden Kühe als Inkarnationen der Göttin Lakshmi verehrt. An diesem – Lakshmi geweihten – Tag ist die ganze Stadt illuminiert. Am Morgen des vierten Tages werden Stiere verehrt, am Nachmittag verehren die Newars ihren eigenen Körper. Am letzten, fünften Tag des Festes verehren Schwestern ihre Brüder. Der vierte Tag ist gleichzeitig auch der newarische Neujahrstag.

21 Haribodhini oder Thulo Ekadasi
meist Anfang November, ist das Fest des Erwachens Vishnus aus seiner viermonatigen Ruhe. Der Beginn dieser hier endenden Periode ist Harishayani Ekadasi. Das Zentrum des Festes ist Budhanilkantha, die Bevölkerung besucht aber auch die anderen wichtigen Vishnu-Heiligtümer im Tal.

22 Balachaturdasi
eine Art von Totengedächtnisfest, das Ende November stattfindet. Sein Zentrum ist das Heiligtum von Pashupatinath. Besonders der Hügel von Mrigasthali wird als eine Wohnstätte unzähliger Gottheiten angesehen, und das Fest besteht aus einer Wallfahrt um diesen Hügel und dem Besuch aller dortigen Schreine. Das Füttern der Affen in dieser Gegend im Namen verstorbener Familienmitglieder soll den Toten ewigen Frieden bringen.

Lage, Bevölkerung, Sprache

Das Land ist etwa 141 000 qkm groß (entspricht der Größe von Bayern, Niedersachsen und Hessen) und erstreckt sich in einer Ost-West-Ausdehnung von ungefähr 800 km bei einer ungefähren Breite zwischen 144 km und 244 km. Es ist eingeschlossen zwischen China (der autonomen Region Tibet) im Norden und Indien im Süden.

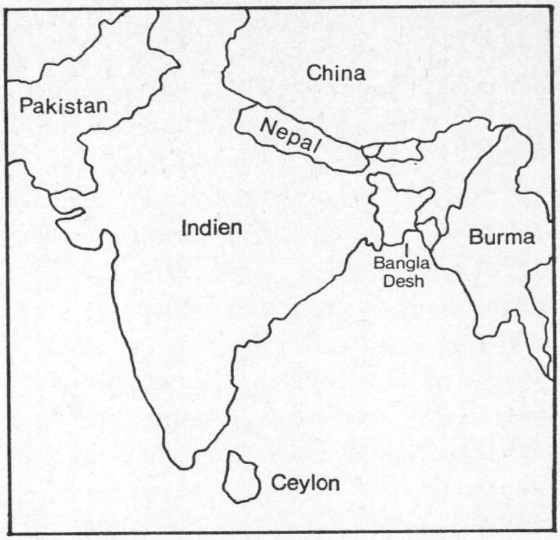

Fig. 49 Die Lage Nepals

Seine Topographie bietet die denkbar größten Kontraste. Während seine südlichen Teile nur etwa 150 m über dem Meeresspiegel liegen, steigt es bereits 150 km weiter nördlich bis zu einer Höhe von 8848 m mit dem Mount Everest, dem höchsten Berg der Erde, an.

Nepal liegt im Bereich des Monsuns, der von Mitte Juni bis Mitte September das Land mit Niederschlägen versorgt.

Man kann Nepal in drei verschiedene topographische Regionen teilen:

1. das südliche Gebiet, das Terai, ›feuchtes Land‹, einem Ausläufer der nordindischen Tiefebene mit üppiger Vegetation und tropischem bis subtropischem Klima. Z. T. sind die Dschungel urbar gemacht und bieten eine fruchtbare Anbaufläche. Hier ist auch eines der letzten Großwildgebiete der Erde.

2. den Bereich des Vorgebirges des Himalaya, die Siwaliks und Mahabharat Lekh, die z. T. Höhen von 3000 m erreichen und die auch das Kathmandu-Tal umschließen, wo der größte Teil der nepalesischen Bevölkerung lebt.

3. den nördlichen Bereich mit u. a. acht Bergen über 8000 m Höhe. Es ist dies der am dünnsten besiedelte Teil Nepals.

Bevölkerung

Nepal hat 15,1 Millionen Einwohner. Die Vielzahl der ethnischen Gruppen läßt sich nach ihrer Sprache in zwei große Gruppen gliedern, diejenigen, die eine tibeto-burmesische Sprache sprechen (Newars u. a.), und diejenigen, die eine indo-arische Sprache sprechen.

Sprache

Offizielle Sprache in Nepal ist Nepali, die zur indo-arischen Gruppe zählt und dem Hindi verwandt ist. Die Schrift ist Devanagari, wie sie auch in Indien gebraucht wird. Nepali ist Muttersprache von etwas weniger als 50% der Bevölkerung. Diese Sprache ist eine Art von Lingua franca innerhalb Nepals für die gesamte Bevölkerung. Daneben gibt es viele andere Sprachen und Dialekte, die z. T. der indo-arischen, z. T. der tibeto-burmesischen Sprachfamilie zugehören. Die ursprünglich im Kathmandu-Tal gesprochene Sprache, Newari, gehört zur tibeto-burmesischen Sprachfamilie. Mit Englisch kann man sich in den Städten ohne weiteres verständigen.

Religion

Nepal ist seiner Verfassung nach ein hinduistischer Staat. Dabei sind Hinduismus und Buddhismus in ihrer nepalesischen Version kaum zu unterscheidende Religionen. Im Süden des Landes gibt es einige Muslims. Missionierung ist verboten.

Verfassung

Nepal ist eine konstitutionelle Monarchie. Der gegenwärtige König ist Birendra Bir Bikram Shah Deva.

Parlament

Nepal hat ein parteienloses Panchayat-(Räte-)System.

Klima und Reisezeit

Klima

Entsprechend den extremen topographischen Bedingungen ist auch das Klima höchst unterschiedlich. Im Süden des Landes sind die Sommer sehr heiß und die Winter während des Tages warm.

Klimaübersicht für das Kathmandu-Tal

Monat		Jan.	Feb.	März	Mai	Juni	Juli	Sept.	Okt.	Nov.
Temperatur	max.	18,5	20,0	24,1	29,2	29,1	27,9	27,6	26,4	22,5
	min.	1,0	3,5	6,9	14,6	19,1	20,1	18,4	13,3	6,6
Niederschlag		16,8	26,6	31,4	69,2	285,6	318,5	365,0	62,3	13,1

Das Kathmandu-Tal ist durch ein relativ ausgeglichenes Klima gekennzeichnet, wo auch im Sommer, während der Monsunzeit, die Temperatur bei allerdings hoher Luftfeuchtigkeit nur selten über 30° C ansteigt. Im Winter ist es tagsüber, während die Sonne scheint, frühlingshaft warm, während nachts die Temperatur etwa auf den Nullpunkt absinkt.
Das Kathmandu-Tal liegt im Einflußbereich des Monsuns, der von etwa Mitte Juni bis Mitte September herrscht.

Reisezeit

Man kann das Land – besonders das Kathmandu-Tal – das ganze Jahr über bereisen. Es empfehlen sich aber die Monate zwischen Oktober und April.

Hotels

Kathmandu

3-Sterne-Hotels (Auswahl)
Annapurna
Everest Sheraton
Soaltee Oberoi
Yak und Yeti

2-Sterne-Hotels (Auswahl)
Shanker
Malla
Vajra
Dwarika's Hotel
Shangri-la

1-Sterne-Hotels (Auswahl)
International Guesthouse
Kathmandu Guest House
Tibet Guesthouse
Tara Gaon Bungalow Hotel (Bodnath)
Maya Guesthouse (Bodnath)
Nook
Sidharta
Ambassador

Pokhara

2-Sterne-Hotels (Auswahl)
Fish Tail Lodge
New Crystal

1-Sterne-Hotels (Auswahl)
Dragon
Mount Annapurna

Weitere Unterkünfte

Lodges und preiswerte Hotels in Kathmandu: Thamel, Jjochhen Tole (Freak Street) und Maruhity (Pie Alley).

Royal Chitawan National Park

Hotel Elephant Camp
Chitawan Jungle Lodge
Tented Camp
Gaida Wildlife Camp
Jungle Safari Camp
Jungle Lodge Tiger Tops
Camp Tiger Tops (Zelte)

Übernachtungsmöglichkeiten gibt es unter anderem auch in Hitauda, Narayan Ghat, Daman, Nagarkot, Phaplu, Jomosom, Patan, Kakani, Bhairawa, Birganj, Janakpur, Dhulikhel, Bhaktapur, Tharke Gyang, Ramche, Betrawati, Shyangboche, Thyangboche und Lukla.

Essen und Trinken

Essen: eine eigentlich nepalesische Küche gibt es nicht, und eine Reise sollte nicht angetreten werden im Hinblick auf kulinarische Genüsse. Der Reisende wird normalerweise in seinem Hotel essen. In der Umgebung des Hotels L'Annapurna haben sich mehrere Restaurants etabliert, so Min Ming, Durbar Marg, das chinesische und japanische Küche anbietet, ferner Tokyo, ebenfalls Durbar Marg, mit japanischer Küche, außerdem Tung Fong, Kantipath, mit chinesischer Küche.

Innerhalb eines alten Rana-Palastes wurde vor einigen Jahren die Jak & Yeti Bar, Lal Durbar, eröffnet, die von einem russischen Emigranten, Boris, betrieben wird, der in Kathmandu zu einer Art Institution geworden ist. Zwar ist es in einem nur zehnminütigen Fußmarsch vom Annapurna Hotel aus erreichbar, da es aber sehr versteckt liegt, ist es empfehlenswert, ein Taxi zu benutzen. Gänzlich anders ist Indira Restaurant, eine Art von ›Aussichtscafé‹ im oberen Geschoß eines langgestreckten Baues inmitten der Stadt an der New Road gelegen, bietet es vornehmlich indische Küche zu günstigen Preisen. Zwischen Besichtigungen kann man hier ohne weiteres eine Ruhepause bei Tee und Kuchen einlegen.

Ferner gibt es eine Fülle von Speisestuben, die auch von Europäern und Amerikanern besucht werden, die aber nur dann empfehlenswert sind, wenn man seinen Magen an die besonderen nepalesischen Umstände akklimatisiert hat.

Wasser: Es ist auch in den Städten empfehlenswert, nur gekochtes und gefiltertes Wasser zu trinken. Das gelegentlich auch in den besseren Hotels als gekochtes Wasser angebotene ist nur mit einiger Skepsis zu genießen.

Alkohol: Importierte Alkoholika sind überaus teuer, da sie mit hohen Steuern belegt sind. Es gibt jedoch eine einheimische Bierproduktion, die akzeptable Resultate zeitigt.

Verkehr und Trekking

Flugverbindungen: Der einzige internationale Flughafen Nepals ist *Tribhuvan Airport* in Kathmandu, nur wenige Minuten von der Stadt entfernt. Es bestehen Verbindungen nach New Delhi, Calcutta, Varanasi (Benares) und Patna, ferner nach Colombo, Dacca, Rangoon, Bangkok und Karachi. Obwohl Kathmandu, neben der nationalen Fluglinie Royal Nepal Airlines Corporation (RNAC), lediglich von Indian Airlines, Burma Airways Corporation, Bangla Desh Biman, Thai Airways International und Pakistan International Airways angeflogen wird, unterhalten viele internationale Fluglinien Büros in Kathmandu: Aeroflot, Air France, Air India, Bangla Desh Biman, British Airways, Burma Airways Corporation, JAL, KLM, Lufthansa, Pakistan International Airways, Pan Am, Swiss Air, Thai Airways International und TWA.

Straßen: Zwei Hauptstraßen führen von Indien nach Nepal: im Westen die Verbindung zwischen Sunauli (Bhairawa) und Pokhara (200 km), sowie die wichtige Straße Tribhuwan Rajpath zwischen Raxaul (Birganj) und Kathmandu (203 km). Die Arniko Rajmarg verbindet die Hauptstadt mit der tibetisch-chinesischen Grenze bei Kodari (144 km). Die Straße führt weiter nach Lhasa, der Hauptstadt Tibets. Die Entfernung zwischen Kathmandu und Pokhara beträgt 203 km (Prithvi Rajmarg). Teile der Ost-West-Straße im Süden des Landes sind ebenfalls fertiggestellt worden. Einige Strecken sind: Hetaura – Birgunj (58 km), Birgunj – Patalaiya

(27 km), Patalaiya – Janakpur (132 km), Janakpur – Biratnagar (212 km), Biratnagar – Bhadrapur (106 km).

Taxis: Empfehlenswert sind Taxis mit einem Taxameter. Innerhalb des Stadtbezirks gilt der vom Taxameter angezeigte Preis, zuzüglich 20%; bei Fahrten nach außerhalb ist er Verhandlungssache. Der Fahrer erwartet ein Trinkgeld.

Bus: Innerhalb des Tales bestehen zu vielen Orten regelmäßige Busverbindungen von Kathmandu aus. Die Busse nach Pokhara, Rauxal und Kodari fahren täglich ab dem *General Post Office*. Bis 21 Uhr fährt ein Trolley-Bus alle 10 Minuten nach Bhaktapur. Eine Busverbindung gibt es ebenfalls nach Gurkha, Richtung Jiri; Nachtbusse fahren nach Nepalganj und Biratnagar. Busfahrten gehören zu den durchaus interessanten Erfahrungen.

Fahrräder: Sie können an verschiedenen Stellen in Kathmandu für einen Tag gegen eine geringe Leihgebühr entliehen werden, z. B. am Eingang zur Basarstraße, gegenüber von Rani Pokhari. Für Ausflüge innerhalb des Kathmandu-Tales ist diese Art der Fortbewegung durchaus empfehlenswert.

Ausflüge: Mehrere Reisebüros in Kathmandu organisieren Tagesausflüge in Kleinbussen zu den verschiedensten Stellen innerhalb des Tales; empfehlenswert ist eine Fahrt zur chinesischen Grenze.

Reisebüros (für Hotelbuchungen und Besichtigungen)

Auswahl

Annapurna Travels & Tours
Durbar Marg
Gorkha Travels
Durbar Marg
Kathmandu Travels & Tours
Ganga Path
Malla Travels & Tours
Lekhnath Marg
Shanker Travels & Tours
Lazimpath
Yeti Travels
Durbar Marg

Trekking: Bergtouren sind eine der Hauptattraktionen für Nepal-Reisende. Zwar steht es jedem frei, seine Tour selbst zu planen und zu organisieren, jedoch ist es ratsam, sich hierbei an eines der Büros zu wenden, die sich auf diesen Zweig des Tourismus spezialisiert haben und die sowohl die Route ausarbeiten, wie auch Träger, Führer, Ausrüstung usw. stellen. – Auch Reiseveranstalter in der Bundesrepublik Deutschland, Österreich und der Schweiz bieten solche Trekkingreisen an.

Die gesamte Himalaya-Region bietet geeignete Gegenden für solche Touren, jedoch sind besonders beliebt die Khumbu-Region, Helambu, Gosainkunda, Lamtang Valley, Jomosom, Ghachowk und Ghandrung.

Trekking-Büros (für Bergwanderungen und Bergsteigen)

Auswahl

Alpine Adventure Exploration
Maharaj Gunj
Annapurna Mountaineering & Trekking
Durbar Marg
Lama Excursion
Durbar Marg

Manaslu Trekking
Durbar Marg
Mountain Travels
Durbar Marg
Sherpa Cooperative Trekking
Kamal Pokhari
Sherpa Society
Ram Shah Path

Geschäftszeit, Währung, Visum

Geschäftszeit: Regierungsstellen und Büros haben im Sommer von 10–17 Uhr und im Winter von 10–16 Uhr geöffnet. Läden sind in der Regel von 10–19 Uhr geöffnet, kleinere Läden oft länger; z. T. haben die Läden am Samstag geschlossen. Restaurants schließen meist gegen 23 Uhr.
Wöchentlicher offizieller Feiertag: Samstag (nicht Sonntag).
Nepalesische Ortszeit: Nepals Ortszeit liegt 4 Stunden 40 Minuten vor der Mitteleuropäischen Zeit (MEZ) (im Sommer: – 1 Stunde), d. h., um 12 Uhr mittags in Kathmandu ist es in Frankfurt erst 7.20 Uhr (im Sommer 8.20 Uhr), bzw. 12 Uhr mittags in Frankfurt bedeutet 16.40 Uhr in Kathmandu (im Sommer: 15.40 Uhr). Die nepalesische Ortszeit unterscheidet sich von der indischen Ortszeit (IST) um + 10 Minuten.
Impfungen: Pockenschutzimpfungen sind nicht mehr erforderlich, Impfungen gegen Cholera sind dagegen obligatorisch und Impfungen gegen Typhus sehr empfehlenswert, ebenso sollte Gammaglobulin ganz kurz vor der Abreise gespritzt werden. Allerdings empfiehlt sich eine Anfrage rechtzeitig vor Reiseantritt bei den hiesigen Gesundheitsämtern bzw. Tropeninstituten.
Währung: 1 Nepalesische Rupie hat 100 Paisa. Es gibt 1, 5, 10, 100 und 1000 Rupien Noten. Ausländische (nicht indische) Währung kann in unbegrenzter Höhe eingeführt werden, soll jedoch beim Grenzübertritt deklariert werden. Noten und Travellers Cheques dürfen nur bei autorisierten Stellen umgetauscht werden. Der Umtausch muß in einem Foreign Exchange Transaction Form nachgewiesen werden. Dieses Formular erhält man bei der Einreise.
Visum: Bei der Einreise ist ein gültiges Visum erforderlich; es wird für die Dauer von 14 Tagen für den Besuch von Kathmandu (Tal), Pokhara und Chitwan (Tiger Tops) erteilt. Die Erlaubnis, andere Teile des Landes zu besuchen, kann vom Central Immigration Office, Ram Shah Path, Kathmandu, erhalten werden. Dort erfolgt auch die Verlängerung des Visums und die Erteilung des sog. Trekking-Permits.
Zoll: Über die neuesten Bestimmungen erkundige man sich jeweils bei der hiesigen Nepalesischen Botschaft, die auch die Visa erteilt.
Der Export aller Kunstwerke nepalesischen Ursprungs mit einem Alter von über 100 Jahren ist verboten. Ausnahmegenehmigungen erteilt das Nationalmuseum Kathmandu. Ferner unterstehen dem Ausfuhrverbot: Drogen, Teppiche indischer Herkunft (Kashmir-Teppiche), Felle einheimischer Tiere.

Glossar

Akshobhya Einer der fünf Dhyani Buddhas (s. d.).

Amitabha Einer der fünf Dhyani Buddhas (s. d.).

Amoghasiddhi Einer der fünf Dhyani Buddhas (s. d.).

Avalokiteshvara »Der Herr(Gott), der seinen Blick nach unten richtet«, Bodhisattva (s. d.) des Mitleids. Eine Form von Avalokiteshvara ist *Lokeshvara* (s. d.).

Avatar (Abstammender) Ein Terminus, der gewöhnlich gebraucht wird, um eine Inkarnation von Vishnu (s. d.), in der er, entweder in menschlicher oder tierischer Form in einem der verschiedenen Zeitalter erschien, zu beschreiben.

Baha bzw. **Balhal** Identisch mit Vihara (s. d.).

Bhairava Der »Furchterregende«, die schreckliche Manifestation Shivas (s. d.). Er ist ein zorniger oder schutzbietender Gott und die Emanation göttlicher Allmacht; er unterwirft die Dämonen.

Bodhisattva Wesen innerhalb des Systems des Mahayana-Buddhismus, das die Erleuchtung (bodhi) bereits erlangt hat, aber freiwillig darauf verzichtet, ins *Nirvana* einzugehen, um Menschen, die dazu nicht aus eigener Anstrengung imstande sind, zu helfen. Gleichzeitig Emanation eines der *Dhyani Buddhas*.

Brahma Die erste Person der hinduistischen Trinität (s. Hinduismus). Ist nicht so sehr wie Vishnu und Shiva aus dem Volksglauben hervorgegangen, sondern aus theologischer Spekulation. Gilt als Schöpfer des Universums. Sein Träger (Vehikel) ist die Gans (Hamsha).

Brahmane Angehöriger der ersten Kaste (s. d.).

Buddha Der »Erleuchtete«, historische Persönlichkeit, geboren um 566 v. Chr. in Lumbini, im heutigen Süden Nepals, als Prinz *Siddharta* aus dem Klan der Shakyas (daher auch Buddha Shakyamuni). Er verließ seine Familie und wanderte umher. Nachdem er die Erleuchtung erlangt hatte, begann er unter dem Namen *Gautama Buddha* seine neue Lehre zu verkünden, die eigentlich keine Religion, sondern eine Lebensphilosophie war.

Chaitya Ein Heiligtum oder Schrein, auch ein Stupa (s. d.).

Devi Begleiterin von Shiva in ihrer gütigen Erscheinungsform.

Dhara Brunnenanlage für rituelle Waschungen und als Wasserstelle.

Dhyani Buddhas Die Buddhas der fünf Himmelsrichtungen. Im Zusammenhang des Mahayana-Buddhismus (s. d.) entwickelte Auffassung, daß vor dem historischen Buddha Shakyamuni schon andere Buddhas existiert hätten, die den gleichen Zustand der Buddhaschaft verkörperten. Das Prinzip der Buddhaschaft ist *Adi Buddha* (der Ur-Buddha). Da dieses Prinzip den gesamten Kosmos beherrscht, wird es fünffach aufgefächert in *Buddha Vairocana* als Zentrum, *Buddha Akshobhya* für den Osten, *Buddha Amitabha* für den Westen, *Buddha Ratnasambhava* für den Süden und *Buddha Amoghasiddhi* für den Norden. Jeder dieser fünf Buddhas wird in Verbindung gesetzt zu einer Begleiterin und einem Bodhisattva als ihren jeweiligen Sohn.

Durbar Nepalesische Bezeichnung für Palast.

Durga Die zornige Manifestation der »großen Göttin«, der Begleiterin Shivas. Oft findet man die Darstellung, wie Durga den Büffeldämonen Mahisha, der die drei Welten erobert und die Götter entthront hatte, tötet.

Ganesha »Herr der Scharen«, elephantenköpfiger Gott, gilt als Sohn Shivas und Parvatis. Ist der Gott der Weisheit und als *Vinayaka,* »Herr der Hindernisse, der Gott des Anfangs«. Sein Träger (Vehikel) ist eine Ratte.

Gantha Glocke, im Gegensatz zum Vajra (s. d.) symbolisiert es den weiblichen Aspekt. Spielt bedeutende Rolle im tantristischen Kult.

Garuda Mythischer Sonnenvogel, halb Mann, halb Vogel; das Emblem und der Träger (Fahrzeug, Vehikel) Vishnus steht in der Regel vor Vishnu-Tempeln (vgl. Nandi).

Ghat Eigentlich Stufen am Ufer eines Flusses; meint auch die Gesamtheit der für rituelle Zwecke genutzten Uferanlagen.

Guhyeshvari Form von Parvati (s. d.).

Gurkhas Konglomerat von Bergstämmen indo-arischen Ursprungs, die unter Prithvinarayana Shah das Kathmandu-Tal eroberten. Später Bezeichnung für nepalesische Soldaten in britischen Diensten in Indien. Noch heute wird der Palast des indischen Ministerpräsidenten von Gurkhas bewacht. In den beiden Weltkriegen nahmen sie an allen Fronten auf britischer Seite teil. Ihren Namen haben sie von dem Stammsitz der Shah-Könige, Gorkha.

Hanuman Gottheit in Gestalt eines Affen, ein Helfer Vishnus.

Hari Hara Shiva und Vishnu als eine Gottheit.

Hinayana Buddhismus (Kleines Fahrzeug) Frühe Form des Buddhismus, die eher Wert auf die Lehre als auf die Anbetung von Buddha legt. Im Gegensatz zum *Mahayana Buddhismus* (s. d.).

Hinduismus Hinduismus ist eher ein philosophisches System und eine Lebensart als eine Religion mit festgesetzten Glaubenssätzen. Er entstand aus einer Synthese des Glaubens der einwandernden Arier mit einheimischen Kulten. Die frühen Arier waren Anhänger eines Naturkultes – ihre Hymnen in den *Vedas* feiern die Sonne (Mitra oder Surya), den Himmel (Indra), das Feuer (Agni) und die Unterwelt (Ushas). Von den Lokalkulten übernahmen sie die Muttergottheit, Fruchtbarkeitsriten und das Konzept der Trinität: Vishnu als Schöpfergott, Shiva als Zerstörer und Brahma als Erhalter. Aus der Vermischung dieser Ideen entstanden die *Upanishaden.*

Kali Die blutrünstigste Form von Devi oder Shakti (s. d.).

Kastensystem Die in Indien eingewanderten Arier gründeten die politische Struktur auf einem System von Berufen oder Kasten, das hierarchisch gegliedert wurde. Die erste (oberste) Kaste bildeten die *Brahmanen* (s. d.), denen die Riten und die Lehre übertragen wurde, die die komplizierten Opferriten ausführen mußten und die die verschlungenen Verse (*Shlokas*) und *Mantras* (mystische Formeln) mündlich tradierten. *Kshatrias* bildeten die Schicht der Soldaten als zweiter Kaste, aus denen sich in der Regel auch die Herrscher und Könige rekrutierten. Die dritte Kaste bildeten die *Vaishyas,* die Bauern, Händler und Kaufleute. Die vierte Kaste waren die *Sudras,* die sich aus lokalen Stämmen zusammensetzten oder aus Kriegsgefangenen und die die niederen manuellen Arbeiten versahen. Im wesentlichen war dies ein erbliches System, dem sicherlich ein Modell sozialer Überlagerung zugrundeliegt. In Nepal gab es in der frühen Geschichte eigentlich kein ausgeprägtes Kastensystem. Erst unter König Jayasthitimalla (1382–1395) wurde im Rahmen einer strikten Hinduisierung des Landes ein solches nach alten indischen Vorbildern geschaffen und der nepalesischen (newarischen) Gesellschaft aufoktroiert.

Krishna Der »Schwarze«, einer der Avatars (s. d.) von Vishnu.

Kumari Die lebende Göttin in Kathmandu; sie wird in frühem Alter aus einer bestimmten buddhistischen Kaste ausgewählt und lebt dann, getrennt von ihrer Familie, allein in Kumari Chowk in Kathmandu, bis sie die Pubertät erreicht. Sie wird mit einer beträchtlichen Abfindung dann zu ihrer Familie zurückgeschickt. Normalerweise bleibt sie unverheiratet. Nur einmal im Jahr darf sie ihren Palast verlassen und wird während des Festes von Indra Yatra in einer Prozession durch die Stadt gefahren. Sie gilt als eine Form von Kali.

Lakshmi Göttin des Reichtums, Begleiterin Vishnus.

Lamaismus Tibetische buddhistische Form des Tantrismus (s. d.).

Linga Phallisches Symbol Shivas; meist das Hauptkultbild in Shiva-Tempeln. Nur selten wird Shiva in Nepal in ikonischer Form dargestellt.

Lokeshvara »Herr der Welt«, Form von *Avalokiteshvara* und von *Shiva* als buddhistischem Gott.

Mahadeva oder **Mahadeo** Anderer Name für Shiva.

Mahakala »Der große Schwarze«. Gilt als Verteidiger des Buddhismus. Ursprünglich eine Form des hinduistischen Gottes Shiva in seinem Aspekt als Zerstörer des Kosmos. In Nepal wird oft kein Unterschied zwischen Bhairava und Mahakala gemacht.

Mahayana Buddhismus (Großes Fahrzeug) Spätere theistische Form des Buddhismus mit einer Betonung der göttlichen Buddhas und Bodhisattvas; im Gegensatz zum *Hinayana* (s. d.).

Makara Krokodilartiges Fabeltier, Symbol des Wassers.

Malla Herrschergeschlecht in Nepal bis zum 18. Jahrhundert. Ursprung der Familie noch nicht geklärt.

Mandala Magisches Diagramm.

Manjushri Bodhisattva; gilt in Nepal als Kulturheros.

Matsyendranath (Macchendranath) Ursprünglich eine historische Persönlichkeit, wurde als eine Inkarnation von Bodhisattva Avalokiteshvara betrachtet. Wird sowohl in Bungamati als auch in Patan als Roter Matsyendranath und in Kathmandu als Weißer Matsyendranath verehrt.

Mudra Mystisch-rituelle Handhaltung von Gottheiten, die ihre verschiedenen Handlungen oder ihre Macht symbolisieren, dienen als ikonographisches Erkennungszeichen.

Nagas Mystische Schlangengottheiten als Symbol des Wassers.

Nandi Stier Shivas; Träger der Gottheit, ist in der Regel vor Shiva-Tempeln dargestellt (vgl. *Garuda*).

Narayana Name für *Vishnu* (s. d.).

Newars Tibeto-burmesischer Stamm, große ethnisch nicht einheitliche Gruppe Nepals, eigentliche Einwohnerschaft des Kathmandu-Tals mit eigener Sprache. Können während der gesamten Geschichte als die Kulturträger bezeichnet werden.

Nirvana Der Tod Buddhas, gleichzeitig das Auslöschen allen weltlichen Verlangens und damit der Austritt aus dem ständigen Kreis der Wiedergeburt.

Padmapani Bodhisattva »Lotus in der Hand«, Form von Avalokiteshvara.

Pagode Mehrgeschossiger turmartiger Schreintempel entweder für hinduistische oder aber für hindu-buddhistische Gottheiten, nie aber – sofern freistehend – für nur buddhistische Gottheiten. Gilt gelegentlich als Tempel im ›nepalesischen Stil‹ im Gegensatz zum Shikhara-Typus (s. d.), wobei jedoch beide in ihrer Grundform aus Indien übernommen worden sind. – Baumaterial Ziegel und Holz. Mehrere übereinandergeschichtete Dächer. Heiligtum (Kultbild) in der Regel im unteren Geschoß. Ausnahme sind Bhimsen- und Bhairava-Tempel, wo sich das Kultbild im ersten Obergeschoß befindet.

Panchayat-System Vergleichbar dem Rätesystem. Parlamentarische Form in Nepal (5 Stufen: Dorf, Stadt, Distrikt, Zone, Nation).

Parvati Shivas Begleiterin, gewöhnlich mit ihm zusammen dargestellt.

Pashupati »Herr der Tiere«, Patronatsgottheit Nepals, eine Form von Shiva (s. d.).

Pradakshina Siehe unter Puja.

Prasad Siehe unter Puja.

Puja Bildverehrung von Gottheiten; die Verehrung der Gottheit kann in Nepal ohne eigentliche Priesterschaft von jedem praktiziert werden. Die Gläubigen gehen im allgemeinen am frühen Morgen zum Tempel und bringen Opfergaben in Form von Blumen, Reis und Zinnober-Puder dar. Sie erhalten meist als Gegengabe etwas *Prasad,* konsekriertes Essen und *Tika.* Tika ist ein Fleck aus roter Paste, der in der Mitte der Stirn aufgetragen wird, wo das dritte Auge seinen Sitz haben soll. Es ist üblich, ein Heiligtum, Tempel, Stupa, Kultbild als Zeichen der Verehrung zu umwandeln, *Pradakshina,* und zwar in der Richtung des Uhrzeigers.

Pujari Hinduistischer Priester an einem Tempel.

Rana Eine der großen Familien Nepals, regierte das Land zwischen 1846 und 1951 diktatorisch mit dem König als quasi Gefangenen. Gliedert sich in drei Klassen (A, B, C-Ranas) und nimmt auch heute noch beträchtlichen Einfluß auf das politische Geschehen. Die Königin ist in der Regel eine Rana.

Ratnasambhava Einer der fünf Dhyani Buddhas (s. d.).

Shah Ursprünglich Titel, siehe Shah von Persien, in Nepal Familienname der regierenden königlichen Familie.

Shakti Mythologisch gedacht als weibliche Entsprechung eines Gottes; das weibliche Prinzip der Kraft, das sich sowohl in zorniger wie auch in friedlicher Form in Kali, Devi, Durga u. a. manifestiert. Die weibliche Gottheit, die in der Umarmung eines Gottes dargestellt wird, bezeichnet man als Shakti.

Shakyamuni Anderer Name für den historischen Buddha (s. d.).

Sherpas Tibetischer Stamm, heute berühmt als Expeditionsleiter.

Shikhara Steintempel mit einem turmartigen Aufbau über der Kultbildzelle, wobei die Außenlinie kurvig gebogen ist. Dieser Tempeltypus wie auch der Pagoden-Typus stammen aus Indien.

Shiva Die dritte Person der hinduistischen Trinität (s. Hinduismus). Wird sowohl als zerstörende als auch schöpferische Kraft des Alls verehrt.

Stupa Ein buddhistischer Reliquienhügel von kuppelartigem Aufbau, ursprünglich ein Tumulus in Halbkugelform, hat sich im Buddhismus zum Symbol des Eingehens Buddhas ins Nirvana entwickelt. Der Stupa ist die einzig wirklich buddhistische Architekturform (neben Vihara, s. d.), die in Nepal existiert.

Tantrismus Überaus entwickelte symbolische und metaphysische religiöse Philosophie, entstand vom 10. bis zum 15. Jahrhundert und verbindet den Buddhismus mit dem Hinduismus zu einer Religion, die die eigentliche religiöse Praxis in Nepal bestimmt.

Tika Siehe unter Puja.

Torana Eigentlich ein freistehender Portalbau (Tor), bezeichnet in Nepal aber den tympanonähnlichen Aufsatz über dem Portal.

Trishul Dreizack, Symbol Shivas.

Uma Maheshvara Shiva in Begleitung seiner Shakti (Uma).

Vairocana Einer der fünf Dhyani Buddhas (s. d.).

Vajra Diamant, Donnerkeil. Zerstörendes aber unzerstörbares Symbol buddhistischer und hinduistischer Gottheiten; spielt eine bedeutende Rolle im tantristischen Kult.

Vihara Buddhistische Klosteranlage, bestehend in der Regel aus einem quadratisch umbauten Hof, auf dessen einer Seite, dem Eingang gegenüber, sich der Kultbildschrein befindet; die übrigen drei Seiten meist als offener Umwandlungsgang gestaltet, der ursprünglich Zugang zu den einzelnen Mönchszellen bot. Heute, da es kein zölibatäres Mönchstum, wie es der Buddhismus eigentlich erfordert, mehr gibt, dienen die anschließenden Räume anderen Zwecken. Bautypus stammt aus Indien. In der Mitte des Hofes meist ein Votivstupa als eigentlichem Symbol Buddhas.

Vishnu Der Erhalter, die zweite Person der hinduistischen Trinität (s. Hinduismus).

Yoni Mutterschoß, meist als Basis für das Linga (s. d.).

Literaturverzeichnis

M. M. Anderson, *The Festivals of Nepal*, London 1971

G. Auer und N. Gutschow, *Bhaktapur, Gestalt, Funktion und religiöse Symbolik einer nepalesischen Stadt im vorindustriellen Entwicklungsstadium*, Darmstadt 1974

M. L. Bajracharya, *A Catalogue on Nepal*, Kathmandu 1973

R. M. Bernier, *The Temples of Nepal* (An Introductory Survey), Kathmandu 1970

Bhagvanlal Indraji und G. Bühler, Inscriptions from Nepal in: *The Indian Antiquary*, A Journal of Oriental Research, IX-1880, Bombay 1880

G. le Bon, *Les Civilisations de l'Inde*, Paris 1887

G. le Bon, *Les Monuments de l'Inde*, Paris 1893

N. Casimaty (Hrsg.), *India & Nepal, A Travel Handbook*, New Delhi, Bombay, Calcutta o. J.

W. Donner, *Nepal. Raum, Mensch und Wirtschaft*, Wiesbaden 1972

H. Goetz, Early Indian Sculptures from Nepal in: *Artibus Asiae*, XVIII, 1955

E. Gordon, *Nepal, Sikkim and Bhutan (Himalayan Kingdoms) in pictures*, Calcutta, Bombay, New Delhi, 3. Aufl. 1973

N. Gutschow und B. Kölver, *Ordered Space. Concepts and Functions in a Town in Nepal*, Wiesbaden 1975

T. Hagen, *Nepal, Königreich im Himalaya*, 3. Aufl. Bern 1975

B. J. Hasrat, *History of Nepal, As told by its own and Contemporary Chroniclers*, Hoshiarpur 1970

K. P. Jayaswal, An Unrecorded Muhammadan Invasion of Nepal, in: *Journal of the Bihar and Orissa Research Society*, XXII, 1936

K. P. Jayaswal, Chronology and History of Nepal 600 B. C. to 880 A. D., in: *Journal of the Bihar and Orissa Research Society*, XXII, 1936

M. B. Joseph, The Viharas of the Kathmandu Valley: Reliquaries of Buddhist Culture, in: *Oriental Art*, Sommer 1971

W. Korn, *The Traditional Architecture of the Kathmandu Valley*, Kathmandu 1976

S. Kramrisch, *The Art of Nepal*, New York 1964

J. K. Locke, *Rato Matsyendranath of Patan and Bungamati*, Kathmandu 1973

A. W. Macdonald und A. V. Stahl, *Newar Art. Nepalese Art during the Malla Period*, Warminster 1979

P. L. Maskay, *Guide to Bhaktapur*, Kathmandu 1962

H. A. Oldfield, *Sketches from Nipal, Historical and Descriptive*, 2 Bde. London 1880, Nachdruck Delhi 1974

P. Pal, *The Arts of Nepal*, Vol. I, Sculpture, Leiden und Köln 1974

P. Pal, *The Arts of Nepal*, Vol. II, Painting, Leiden und Köln 1978

P. Pal, *Vaisnava Iconology in Nepal*, A Study in Art and Religion, Calcutta o. J.

P. Pal, *Nepal, Where the Gods are Young*, New York 1975

L. Petech, *Medieval History of Nepal (c. 750–1480*, Roma 1958 (Serie Orientale Roma X, Materials for the Study of Nepalese History and Culture 3)

The Physical Development Plan for the Kathmandu Valley, Hrsg. His Majesty's Government of Nepal, Department of Housing and Physical Planning, Kathmandu 1969

W. Prochaska, *Nepal mit Sikkim und Bhutan* (Polyglott-Reiseführer), München 1975

C. Pruscha (Hrsg.), *Kathmandu Valley*, The Preservation of Physical Enviroment and Cultural Heritage, A Protective Inventory, 2 Bde., Wien 1975

P. S. J. B. Rana, *Your Guided Companion*, Kathmandu 1971

P. A. Raj, *Nepal on $ 4 a day*, Kathmandu 1975

D. R. Regmi, *Ancient Nepal*, Calcutta 1969

D. R. Regmi, *Medieval Nepal, Part I* (Early Medieval Period 750–1530 A. D.), Calcutta 1965

D. R. Regmi, *Medieval Nepal, Part II*, A History of the Three Kingdoms 1520 A. D. to 1768 A. D., Calcutta 1966

J. C. Regmi, *Temples of Kathmandu*, Kathmandu 1972

H. Seemann, *Nepal 2029. Gestern noch verbotenes Land*, Stuttgart 1973

P. R. Sharma, *An Introduction to the Hanuman Dhoka,* Kathmandu 1975

D. B. Shrestha & C. B. Singh, *Picturesque Kathmandu,* Some Places of Interest in the Kathmandu Valley, Kathmandu 1969

D. B. Shrestha & C. B. Singh, *Some Prominent Festivals in Nepal,* Kathmandu 1973

M. Singh, *Himalayan Art.* Wall-Painting and Sculpture in Ladakh, Lahaul and Spiti, The Siwalik Ranges, Nepal, Sikkim and Bhutan, New York 1968 (Unesco Art Books)

M. Slusser, *Kathmandu, A Collection of Articles,* Kathmandu o. J.

M. Sh. Slusser, *Nepal Mandala. A Cultural Study of the Kathmandu Valley,* 2 Vols., Princeton 1982

M. Slusser und Gautamavajra Vajracarja, Some Nepalese Stone Sculptures: a reappaisal within their cultural and historical context in: *Artibus Asiae,* XXXV

D. Snellgrove, *Buddhist Himalaya,* Oxford 1957

D. L. Snellgrove, Shrines and Temples of Nepal, in: *Arts Asiatiques,* VIII, 1961

R. J. Thapa, Kashthamandapa, in: *Ancient Nepal, Journal of the Department of Archaeology,* 3. April 1968

H. Uebach, *Das Nepalmahatmyam des Skandapuranam.* Legenden um die hinduistischen Heiligtümer Nepals, München 1970

L. A. Waddell, *The Buddhism of Tibet or Lamaism,* Nachdr. d. 2. Aufl., Cambridge 1958

E. und R. L. Waldschmidt, *Nepal. Kunst aus dem Königreich im Himalaya,* Recklinghausen 1967

U. Wiesner, *Nepalese Temple Architecture. Its Characteristics and its Relations to Indian Development,* Leiden 1978

U. Wiesner, Nepalese Votive Stupas of the Licchavi Period: The Empty Niche, in: *The Stupa. Its Religious, Historical and Architectural Significance,* Wiesbaden 1980

U. Wiesner, Zur Frage der vier sogen. Aśoka-Stupas in Patan, Nepal in: *Zur Kunst Asiens, 50 Jahre Lehre und Forschung an der Universität Köln,* Wiesbaden 1977

D. Wright, *History of Nepal,* Translated from the Parbatiya, Cambridge 1877, Nachdruck Kathmandu 1972

Raum für Ihre Reisenotizen

Anschriften neuer Freunde, Foto- u. Filmvermerke, neuentdeckte gute Restaurants, etc.

Chabahil: Stupa

Raum für Ihre Reisenotizen

Anschriften neuer Freunde, Foto- u. Filmvermerke, neuentdeckte gute Restaurants, etc.

Raum für Ihre Reisenotizen

Anschriften neuer Freunde, Foto- u. Filmvermerke, neuentdeckte gute Restaurants, etc.

Register

Personen

Abhayaraja 239
Ahirs 11
Akalabhya (Mahabharata) 228
Amaramalla 16, 148, 214, 233, 239
Amshuvarman 209
Anantamalla 130, 131, 132
Anantapriya Devi 58
Arier 22
Ashoka 83, 187, 234, 236, 238
Ashokamalla 237

Balarchana 45
Bandhudatta Acharya 179
Bhaskaramalla 18, 60
Bhaskaravarma 188
Bhimsen Thapa 21, 229
Bhupakeshari 218, 219
Bhupalendramalla 18, 77, 182, 186, 211 (Abb. 92)
Bhupatindramalla 18, 63, 88, 134, 138, 140, 141, 143, 144, 146
Bhuvanamalla 16
Bhuvanalakshmi 186 (Abb. 92)
Birendra Bir Bikram Shah Deva 20, 251
Bir Shamsher (1885–1901) 20, 229
Bir Shamsher (1929–1932) 20
Britisch-Ostindische Gesellschaft 21
Buddha (Prinz Siddhartha, Buddha Shakyamuni) 23

Chandra Shamsher 20, 21, 78, 233
Charumati 187

Dalamardana 19
Devapala 187, 188
Deva Shamsher 20
Dharmadatta 188
Dharmakar 147
Dharmapala 153
Dharmasvamin 155
D'Orville 63

Field Marshall Kaisher 231

Georg V. 21
Girvan 20
Gopalas 11
Grueber 63
Gunakamadeva 50, 82, 178, 228, 229, 231, 232, 233
Gupta-Dynastie 12, 179, 180
Gurkhas 10, 21

Haridatta 179, 180
Hariharasimhamalla 84, 85, 88
Harinath Upadhyaya 130
Harisimhadeva 131, 132, 141
Hodgson, Brian H. 21
Hriddhinarasimha 18

Indramalla 18

Jagajyotirmalla 17, 142
Jagatjayamalla 19, 216
Jagatprakashamalla (1644–1673) 18, 134, 138, 143, 221, 224, 235
Jayaprakashamalla (1736–1768) 19, 56, 78, 135, 136, 142, 155, 156, 216, 217
Jayasthitimalla 13, 14, 46, 48, 131, 180, 216, 238
Jitamitramalla 18, 49, 134, 141, 142, 143, 144
Jivaraya 239
Jnananda 211
Juddha Shamsher 20, 240
Jung Bahadur Rana 20, 21, 187, 216, 231, 233

Kiratis 11, 12, 227
Kishor Narshing 233
Kumar 233
Kushanas 12

Lakshminarasimhamalla 17, 79, 82, 92
Lakshminarayana Joshi 77, 231
Lambakarna Bhatta 92
Licchavis 11, *12*, 13, 51, 176, 177, 214, 226, 227, 228, 232, 240
Lokaprakashamalla 18, 126

Mahendra 20
Mahendramalla (1560–1574) 17, 49, 52, 53, 56, 57, 60, 209
Mahendramalla (1709–1714) 18
Mahendra Shah 227

Malla-Dynastie 11, 13, 48, 56, 60, 83, 84, 88, 89, 135, 138, 141, 144, 180, 231, 241
Manadeva 155, 179, 183
Mohan Shamsher 20

Narendramalla 16
Nareshamalla 17, 50, 141
Newars 10, 47, 57, 218, 247, 250
Nityananda 211, 212
Nripendramalla 18, 77

Padma Shamsher 20
Pande, Familie 21
Parthivendramalla 18, 77
Pashupreksha 11, 212
Prabhavati Devi 58
Pranamalla 16
Pratapamalla 18, 49, 50, 52, 56, 57, 58, 59, 60, 62, 63, 64, 77, 82, 91, 92, 125, 127, 128, 140, 143, 150, 155, 156, 173, 174, 175, 178, 209, 211, 212, 215, 216, 218, 221, 228, 229, 231, 233, 241
Pratapasimha 20
Prithvi 20
Prithvinarayana Shah 13, 19, 20, 21, 50, 56, 60, 61, 78, 84, 132, 135, 142, 156
Purandarasimha 49, 91

Raghavananda 211
Raja Bhoj 148
Rajendra 20
Rajyaprakashamalla 19
Rajyavati 183
Rana, Familie 20, 21, 52, 229, 232, 238, 240
Rana Bahadur Shah 20, 58, 176, 221, 234
Ranadipsingha 20
Ranajitamalla 19, 49, 132, 135, 136, 138, 142, 221
Ratnamalla 16, 52, 53, 56, 57, 84, 210, 214, 215
Rayamalla 16, 221
Riddhilakshmi 77, 182, 212

Sadashivamalla 17, 141, 239
Sanaksingh 187
Shah-Dynastie 10, 11, 48, 50, 56, 59, 60, 79, 229
Shams ud-din Ilyas 13, 155, 212
Shankaracharya (7. Inkarnation) 45, 46
Shantashri 154, 178, 179
Shivadevavarman 213
Shivasimhamalla 17, 49, 56, 57, 84, 85, 211
Shrinivasamalla 18, 87, 125, 129
Siddhinarasimhamalla 17, 50, 84, 87, 88, 91, 92, 125, 126, 127, 128, 237, 240
Somavamshi Rajputs 11, 12, 227
Sudhanva 148
Surendra 20
Suryamalla 16
Suryavamshi 12

Tejanarasimha 19, 135
Thakuri-Dynastien 11, *13*, 129
Thakuri-Rajas 53, 57, 214, 215
Thapa, Familie 21
Trailokyamalla 17, 224
Tribhuvan 20, 21, 231
Tripurasindari 234
Tripurasundari 229

Vikramakeshari 218
Vimalananda 211
Virnarasimha 18
Vishnugupta 216
Vishnumalla (1547–1560) 16
Vishnumalla (1729–1745) 19, 87, 125
Vishnusimha 91
Vishvadeva 213
Vishvajitamalla 19
Vishvamalla 182, 224
Vishvanatha Upadhyaya 91, 92, 127
Vrikshadeva 45
Vrikshadevavarman 210

Yakshamalla 13, 14, 48, 52, 131, 132, 140, 143, 209, 210, 224, 232, 240
Yamlu 178
Yogamati 126
Yoganarendramalla 18, 49, 88, 126, 128, 129, 130, 238
Yogaprakashamalla 19

Orte

Bagmati 11, 83, 127, 147, 148, 150, 153, 154, 179, 188, 206, 208, 209, 211, 212, 213, 215, 216, 226, 227, 228, 233, 235, 237, 238, 241, 246, 249
Balaju *221*, 223
  Balaju Water Gardens 221
  Vishnu Jalasayana 221

Bandegaon (Banragaon) 152, 153, *221*, 223 (Fig. 16)
Vishankhu Narayana 221
Bandepur 211
Banepa 130, 131, *221*, 223, 227, 236
Candeshvari-Tempel 221
Narayana-Schreine 221
Shiva-Schrein 221
Bangemura 206
Bangkok 254
Benares (Varanasi) 135, 153, 211, 229, 254
Bengalen 13, 154, 155, 212
Bhaktapur 13, 14, 16, 17, 18, 19, 47, 48, 49, 50, 52, 60, 63, 64, 88, 125, *130–146*, 147, 148, 149, 151, 179, 182, 209, 217, *221–225*, 241, 247 (Farbt. 9, Abb. 65–76)
Basantapur Durbar 133, *138*
Bhairava-Tempel 129, 130, 133, 144, *145*, 146, 221 (Farbt. 9, Abb. 72, 75)
Bhandarkhal *140*
Bhimsen-Tempel 224, 225
Bhupatindramalla-Säule 49, 58, 133, 134, 135, *136*, 138 (Abb. 66, 68, 70)
Candi Bhagavati-Schrein *221*, 225
Durga-Relief *221*
Uma Maheshvara-Stele *221*
Ganesh *221*
Caturvarnamahavihara 133, *221*, *224*, 225 (Fig. 25)
Chupin Ghat 224, 225
Uma Maheshvara 224
Dattatraya-Tempel 124, 145, *224*, 225 (Fig. 26)
Dvarikanath-Tempel 49, 133, 143, *144*
Ehem. Haupteingang zum Palast 133, 135, *138* (Abb. 8, 9, 70, 71)
Museum 138
Statuen von Hanuman und Narasimha 138
Eta (Kumari) Chowk 133, 140, *141*, 142
55-Fenster-Palast 133, *140* (Abb. 9, 70)
Hanumante Ghat *224*, 225
Hanuman 224
Mul Chowk 49, 50, 131, 132, 133, 135, 136, 140, *141*, 142
Taleju-Schrein 132, 136, 140
Naga Pokhari 133, *142* (Abb. 73)
Nava Durga-Tempel 225
Nyatapola-Tempel 129, 133, 144, *145*, 146 (Farbt. 6, Abb. 7, 74)
Ost-West-Achse 48
Palastbereich 53, 59, *132–146* (Fig. 11–14)
Pujari Math *224*, 225
Saalbau 138 (Abb. 70)
Sadashiva (Bhairava) Chowk 133, 140, *141*
Siddhilakshmi-Tempel 133, 142, *143* (Abb. 69, 70)
Sundhoka 133, *135*, 136, 137, 138, 140, 142 (Abb. 9, 65, 67, 68, Fig. 13)
Tachapal Tole 224
Taleju-Glocke 133, 135, *138* (Abb. 70)
Taumadhi Tole 129, 130, 131, 132, 134, 136, *144*, *145*, 224 (Farbt. 9, Abb. 72, 74, 75, 76)
Vakupati Narayana-Tempel 225
Garuda-Säule 225
Vatsala-Tempel 133, *142* (Abb. 68)
Yaksheshvara-Tempel 49, 133, 134, 136, 140, *143*, 144, 209, 212
Bodh Gaya (Bihar), Mahabodhi-Tempel 239
Bodhnath 64, 151, 152, 153, 186, 205, *217–220*, 223, 225, 232 (Farbt. 7, Abb. 12, 125, Fig. 23, 47)
Boulima Tole 92
Brit. Indien 21
Budhanilkantha 64, 148, 152, 218, 219, 223, *225*, 250 (Fig. 16)
Jalashayananarayana Vishnu 225
Bungamati 223, *226*
Matsyendranath-Tempel 226
Karya Vinayaka-Schrein 226

Calcutta 254
Chabahil, Stupa 83, 150, 151, 152, 153, *186–206*, 223, 226 (Abb. 104, Fig. 16, 21)
Buddha Shakyamuni 177, *206*, 215 (Abb. 105)
Charumati Vihar 188, 205
Shveta Vinayaka Ganesh 152, 187 (Fig. 16)
Votivstupas *205*, 206 (Abb. 106, 107)
Chandeshvari 51
Chandragiri-Paß 242
Chandra Vinayaka Ganesh 187 (Fig. 21)
Changu Narayana 88, 147, 150, 152, *179–186*, 223, 226 (Abb. 93–103)
Bhupalendramalla-Bildnis (Abb. 92)
Bhupalendramalla-Schrein 181 (Fig. 20)
Bhuvanalakshmi-Bildnis (Abb. 92)

Garuda 77, 91, 179, 180, 181 (Abb. 95, 101, Fig. 20)
Garuda Narayana-Tempel 182 (Abb. 93)
Garudasana Vishnu 181, 182, *184* (Abb. 96, Fig. 20)
Narasimha 181, 184, *186* (Abb. 100, Fig. 20)
Säule des Königs Manadeva 12, *179*, 180, 182, 183 (Abb. 95, 102)
Tempel einer Devi 181 (Fig. 20)
Vishnu Vikrantha 181, *184*, *185* (Abb. 99, Fig. 20)
Vishnu, Lakshmi u. Garuda 181, *184* (Abb. 97, Fig. 20)
Vishvarupa Vishnu 181, 184, *185* (Abb. 98, Fig. 20)
Chapagaon 223, *226* (Abb. 127–129)
Brahma-Statue 226
Vajra Varahi-Tempel 226
China 12, 147, 250
Chitwan 255
Chobar 223, *226*, *227*, 241
Adinath 226 (Fig. 28)
Chandra Vinayaka (Jal Vinayaka) 151, *227* (Fig. 16)
Shikhara-Schrein 227

Dacca 254
Dakshinkali 51
Danavati (Balakhukhola) 153
Dekkan 45
Deopatan (s. a. unter Pashupatinath) 48, 83, 187, 188, 206, 209, 211, 223, 226, 239
Dharmadatta Chaitya 188
Dhulikhel 130, 223, *227* (Farbt. 10, 11, Abb. 126)
Bhagavati-Tempel 227
Dhumvarahi 187, 223, *227* (Abb. 21)
Varaha-Schrein 227
Dolkha 136
Dudhkosi 136

Ghachowk 255
Ghandrung 255
Godavari 11, 12, 223, *227*
Godavari Kunda 227
Königl. Botanischer Garten 227
Phulchoki Mai Nau Dhara 227
Gokarna 11, 223, *227*, 248
Gokarneshvara-Tempel 11, *228*, 248 (Fig. 29)
Gorkha 156
Gosainkunda 255
Gyaneshvara 64, 187, 223, *228* (Fig. 21)
Jnaneshvar Mahadeva-Tempel 228
Panchalinga Bhairava-Heiligtum 228

Hanumante 130, 224, 242, 243
Hanumati 153
Harigaon 187, 206, 223, *228* (Fig. 21)
Garuda-Säule 32, 77, 91, *228*
Harisiddhi 223
Harisiddhi Bhavani-Heiligtum *228*, 235
Helambu 255
Himalaya 227, 235, 251, 253
Hongkong 254

Ichangu Narayana 152, 223, *228* (Fig. 16)
Bhagavati-Tempel 228
Ikshumati 148, 150, 153, 218, 219
Indien 10, 11, 12, 21, 22, 30, 31, 32, 46, 63, 140, 176, 186, 187, 210, 211, 234, 242, 246, 250, 251
Indus-Tal-Kultur 23
Irkharajya 149

Jomosom 255

Kalimati 252
Kanchi 153
Kantipur s. Kathmandu
Kashmir 21
Kaski 21
Kathmandu (Kantipur) 12, 13, 14, 16, 17, 18, 19, 21, 47, 48, 49, *50–82*, 83, 84, 85, 87, 125, 127, 130, 131, 132, 135, 136, 138, 142, 144, 147, 149, 150, 151, 153, 155, 156, 174, 175, 182, 209, 210, 211, 214, 221, 223, *228–234*, 241, 246, 247, 248, 249, 252, 254, 255 (Umschlagvorderseite, Farbt. 1, 2, 4, 5, (Abb. 1, 2, 13–43, Fig. 3, 31)
Achteckiger Tempel Pratapamallas 55, *58*, (Abb. 2, 30)
Akasha Bhairava-Tempel 145, *228*, 229, 230
Bairava-Kultbild 228
Alter Palastbereich 52
Annapurna-Tempel *228*, 230
Asan Tole 228, 232, 247
Ashoka Vinayaka Ganesh 55, *82*
Bahadur Bhavan *229*, 230

Basarstraße 48, 51, 52, 53, 57, 58, 77, 79, 186 (Abb. 34–42)
Basantapur Chowk 55, 59, *60*, 89
Basantapur Durbar 53, 55, 59, *60*, 61, *246* (Abb. 21–23, Fig. 4)
Bhadrakali-Schrein *229*, 230
  Nilakali (Lomri Devi) 229
Bhandarkhal mit Jalashayana Narayana 55, *64*, 140
Bhimsen-Tempel 51, 145, *229*, 230
Degutale-Tempel 49, 53, 55, *56*, 57, 58, 88, 212 (Abb. 18, 20, 29)
Dharahara *229*, 230
Dhoka-baha, Henakaramahavihara *229*, 230
Gaddi Baithak (Thronhalle) 55, 56, 77, *78* (Abb. 25)
Garuda, 6. Jh. 55, *57*, 183
Garuda von 1690 55, 77, 177, 182, 183 (Abb. 19)
Hanuman Dhoka-Palast 50, *53*, *58*, *59*, 63, 77, 225, 228, 246, 249, 252 (Abb. 2, 17, 20–24, 29)
Hanuman Dhoka-Portal 55, 58, *59* (Farbt. 1, 2)
Hanuman-Tempel (fünfgeschossiger) 55, *60*
Indien-Tibet-Straße 48, 51, 52, 79, 83
Indra Chowk 228
Inschrift Pratapamallas 55, *63*, *64* (Abb. 2, Fig. 5)
Itum-baha, Keshcandramahavihara *229*, 230, 232 (Fig. 30)
Jagannath (Narayana)-Tempel 53, 55, 56, 57, 59, 62, 91, 144
Jaisi Deval 77, 145, 230, *231*, 234 (Fig. 32)
Janabahal 247
Kaisher Mahal 229, 230, *231*
Kala Bhairava 55, 57, *58* (Abb. 16, 18)
Kankeshvari-Tempel 51, 80, 82, 230, *231*
Kantipath 232, 252
Kasthamandapa 55, 79, *80*, 81, 82, 187, 229 (Abb. 1, 32, Fig. 6, 7, 21)
Kathesimbhu-Stupa in Saghahbaha, Shrighatamahavihara 230, *231* (Fig. 33)
  Avalokiteshvara-Stele 231
Kavindrapur (Bau von Pratapamalla) 55, *82* (Abb. 33)
Kohiti 230
Kot 249
Kumari Chowk 55, *78* (Abb. 25, 27, 28)
Kwa-baha, Maitripuramahavihara 230, *231*
Lagan Tole 247
Lazimpath 246
Maduhiti Dhara 35, *82*
Mahakala Bhairava-Tempel 229, 230, *232*
Mahendreshvara-Tempel (Pashupatinath) 49, 53, 55, 56, *57*, 62
Maru Tole 51, *79*, 80
Matsyendranath-Tempel in Jana baha, Kanakacaityamahavihara 230, *232* (Fig. 34)
Mohan Chowk 55, 56, *62*
Mul Chowk 49, 53, 55, 59, *60*, 141
Narayanhiti Dhara 56, 77, 78, 148, 150, 218, 219, 230, *232* (Fig. 35)
  Garuda-Statue 27, 91, 182, 183, 232
Narayanhiti Durbar 230, *233*
Nasal Chowk 55, *59*, *60*, 62, 82
Nationalmuseum 156
New Road 52
Nord-Süd-Achse 233
Palastbereich 51, *52–82*, 209 (Farbt. 1, 2, 4, 5, Abb. 2, 15, 18)
  Hauptfront 58 (Abb. 2, 18)
Pilgerweg nach Deopatan 209
Pratapamalla-Säule 49, 55, 57, *58*, 88, 136 (Umschlagvorderseite, Abb. 18)
Raniban 64
Rani Pokhari 51, 230, *233*, 254
  Raktakali-Schrein 230, *233*
Saalbau (heute Museum) 55, *59*
Shiva Mandir 55, *77* (Abb. 26)
Shiva Parvati Mandir 55, *78*, *79*, 145 (Abb. 31)
Shvetakali Naradevi 230, *233*
Simhasattal 55, *82*
Singha Durbar 229, 230, *233* (Abb. 43)
Singha Mahal 230, *233*
Sundhara Chowk 55, *62*, 77, *229*, 230, 233
  Garuda 77
  Kaliyadamana 77
Suvarnapranali 51
Sveta Bairava 55, *58*
Taleju-Tempel 49, 53, 55, *56*, 57, 60, 62, 80, 135, 144, 145, 212, 220 (Umschlagvorderseite, Farbt. 5, Abb. 13–15)

Tana Deval 53, *57*, *77*, 228
Tham baha, Vikramashilamahavihara 230, *233*
Thamel 233, 248, 252
Trailokya Mohan Mandir *55*, *77*, 145, 182, 183 (Abb. 25)
Tribhuvan Airport 254
Tripureshvara-Tempel 230, *233*
Tukan baha 230, *234* (Fig. 32)
Tundikhel 229, 232, 247, 249, 254
Vijeshvara Yogini 152 (Fig. 16)
Yatkha-baha, Dharmacakramahavihara 230, *234*
Yamala (Rajpath) 232
Kathmandu-Tal 10, 11, 12, 13, 21, 23, 31, 32, 47, 48, 60, 80, 82, 83, 84, 91, 92, 125, 129, 130, 132, 138, 145, 147, 149, 150, 151, 152, 153, 176, 177, 179, 206, 210, 218, 220, 224, 226, 228, 233, 235, 237, 241, 242, 246, 251, 252 (Abb. 103, Fig. 17)
Kerang 226
Khokana 223
Shikhali Devi-Tempel 234
Khumbu-Religion 255
Kirtipur 11, 80, 223, *234*, 235 (Fig. 36)
Bhag Bhairava-Tempel 145, *235*
Cilandeo-Stupa 220, *234*
Uma Maheshvara-Tempel 234
Koteshvar Mahadev 223, *235*

Lambarkarna Bhatta 241
Lamjung 21
Lamtang Valley 255
Lele 246
Lhasa 63, 218
London 21
Lubhu, Mahalakshmi-Schreine 223, *235*
Lumbini 23

Macchegaon 223
Macche Narayana-Schrein 235
Mahabharat Lekh 251
Maitidevi Balkumari 152 (Fig. 16)
Maligram 148
Manichur, Berg 45
Mani Yogini 45
Manimati (Manohara) 153, 237
Manjkirant 12
Manjupatan 147, 148, 151
Manohara 148, 235
Matatirtha 11, 223, *235*, 247
Mathura 91
Matrajya 148
Meghauli 253
Mount Everest 250

Nala, Banepa-Tal 130, 223, 228, *235*, 249
Bhagavati-Tempel 235
Lokeshvara-Schrein 236
Namche Bazaar 253
Namsal 148
Nandigram 148
Nawakot 214, 215
New Delhi 21, 254

Palpa 240
Panauti 130, 223, *236*
Bhairava-Schrein 236
Brahmayani-Tempel 236 (Fig. 38)
Indreshvara-Tempel 236 (Fig. 37)
Krishna-Tempel 236 (Fig. 38)
Narayana-Heiligtum 236
Pashupatinath in Deopatan 11, 12, 45, 147, 150, 151, 154, 182, 183, 187, 188, *206–217*, 248, 250 (Farbt. 3, Abb. 108–124, Fig. 21, 22)
Ananta Narayana 214 (Abb. 117)
Arya Ghat 135, 207, 211, *212*, 246 (Abb. 108, 109, 111, Fig. 22)
Buddha Shakyamuni 177, 206, *215* (Abb. 113)
Guhyeshvari-Tempel 45, 78, 147, 148, 150, 151, 154, 178, 208, 209, 213, 215, *216*
Kailasha-Berg 210, 211, *212* (Abb. 110, 120)
Treppenanlage 210 (Abb. 121)
Kirateshvara 12
Lakshmi 213 (Abb. 116)
Lapidarium 216 (Abb. 115)
Mangalpurkumari 152 (Fig. 16)
Mrigasthali *215*, 216, 250 (Abb. 122)
Ostufer der Bagmati *215*, *216* (Abb. 109, 123)
Pashupatinath-Tempel 49, 57, 143, 144, 180, 207, *211*, *212*, 233, 236, 239, 246 (Farbt. 3, Abb. 108–110)
Linga 48, 208, 209, *212*
Rajarajeshvari 209, *214*, *215*
Anahavrateshvara-Linga 215 (Abb. 112)
Ratna Vinayaka 152 (Fig. 16)
Shleshmantaka-Hain 208

Vatsala Devi 208, *213* (Abb. 118)
Votivlingas 208 (Abb. 119, 120, 124)
Pashupura 11
Patan 13, 14, 16, 17, 18, 19, 47, 48, 50, 51, 56, 57, 60, 64, *83–130*, 131, 132, 135, 136, 144, 147, 148, 149, 151, 186, 188, 209, 223, 226, 232, 234, *236–240*, 247, 248, 249 (Farbt. vordere Umschlaginnenklappe, Abb. 44–46, Fig. 39)
Achteckiger Tempel 87, *125* (Abb. 48)
Ashoka-Stupas 83, *236* (Abb. 4)
Bal Kumari-Tempel 236
Bhandarkhal 87, 92, *126* (Abb. 48)
Bhimche baha (Mayuravarnamahavihara) *237*, *238*
Bhimsen-Tempel 87, 128, *129*, 145 (Abb. 54, 62)
Cyasilim Deval 87, *126* (Abb. 52)
Degutale-Tempel 49, 58, 83, 85, 87, *88*, 89, 92, 126, 127, 212, 238 (Abb. 5, 44–46)
Garuda-Säule 87, *91* (Abb. 45, 57)
Gosainkunda 238
Guita baha 238 (Fig. 40)
Harishankar-Tempel 87, *126* (Abb. 5, 45, 55)
Jawalakhel 238, 247
Kankeshvari 247
Krishna (Bala Gopala)-Tempel 87, 88, 89, *91*, 92, 249 (Abb. 56–58, Fig. 10)
Kumbheshvara-Tempel 11, 83, 145, 209, *238* (Fig. 41)
Sarveshvara-Linga 13, 238 (Fig. 42)
Kvatakshebalkumari 152 (Fig. 16)
Kwa baha 187, 188, *238*, *239*
Mahabuddha-Tempel 239 (Abb. 6, Fig. 43)
Mangalbazaar 89
Mani-Chaitya 127
Mani Dhara 87, *127*, *128* (Abb. 62, 64)
Manigal 89
Mani-gal-bhatta 127
Mani Ganesh(a) 87, *127*
Manikeshar Chowk 85, 87, 88, 89, 91, 125, 127, 138 (Abb. 5, 49)
Mani-Kumara 127
Mani-Linga 127
Mani-Mahakala 127
Manimandapa 87, *127*, *128*, 129 (Abb. 61)
Mani Talava 127
Matsyendranath-Tempel (Tah baha) 83, *226*, *239*, *240* (Abb. 4, Fig. 44)
Minanath-Tempel (Tamgah baha) 240 (Fig. 44)
Mul Chowk 49, 50, 87, 92, *125*, 141 (Abb. 46, 59)
Narayana-Tempel 49, 87, 88, *89*, 144 (Abb. 53)
Nord-Süd-Achse 48, 238
Palastbezirk 53, 83, *85–130*, 187 (Abb. 5, 45, 48, 51, 55, Fig. 1, 8, 9, 21)
Pulchowk 247
Saugal Tole 240
Narayana-Schrein 240
Shankamulatirtha 11, 148
Südl. Pavillon 87, *129* (Abb. 62)
Sundhara Chowk 50, 87, 92, *125*
Brunnenanlage 125 (Abb. 50)
Svetakali 247
Tah baha (Dharmakirtamahavihara) 239, 240
Taleju-Glocke 87, *125*, 138 (Abb. 55)
Taleju-Schrein 50
Vishveshvara-Tempel 87, 126, *127*, 128 (Abb. 49, 54, 55, 60, 62)
Woku baha (Rudravarnamahavihara) 240 (Fig. 43)
Yoganarendramalla-Säule 49, 87, *88*, 126, 136 (Abb. 44, 47, 55)
Patna 12, 254
Peking 63
Pharping 223, *240*, *241*
Dakshin Kali-Schrein 241 (Fig. 45)
Goraknath 241
Shikha Narayana-Schrein 241
Vajra Yogini 152, *241* (Fig. 16)
Vasundhara, Shakyamuni u. Matsyendranath 241
Pingala Bahal Kot 188, 239
Pokhara 252, 253, 255
Prabhavati (Nakkukhola) 153
Pulchowk 11
Punyavati 236
Punya Vihar 45, 210

Radha 209
Rangoon 254
Rom 63
Royal Chiwan National Park 253
Rudramati (Dobhi Khola) 150, 152, 153, 227, 228

Sankhu 223, *241*
Svayambhu-Stupa 241
Vajra Yogini 152, 219, *241*, 242 (Fig. 16, 46)
Sarnath 176, 205, 206
Saurashtra 209
Segauli 21
Shankasyanagari 77, 148
Shivapuri, Berg 225
Shyangboche 253
Sikkim 21, 239
Sikkim-Chumbi-Route 21
Simragaon 131
Simraongarh 132
Siwaliks 251
Sundarijal 223, *242*
Shiva-Schrein 242
Surya Vinayaka 152, 223, *242* (Fig. 16)
Suvarna-pranali-Kantipur 51
Suvarnapuri 188
Svayambhunath 48, 64, 147, 148, 150, 152, *153–179*, 212, 216, 218, 220, 223, 231, 242, 246, 248 (Farbt. 5, Abb. 10, 77–91, Fig. 16)
Buddha Shakyamuni 173, *179*, 206, 215 (Abb. 89, Fig. 18)
Licchavi-Stupa 173, *177* (Abb. 80, Fig. 18)
Pilgerweg von Kathmandu 156, *173*, 175, 209 (Abb. 10)
Shantipur 173, *178*, 179 (Abb. 89, Fig. 18)
Buddha Akshobhya (Abb. 89)
Guhapur 178
Shikhara-Türme 155, 173, *174*, 175 (Abb. 11, 78, Fig. 18)
Sitala Devi-Tempel 173, *176* (Abb. 11, 87, Fig. 18)
Buddha Shakyamuni 177 (Abb. 86)
Hariti 176
Stupa 154, 155, 173, 174, *175*, *176*, 205 (Abb. 11, 12, 77, 78, 80, 85, Fig. 18)
Tibetisches Kloster 173, 176 (Fig. 18)
Treppenanlage 155, *173*, 175, 209 (Abb. 79)
Vajra Pratapamallas *173*, 174 (Abb. 11, 81, 82 u. Abb. S. 2, Fig. 18)
Vidhyadhari Yogini 152 (Fig. 16)
Votivstupas 177 (Abb. 80, 84, 87, 91)

Terai 250
Thaibo 223, *242*
Sanataneshvara Mahadeva 242
Ganesh-Heiligtum 242
Thankot 51, 223, *242*
Mahalakshmi-Tempel 242
Thecho 223, *242*
Balkumari-Tempel 242
Brahmayani-Tempel 242
Thimi *242*, *243*
Bal Kumari 152, 223, *242*, *243*, 247 (Fig. 16)
Dakshin Varahi-Schrein 243
Tibet 10, 12, 13, 21, 47, 130, 131, 151, 155, 156, 218, 221, 235, 241, 250
Tirhut 214
Tripura 209

Vageshvari (Baneshvar) 12
Vaishali 12
Vishalnagar 148, 188, 215
Vishankhu Narayana 152 (Fig. 16)
Vishnumati 79, 80, 153, 155, 179, 229, 231, 253

»Richtig reisen«

»Richtig reisen«: Ägypten
Von Marianne Doris Meyer (Frühjahr '86)

»Richtig reisen«: Algerische Sahara
Reise-Handbuch. Von Ursula und Wolfgang Eckert

»Richtig reisen«: Amsterdam
Von Eddy und Henriette Posthuma de Boer

»Richtig reisen«: Arabische Halbinsel
Saudi-Arabien und Golfstaaten
Reise-Handbuch. Von Gerhard Heck und Manfred Wöbcke

»Richtig reisen«: Australien
Reise-Handbuch. Von Johannes Schultz-Tesmar

»Richtig reisen«: Bahamas
Von Manfred Ph. Obst. Fotos von Werner Lengemann

»Richtig reisen«: Von Bangkok nach Bali
Thailand – Malaysia – Singapur – Indonesien
Reise-Handbuch. Von Manfred Auer

»Richtig reisen«: Berlin
Von Ursula von Kardorff und Helga Sittl

»Richtig reisen«: Budapest
Von Erika Bollweg

»Richtig reisen«: Cuba
Reise-Handbuch. Von Karl-Arnulf Rädecke

»Richtig reisen«: Finnland
Von Reinhold Dey (Frühjahr '86)

»Richtig reisen«: Florida
Von Manfred Ph. Obst. Fotos von Werner Lengemann

»Richtig reisen«: Friaul – Triest – Venetien
Von Eva Bakos

»Richtig reisen«: Griechenland
Delphi, Athen, Peloponnes und Inseln. Von Evi Melas

»Richtig reisen«: Griechische Inseln
Reise-Handbuch. Von Dana Facaros

»Richtig reisen«: Großbritannien
England, Wales, Schottland. Von Rolf Breitenstein

»Richtig reisen«: Hawaii
Von Kurt Jochen Ohlhoff

»Richtig reisen«: Holland
Von Helmut Hetzel

»Richtig reisen«: Hongkong
Mit Macau und Kanton. Von Uli Franz

»Richtig reisen«: Ibiza/Formentera
Von Ursula von Kardorff und Helga Sittl

»Richtig reisen«: Irland
Republik Irland und Nordirland. Von Wolfgang Kuballa

»Richtig reisen«: Istanbul
Von Klaus und Lissi Barisch

»Richtig reisen«: Jamaica
Von Brigitte Geh

»Richtig reisen«: Kairo
Von Peter Wald

»Richtig reisen«: Kalifornien
Von Horst Schmidt-Brümmer und Gudrun Wasmuth

»Richtig reisen«: Kanada und Alaska
Von Ferdi Wenger

»Richtig reisen«: West-Kanada und Alaska
Von Kurt Jochen Ohlhoff

»Richtig reisen«: Kopenhagen
Von Karl-Richard Könnecke

»Richtig reisen«: Kreta
Von Horst Schwartz

»Richtig reisen«: London
Von Klaus Barisch und Peter Sahla

»Richtig reisen«: Los Angeles
Hollywood, Venice, Santa Monica
Von Horst Schmidt-Brümmer

»Richtig reisen«: Madagaskar
Reise-Handbuch. Von Wolfgang Därr

»Richtig reisen«: Malediven
Reise-Handbuch. Von Norbert Schmidt

»Richtig reisen«: Marokko
Reise-Handbuch. Von Michael Köhler

»Richtig reisen«: Mauritius
Reise-Handbuch. Von Wolfgang Därr

»Richtig reisen«: Mexiko und Zentralamerika
Von Thomas Binder

»Richtig reisen«: Moskau
Von Wolfgang Kuballa

»Richtig reisen«: München
Von Hannelore Schütz-Doinet und Brigitte Zander

»Richtig reisen«: Nepal
Kathmandu: Tor zum Nepal-Trekking. Von Dieter Bedenig

»Richtig reisen«: Neu-England
Boston und die Staaten Connecticut, Massachusetts, Rhode Island, Vermont, New Hampshire, Maine
Von Christine Metzger

»Richtig reisen«: New Mexico
Santa Fe – Rio Grande – Taos.
Von Gudrun Wasmuth und Horst Schmidt-Brümmer

»Richtig reisen«: New Orleans
und die Südstaaten Louisiana, Mississippi, Alabama, Tennessee, Georgia.
Von Hanne Zens, Horst Schmidt-Brümmer und Gudrun Wasmuth

»Richtig reisen«: New York
Von Gabriele von Arnim und Bruni Mayor

»Richtig reisen«: Nord-Indien
Von Henriette Rouillard

»Richtig reisen«: Norwegen
Von Reinhold Dey

»Richtig reisen«: Paris
Von Ursula von Kardorff und Helga Sittl

»Richtig reisen«: Paris für Feinschmecker
exclusiv. Von Patricia Wells

»Richtig reisen«: Peking und Shanghai
Von Uli Franz

»Richtig reisen«: Philippinen
Reise-Handbuch. Von Roland Dusik (Frühjahr '86)

»Richtig reisen«: Rom
Von Birgit Kraatz

»Richtig reisen«: San Francisco
Von Hartmut Gerdes

»Richtig reisen«: Die Schweiz und ihre Städte
Von Antje Ziehr

»Richtig reisen«: Seychellen
Reise-Handbuch. Von Wolfgang Därr

»Richtig reisen«: Sri Lanka
(Ceylon) Von Jochen Siemens

»Richtig reisen«: Südamerika 1
Kolumbien, Ekuador, Peru, Bolivien. Von Thomas Binder

»Richtig reisen«: Südamerika 2
Argentinien, Chile, Uruguay, Paraguay. Von Thomas Binder

»Richtig reisen«: Südamerika 3
Brasilien, Venezuela, die Guayanas. Von Thomas Binder

»Richtig reisen«: Süd-Indien
Von Henriette Rouillard

»Richtig reisen«: Texas
Von Horst Schmidt-Brümmer und Gudrun Wasmuth

»Richtig reisen«: Thailand
Von Renate Ramb und Stefan Loose

»Richtig reisen«: Toscana
Von Nana Claudia Nenzel (Frühjahr '86)

»Richtig wandern«: Toscana und Latium
Von Christoph Hennig (Frühjahr '86)

»Richtig reisen«: Tunesien
Reise-Handbuch. Von Michael Köhler

»Richtig reisen«: Venedig
Von Eva Bakos

»Richtig reisen«: Wallis
Von Antje Ziehr

»Richtig reisen«: Wien
Wachau, Wienerwald, Burgenland
Von Wolfgang Kuballa und Arno Mayer

»Richtig reisen«: Zypern
Von Klaus Bötig